Beiträge zur Graphischen Datenverarbeitung

Herausgeber:
Zentrum für Graphische Datenverarbeitung e.V. Darmstadt (ZGDV)

Herausgeber:
Zentrum für Graphische Datenverarbeitung e.V. Darmstadt (ZGDV)

Springer-Verlag Berlin Heidelberg GmbH

Axel Hildebrand

Von der Photographie zum 3D-Modell

Bestimmung computer-graphischer
Beschreibungsattribute für reale 3D-Objekte
mittels Analyse von 2D-Rasterbildern

Mit 110 Abbildungen, davon 5 in Farbe

Springer

Reihenherausgeber

ZGDV, Zentrum für Graphische Datenverarbeitung e.V.
Wilhelminenstraße 7
D-64283 Darmstadt

Autor

Axel Hildebrand

ZGDV, Zentrum für Graphische Datenverarbeitung e.V.
Wilhelminenstraße 7
D-64283 Darmstadt

Diese Ausgabe enthält die im Jahr 1996 an der Technischen Hochschule in Darmstadt, Fachbereich Informatik, unter dem Titel *Bestimmung computer-graphischer Beschreibungsattribute für reale 3D-Objekte mittels Analyse von 2D-Rasterbildern* genehmigte Dissertation (Hochschulkennziffer D17).

Die Deutsche Bibliothek – CIP-Eiheitsaufnahme

Hildebrand, Axel:
Von der Photographie zum 3D-Modell:Bestimmung computer-graphischer Beschreibungsattribute für reale 3D-Objekte mittels Analyse von 2D-Rasterbildern / Axel Hildebrand. – Berlin; Heidelberg; New York; Barcelona; Budapest; Hongkong; London; Mailand; Paris; Santa Clara; Singapur; Tokio: Springer, 1997
(Beiträge zur graphischen Datenverarbeitung)
Zugl.: Darmstadt, Techn. Hochsch., Diss., 1996

ISBN 978-3-540-61597-2   ISBN 978-3-642-60523-9 (eBook)
DOI 10.1007/ 978-3-642-60523-9

Umschlagmotiv: Axel Hildebrand, Darmstadt
Umschlaggestaltung: *design & production* GmbH, Heidelberg
Satz: Reproduktionsfertige Vorlage vom Autor
SPIN 10546464   33/3020-5 4 3 2 1 0 – Gedruckt auf säurefreiem Papier

Vorwort

Die vorliegende Arbeit entstand während meiner Tätigkeit als wissenschaftlicher Mitarbeiter des Fraunhofer-Instituts für Graphische Datenverarbeitung in der Zeit zwischen 1990 und 1995.

Bedanken möchte ich mich an dieser Stelle, bei allen die zum Gelingen dieser Arbeit beigetragen haben. Besonderer Dank gilt Prof. Encarnacão, für die Überlassung des Themas und die Betreuung. Mein Dank gilt ebenfalls Prof. Liedtke für das Interesse an meiner Dissertation, die Übernahme des Korreferats und die Anregungen und konstruktive Kritik.

Weiterhin möchte ich mich bei allen Kollegen bedanken, die zur Entwicklung des *Visual Imaging*-Referenzmodells beigetragen haben. Hierzu zählen neben den Mitgliedern des *Darmstädter Arbeitskreises symbolische Bildbeschreibung* auch die brasilianischen Partner der Universität in Campinas. Die im Rahmen des gemeinsamen Projektes, häufig auch kontrovers, geführten Diskussionen halfen mir bei der Subsumtion meiner Arbeit in den übergeordneten Gesamtkontext der Integration von Computer Graphik und Computer Vision.

Meinen Kollegen Norbert Gerfelder, Peter Neugebauer und Dr. Georgios Sakas möchte ich für ihre Korrekturen und die hilfreichen Anmerkungen, insbesondere in der Endphase meiner Arbeit danken. Einen wesentlichen Anteil zum Gelingen dieser Arbeit haben meine zahlreichen Diplomanden, Studien-, Semesterarbeiter und studentischen Hilfskräfte geleistet, die neben ihrem zumeist großen Engagement auch einen Teil der Abbildungen beigetragen haben. Dies waren (in alphabetischer Reihenfolge): Johannes Behr, Karin Bieber, Aliou Dieng, Raimund Fleckenstein, Torsten Fröhlich, Petra Glöckner, Isabel Sanchez Groß, Stefan Großkopf, Georg Hannappel, Bernhard Hauser, Michael Hess, Jürgen Hördt, Dirk Lange, Karen Lutze, Ulrike Mönninghoff, Rainer Montag, Stephan Schneider, Michaela Schwabel und Lars Träger.

Ein besonderer Dank gilt meinen Eltern, deren Unterstützung mir nicht zuletzt meine Ausbildung ermöglichte. Weiterhin danke ich Christine, deren Verständnis und Zuspruch mir eine wichtige Hilfe während der Erstellung dieser Arbeit war. Abschließend möchte ich allen danken, die in irgendeiner Form zur Entstehung dieser Arbeit beigetragen haben, jedoch hier unerwähnt blieben.

Inhaltsverzeichnis

1. Einleitung

> Die Luft ist voll zahlloser leuchten-
> der Geraden, die einander schnei-
> den und kreuzen, ohne daß die eine
> den Platz der anderen einnimmt,
> und sie stellen für alle Gegenstände
> die wahre Form ihrer Ursache dar.
>
> **Leonardo da Vinci**

1.1 Motivation

Die in den 50er Jahren beginnende Entwicklung der *Computer Graphik*
wurde zunächst im wesentlichen von den Bereichen Computer Kunst, Simulation und CAD geprägt. 1961 entwickelte Ivan Sutherland ein Computer-
Zeichenprogramm welches heute als Anfang interaktiver Graphiksysteme betrachtet wird [Wil89].

Parallel dazu entwickelten sich die Bereiche der Bildverarbeitung und des
Rechnersehens (*Computer Vision*). Zu Beginn der analytischen Verarbeitung
digitaler Rasterbilder lag das Hauptinteresse auf dem Gebiet der zweidimensionalen Bildverbesserung und -segmentierung. In den 60er Jahren wurden
die ersten Entwicklungen im Bereich einer dreidimensionalen Bearbeitung
von Bildern durchgeführt. Einer der Pioniere auf diesem Gebiet war Ro-
berts, der am MIT Lincoln Laboratory ein System entwickelte, welches ein
modellbasiertes Erkennen dreidimensionaler Polyeder ermöglichte [Shi87].

Infolge des zunehmenden Bedarfs an einer Visualisierung komplexer na-
turwissenschaftlicher Vorgänge, entstand in den 80er Jahren der Bereich
Scientific Visualization. Insbesondere vor dem Hintergrund medizinischer
Applikationen bildeten sich zahlreiche Verarbeitungstechniken aus den beiden Bereichen Bildanalyse und Bildsynthese.

Im weiteren zeitlichen Verlauf kamen eine Vielzahl wissenschaftlicher und
industrieller Anwendungen auf, in denen sowohl aus der Realität akquirierte,
als auch empirisch gewonnene und simulierte Daten verarbeitet wurden.
Dabei läßt sich ein wesentlicher Anteil gemeinsamer Fragestellungen bei der
Analyse, Quantifizierung, Interaktion, Visualisierung und dem Austausch
der Daten feststellen. Die primären Komponenten dieser Anwendungen sind
hauptsächlich Verfahren zur Bildanalyse und -synthese.

Trotz der offensichtlichen Überlappungen in bezug auf die einzelnen Gebiete, haben sich die Disziplinen Bildanalyse und -synthese weitestgehend unabhängig entwickelt, was sich heute durch den Mangel an integrierten Lösungen ausdrückt. In neuerer Zeit wird jedoch die Notwendigkeit für einen Austausch zwischen den beiden Disziplinen und ihre Zusammenführung vermehrt wahrgenommen [PB90], [CCH92], [EGHH92], [Ros92], [Tön94], [HMDM$^+$94], [Hil94a], [Gro94], [HMDM$^+$95].

Einen wesentlichen Teilaspekt bildet hierzu die Bereitstellung von Verfahren zur Erfassung und Repräsentation realer Objekte. Durch die Überführung der akquirierten Objekte in eine für die Bildsynthese erforderliche Struktur wird es möglich, reale und synthetische Objekte miteinander zu kombinieren. Dieser Vorgang liefert einen wesentlichen Zugewinn bei der Erzeugung realitätsnaher, computer-generierter Bilder und eröffnet neue Möglichkeiten der Modellgewinnung für die Computer Graphik. Durch die Entwicklung und Verknüpfung entsprechender Verfahren und Algorithmen wird die Grundlage für ein breites Anwendungsspektrum geschaffen. So kann beispielsweise die Realitätsnähe von Fahr- und Flugsimulatoren erhöht werden, weitere unmittelbare Anwendungsgebiete eröffnen sich in den Bereichen Innenarchitektur, Gebäudeplanung, Landschafts- und Städtebau, etc. [Hil95d].

Auch im Bereich Film- und Fernsehen läßt sich die Erfassung realer Objekte und deren computer-graphische Weiterverarbeitung nutzbringend einsetzen: Bei der Produktion von Filmen und Fernsehsendungen werden in vielen Fällen künstlich geschaffene Kulissen verwendet. Der große Aufwand zum Aufbau von Filmkulissen stellt einen erheblichen Kostenfaktor dar. Darüber hinaus müssen Kulissen für Nachrichtensendungen, Serien, Shows und andere wiederkehrende Programme, über einen langen Zeitraum in Filmstudios bereitgehalten werden. Dies reduziert die Flexibilität hinsichtlich neuer Produktionen und ist darüber hinaus mit einem hohen Verwaltungs- und Kostenaufwand verbunden. Durch eine dreidimensionale Erfassung einer Filmkulisse und einer anschließenden computer-graphischen Simulation können deutliche Kosteneinsparungen erreicht werden [Gag95].

Im medizinischen Bereich können die bereits gebräuchlichen Verfahren der geometrischen Organerfassung [Sak90], [Sak92] erweitert und zur Entwicklung neuer Werkzeuge eingesetzt werden [Gro95]. Hierdurch können die derzeitigen Anwendungsgebiete, welche im wesentlichen die Gesichtspunkte Diagnostik und Planung berücksichtigen, auf die Bereiche Operationssimulation und Operationsunterstützung erweitert werden. Durch eine direkte Integration realer Daten wird es möglich nicht nur Eingriffe zu simulieren, bzw. für Lehrzwecke nachzustellen, sondern auch eine *On-Line*-Unterstützung während der Behandlung bereitzustellen [Hil95a].

Für eine Bildübertragung auf der Grundlage von schmalbandigen Leitungen ist eine Bildkompression zumeist unumgänglich. Eine Möglichkeit besteht darin, die zu übertragende Szene zunächst in eine abstrakte Beschreibungsform zu überführen. Anschließend können, anstelle des gesamten Modells, nur noch die Änderungen übertragen werden. Dies führt zu einer erheblichen Einsparung an Leitungskapazitäten [Kap89], [Lie90], [ISO93a], [MH92], [Gag95].

Weiterhin eröffnen sich zahlreiche Anwendungsmöglichkeiten in Verbindung mit dem Einsatz von virtuellen Welten (VR) [Hil95b], [Hil95d], [Gro95]. Neben den Echtzeitanforderungen, denen man hier gerecht werden muß, ist man gleichzeitig bestrebt dem *Cybernauten* eine möglichst vertraute Umgebung zu schaffen. Einerseits wird dies durch eine adäquate - im Hinblick auf das menschliche Auflösungsvermögen - Darstellung der visuellen Information erzielt. Andererseits kann der erreichbare Realismus, durch die Hinzunahme weiterer Informationskanäle, wie z.B. Audio [Ast93b], Haptik [Hil95b] oder anderer Biosignale [Gro95] erhöht werden.

Für eine realistische Präsentation der visuellen Information muß neben der Geometrie auch die Textur, die Beleuchtung und die Bewegung der Szene mit hinreichender Genauigkeit dargestellt werden [Gag95], [Hil95d]. Eine synthetische Erzeugung der zugehörigen Attribute, ohne Bezug zu den physikalischen Gesetzmäßigkeiten läßt sich zumeist mit einfachen Mitteln und geringem Rechenaufwand realisieren. Dieser Weg ist allerdings in Hinblick auf den erreichbaren Realismus häufig unzureichend. Demgegenüber ist ein Modellieren basierend auf einer vollständigen physikalischen Grundlage vielfach sehr aufwendig, da die Wahl der entsprechenden Parameter in vielen Fällen experimentell gewonnen werden muß. Somit wird häufig ein Kompromiß zwischen der erreichbaren Bildqualität und der damit verbundenen Rechengeschwindigkeit eingegangen.

Da in einer realen Szene ebenfalls die oben genannten Szenenattribute Beleuchtung, Textur, Geometrie und Bewegung den wesentlichen Beitrag an der jeweilige Erscheinungsform besitzen, ist die Frage zu untersuchen, inwieweit diese Merkmale analytisch bestimmt werden können. Wäre es möglich eine Szenenbeschreibung aus einer realen Szene abzuleiten, so ließen sich durch eine solche direkte Parametrisierung einer computer-generierten Szene neue Möglichkeiten einer realistischen Bildsynthese eröffnen.

1.2   Zielsetzung und Aufbau der Arbeit

In der vorliegenden Arbeit werden Methoden einer analytischen Gewinnung von Szenenbeschreibungsattributen aus zweidimensionalen Rasterbildern betrachtet. Eine konsequente Nutzung dieser aus realen Szenen gewonnenen Information liefert vielfältige Einsatzmöglichkeiten. Durch die Verbindung von analytisch Gewonnenem mit synthetisch Generiertem eröffnen sich neue Möglichkeiten für eine Erzeugung realitätsnaher computer-generierter Szenen [Enc89], [Hof92], [Hil93], [Koc93], [Hil95b], [Hil95a].

Für eine Zusammenführung von Computer Graphik und Computer Vision müssen zunächst die spezifischen Anforderungen und Möglichkeiten der beiden Bereiche betrachtet werden. Einen wichtigen Beitrag liefert hierbei eine genaue Untersuchungen der jeweiligen Terminologien und der damit im Zusammenhang stehenden Verfahren.

Zur Darstellung der Gemeinsamkeiten und Unterschiede zwischen Bildanalyse und Bildsynthese wird in der vorliegenden Arbeit zunächst die Dualität der beiden Bereiche aufgezeigt. Dabei wird insbesondere geprüft inwieweit äquivalente Bezeichnungen eine Analogie in der Beschreibung und der Bearbeitung implizieren. Die zueinander dualen Vorgänge der analytischen Gewinnung einer abstrakten Darstellung auf der Grundlage eines digitalen Bildes einerseits und demgegenüber die Generierung eines Rasterbildes unter Verwendung einer abstrakten Szenenbeschreibung, dienen als konzeptionelle Grundlage eines Referenzmodells zur Integration von Computer Graphik und Computer Vision (siehe Kapitel 2 und 5).

Mit dem Ziel einer Verfeinerung des Modells, wird im weiteren der Arbeit der analytische Teil betrachtet. Ein besonderer Schwerpunkt liegt auf der Gewinnung geometrischer Bildinformationen (siehe Kapitel 3). Daneben werden weitere Beschreibungsattribute wie Beleuchtung (siehe Abschnitt 4.2), Textur (siehe Abschnitt 4.3) und Bewegung (siehe Abschnitt 4.4) untersucht. Diese zunächst grundlegende Evaluierung dient dem Erarbeiten und der Gegenüberstellung unterschiedlicher Techniken für eine analytische Bestimmung einer computer-graphischen Szenenbeschreibung. Da neben einer geometrischen Rekonstruktion der Objektgeometrie, unter Verwendung von zweidimensionalen Rasterbildern, auch gerätetechnische Alternativen einer 3D Erfassung in neuerer Zeit zunehmend an Interesse gewinnen, werden diese in Kapitel 3 diskutiert. Als Ergebnis dieser allgemeinen Evaluierung soll die prinzipielle Möglichkeit einer analytischen Bestimmung von Szenenbeschreibungsattributen beurteilt werden. Neben der Darstellung des aktuellen Standes der Technik, werden die jeweiligen Betrachtungen durch eigene Entwicklungen ergänzt. Am Ende eines jeden Kapitels erfolgt eine Diskussion und Bewertung der Verfahren. Da auch der Mensch die genannten Szenenattribute zum Begreifen seiner Umgebung einsetzt und die dabei verwendeten

Techniken vielfach als Grundlage für eine algorithmische Beschreibung dienen, und er darüber hinaus die zentrale Instanz bei der Visualisierung der Ergebnisse darstellt, werden die nachfolgenden Untersuchungen jeweils in Beziehung zu den menschlichen Verarbeitungsprozessen gesetzt.

Im Anschluß an diese grundsätzliche Bewertung unterschiedlicher Verfahren und Erweiterungsmöglichkeiten, wird das in Kapitel 2 zunächst allgemein beschriebene Referenzmodell weiter verfeinert. Hierzu erfolgt eine Strukturierung und Einordnung der untersuchten Verfahren hinsichtlich der verschiedenen Verarbeitungsschichten des Modells (siehe Kapitel 5). Die Definition dieses Modells ermöglicht eine strukturelle Betrachtung der Analyse- und Synthesevorgänge und dient gleichzeitig der Identifikation von geräteunabhängigen Schnittstellen auf unterschiedlichen Abstraktionsebenen.

In den Kapiteln 6 und 7 werden die Analyseschritte des Modells anhand von zwei Anwendungen zur analytischen Bestimmung realer 3D Objekte auf der Grundlage zweidimensionaler Rasterbildern validiert. Die damit verbundene Entwicklung neuer Verfahren stellt einen zentralen Bestandteil dieser Arbeit dar.

In der ersten Anwendung (siehe Kapitel 6) wird zur geometrischen Rekonstruktion eines starren Objektes ein Verbund von Einzelaufnahmen betrachtet. Hierbei werden neue Möglichkeiten einer geometrischen Rekonstruktion aufgezeigt. Außerdem wird ein neues Verfahren für eine graphisch-interaktive 3D Konturbestimmung auf der Grundlage eines Bildverbundes mit bekannter relativer Orientierung entwickelt. Die Voraussetzung beider Entwicklungen bildet ein holistischer Ansatz; im Gegensatz zu vielen anderen gängigen Verfahren ermöglicht dieser, die Einbeziehung aller, der Rekonstruktion zugrundeliegenden Rasterbilder. Weiterhin werden Verfahren zur Extraktion der Objekttextur und eine anschließende Überführung in eine computer-graphische Repräsentationsform beschrieben.

Demgegenüber arbeitet die zweite Anwendung (siehe Kapitel 7) auf der Basis einer kontinuierlichen Bildsequenz. Da die analysierten Bildinhalte in dieser medizinischen Applikation nicht-starre Strukturen beinhalten, muß hierbei ein verformbares Modell in die Betrachtungen einbezogen werden. Mit Hilfe des entwickelten Verfahrens ist es möglich, die dreidimensionale Rekonstruktion eines Gefäßbaumes unter Einbeziehung einer einmaligen Benutzerinteraktion durchzuführen. Auch in dieser Anwendung wurde ein neues Verfahren zur 3D Geometriebestimmung auf der Grundlage eines dynamischen Konturmodells entwickelt. Anschließend erfolgt ebenfalls eine Transformation der gewonnenen Daten in eine computer-graphische Form der Geometriebeschreibung. Im Gegensatz zur ersten Anwendung wird hierbei eine Volumenrepräsentation gewählt.

Obwohl die Darstellung beider Verfahren jeweils anhand von speziellen Anwendungen erfolgt, ist ein Großteil der entwickelten Techniken applikationsunabhängig. Somit lassen sich die Methoden ohne Schwierigkeit auf andere Szenarien übertragen.

In dem abschließenden Kapitel 8 werden die gewonnenen Ergebnisse zusammengefaßt und es erfolgt ein Ausblick auf zukünftige Erweiterungsmöglichkeiten der entwickelten Techniken.

2. Integration von Bildsynthese und Bildanalyse

In diesem Kapitel werden die Gemeinsamkeiten, Unterschiede und möglichen Verbindungen von Computer Graphik und Computer Vision untersucht. Zur Motivation der nachfolgenden Ausführungen, werden zu Beginn allgemeine Gesichtspunkte bezüglich einer Integration von Computer Graphik und Computer Vision dargestellt. Anschließend wird die algorithmische Dualität zwischen Bildanalyse und Bildsynthese betrachtet und gleichzeitig werden Möglichkeiten für eine Harmonisierung der Verfahren aufgezeigt. Ein besonderer Augenmerk gilt hierbei den Szenenbeschreibungsattributen Geometrie, Beleuchtung, Textur und Bewegung, da diese sowohl im Bereich der Bildanalyse als auch für die Bildsynthese einen maßgeblichen Stellenwert besitzen. Am Ende des Kapitels erfolgt ein konzeptioneller Entwurf eines Referenzmodells zur Zusammenführung der Bereiche Computer Graphik und Computer Vision. Eine Verfeinerung des Modells wird in Kapitel 5 durchgeführt.

2.1 Begriffsdefinition

Aufgrund der Vielzahl an Definitionen für die Bezeichnungen *Computer Graphik*, *Computer Vision* und *Bildverarbeitung* soll hier zunächst eine Begriffsbestimmung erfolgen. Der Terminus *Computer Graphik* wird in dieser Arbeit in einem engeren Sinn betrachtet und synonym zu dem Begriff der *Bildsynthese* verwendet. Die hier gebrauchte Bedeutung entspricht der von Encarnação [ES86] angegebenen Definition für die *generative Computer Graphik*:

"DIE GENERATIVE COMPUTER GRAPHIK BEHANDELT KÜNSTLICH ERZEUGTE BILDER, DIE IN FORM VON BILDBESCHREIBUNGEN (DATENSTRUKTUREN) VORLIEGEN UND DIE DURCH DEN RECHNER (D.H. VOM PROGRAMM) ERZEUGT WERDEN."

Die Bezeichnung *Bildverarbeitung* bezieht sich in dieser Arbeit auf die rein ikonische Bildtransformation, und ist gleichbedeutend mit der von Liedtke [LE89] angegebenen Definition:

"MIT HILFE DER BILDVERARBEITUNG, DIE AUS EINEM IKONISCHEN BILD WIEDER EIN IKONISCHES BILD ERZEUGT, WIRD DIE RELEVANTE INFORMATION HERVORGEHOBEN BZW. DIE BILDQUALITÄT IM HINBLICK AUF DIE RELEVANTE INFORMATION VERBESSERT. HIERZU GEHÖREN VERFAHREN DER GEOMETRISCHEN ENTZERRUNG, DER BILDRESTAURATION

(IMAGE RESTAURATION) UND DER BILDVERDEUTLICHUNG (IMAGE ENHANCEMENT)."

Computer Vision wird hier gleichbedeutend mit dem Begriff *Bildanalyse* verwendet. Die Verfahren des *Computer Vision* setzen direkt auf den Ergebnissen der *Bildverarbeitung* auf und extrahieren dabei Informationen aus der ikonischen Information und überführen diese in entweder eine Merkmals- oder eine symbolische Beschreibung. Mit Ausnahme der von Haralick [Har93] in die Begriffsdefinition mit einbezogene *Bildverarbeitung* (diese wird in dieser Arbeit getrennt betrachtet), entspricht die hier verwendete Bedeutung seiner Definition:

"COMPUTER VISION, IMAGE UNDERSTANDING, OR SCENE ANALYSIS IS THE COMBINATION OF IMAGE PROCESSING, PATTERN RECOGNITION, AND ARTIFICIAL INTELLIGENCE TECHNOLOGIES THAT FOCUSES ON THE COMPUTER ANALYSIS OF ONE OR MORE IMAGES, TAKEN WITH A SINGLE/MULTIBAND SENSOR OR IN TIME SEQUENCE. THE ANALYSIS RECONGNIZES, LOCATES THE POSITION AND ORIENTATION OF, AND PROVIDES A SUFFICIENTLY DETAILED SYMBOLIC DESCRIPTION OR RECOGNITION OF THOSE IMAGED OBJECTS DEEMED TO BE OF INTEREST IN THE THREE-DIMENSIONAL ENVIRONMENT. THE COMPUTER VISION PROCESS OFTEN USES GEOMETRIC MODELING AN COMPLEX-KNOWLEDGE REPRESENTATIONS IN AN EXPECTATION- OR MODEL-BASED MATCHING OR SEARCHING METHODOLOGY. THE SERACHING CAN INCLUDE BOTTOM-UP, TO-DOWN, BLACKBOARD, HIERARCHICAL, AND HETERARCHICAL CONTROL STRAGIES."

Auf der Grundlage der in diesem Abschnitt vorgenommenen Begriffsdefinitionen sollen nachfolgend allgemeine Gesichtspunkte einer Zusammenführung von Computer Graphik, Computer Vision und Bildverarbeitung dargestellt werden.

2.2   Allgemeine Integrationsaspekte

Als Folge der schnellen Entwicklung im Hardwarebereich und der damit verbundenen Zunahme an Rechenleistung zeichnet sich ein deutlicher Trend in Richtung multimedialer Anwendungen ab, in denen vielfach sehr heterogene und umfangreiche Datenmengen verarbeitet werden müssen.

Bezogen auf den Bereich der Datenakquisition bedeutet dies, neben den klassischen Bilddaten, auch Audio- und haptische Signale erfassen und verarbeiten zu können. Auf dem Gebiet der Präsentation ist man ebenfalls bestrebt neben der Visualisierung eines Bildes auch akustische und haptische Information darstellen zu können. Das zentrale Element dieser Arbeit stellt die Verbindung zwischen einer Analyse und Synthese visueller Bildinformation dar.

Ein derzeitiges Defizit besteht darin, daß die Vorgänge der Szenenanalyse (Akquisition) und -synthese (Präsentation) vielfach unabhängig und isoliert voneinander geschehen und somit ein Austausch zumeist nur unzureichend gewährleistet ist. Die in diesem Kapitel vorgestellte holistische Betrachtung der Methoden zur Datenanalyse und -synthese soll dazu dienen, die wesentlichen Gesichtspunkte zum Erreichen einer engeren Verbindung zwischen Bildanalyse und Bildsynthese aufzuzeigen. Der Prozeß der Akquisition, Modellbildung und Visualisierung wird als eine multidisziplinäre Fragestellung verstanden, welche die Gebiete Computer Graphik (CG), Bildverarbeitung (BV) und Computer Vision (CV) einschließt.

In der Vergangenheit haben Computer Graphik, Bildverarbeitung und Computer Vision eine weitestgehend unabhängige Entwicklung genommen, obwohl einige der verwendeten Techniken Gemeinsamkeiten aufweisen [PB90], [Hil94a]. So bestehen z.B. Ähnlichkeiten in der Verarbeitung von Bildern auf den Ebenen der Pixelrepräsention und der symbolischen Szenenbeschreibung. Die vorhandenen Unterschiede beziehen sich vornehmlich auf die Anzahl der dazwischenliegenden Repräsentationsschichten und die zugehörigen Formen der Datenhaltung.

Bemerkenswert ist das unterschiedliche Interesse an der Definition von Referenzmodellen, sowie Normen und Standards innerhalb dieser drei Bereiche. Die diesbezüglich weiteste Entwicklung ist im Bereich Computer Graphik zu erkennen, wobei nur sehr vereinzelt der Aspekt einer Zusammenführung von Computer Graphik und Computer Vision betrachtet wird. Eine der wenigen Ausnahmen stellt dabei das *Computer Graphics Reference Model* [ISO92c], [Pol90] dar, in dessen Anhang die Einbeziehung der Bildverarbeitung in das Referenzmodell kurz angesprochen wird. Das zentrale Element bildet hierbei das digitale Bild. Aus diesem werden einerseits mittels Bildanalyseverfahren bildbezogene Merkmale abgeleitet, andererseits dienen diese Merkmale auch gleichzeitig als Grundlage der Bildsynthese. Es fehlt allerdings eine Aussage darüber, welche Methoden zur Gewinnung der gemeinsamen Merkmale eingesetzt werden. Zudem wird keine weitere Datenabstraktion vorgenommen. Ähnliches gilt auch für die Darstellung von Encarnacao und Straßer [ES86], hier wird bereits auf die zentrale Datenstruktur zwischen Graphischer Datenverarbeitung und Bildanalyse hingewiesen, allerdings wird kein weiterführendes Detaillieren dieser Datenstruktur vorgenommen. Analoges gilt für eine Vielzahl weiterer Modelle [EGHH92], [Gro94], [Ros92]. Demgegenüber liefert Krömker [Krö92] in seinem Strukturmodell eine differenzierte Darstellung der Datenabstraktion, bezieht sich dabei allerdings primär auf den Visualisierungsvorgang. Shirai [Shi87] stellt die Dualität zwischen Computer Graphik und Computer Vision in Form eines Strukturmodells dar, allerdings fehlt die Übertragung der analytisch gewonnenen Merkmale in eine für die Bildsynthese nutzbare Struktur. Liedtke [LE89] entwickelt einen konzeptionellen Rahmen zur Deutung von 2D-Bildern. Dieser beinhaltet vor allem Methoden zur Analyse einer realen 3D-Szene, besitzt aber bereits einzelne Komponenten der Bildgenerierung. Hierzu zählt er die Art und Verteilung der Beleuchtungsquellen, die Lage, Form und photometrischen Eigenschaften der 3D-Objekte und die Abbildungseigenschaften der Bildgenerierung. Obwohl der Schwerpunkt seiner Betrachtungen primär die Methoden der Bildanalyse behandelt, werden trotzdem die Komponenten der Bildsynthese und die der Analyse gemeinsam betrachtet, um mit Hilfe einer "Analyse durch Synthese" (siehe auch [Hil95b], [Neu94]) einen Vergleich zwischen dem realen und dem synthetisch gewonnenen Bild vornehmen zu können. Dieser Bedarf an einer möglichst engen Koppelung zwischen den Strukturen zur Datengenerierung sowie zur Datenanalyse wird durch eine Reihe weiterer Arbeiten unterstrichen [Neu94] [Kin94], [Bra94], [Hil94a], [Hil95d].

Neuere Standardisierungsaktivitäten in den Bereichen der Bildverarbeitung und Computer Vision, wie z.B. der *Image Processing and Interchange (IPI)* Standard [ISO93b], [ISO93c], [ISO93d] oder das *Image Understanding Environment (IUE)* [Koh95], [MC93] zielen in erster Linie auf die Aspekte der Datenmodellierung und -verarbeitung ab, ohne dabei die Methoden der Bildsynthese einzubeziehen.

Da der generelle Trend heutiger Applikationen nicht mehr eine losgelöste Analyse oder Synthese rein visueller Information vorsieht, sondern vielmehr eine kombinierte Verarbeitung multimedialer Daten erfordert, ist man in neuerer Zeit bestrebt einen ganzheitlichen Rahmen einer multimedialen Informationsverarbeitung zu schaffen. Hierdurch begründet sich auch die Zielsetzung der Entwicklungen des *Presentation Environments for Multimedia Objects* (PREMO) [N1195] zur Schaffung einer gemeinsamen Schale für die Konstruktion, Präsentation und Interaktion mit multimedialen Daten. Die dabei zu bearbeitenden multimedialen Objekte sind synthetische Stand- und Bewegtbilder, Audio und Video und Ergebnisbilder von Bildverarbeitungsoperationen. Aufgrund der komplexen Anforderungen einer integrierten Bearbeitung multimedialer Daten sieht man bei der Entwicklung von PREMO ganz bewußt die Einbeziehung bereits existierender Standards vor.

Obwohl der Schwerpunkt meiner Arbeit auf der Analyse und Visualisierung real existierender Objekte liegt, wird in dem nachfolgend entwickelten Referenzmodell auch der Aspekt einer Anbindung weiterer Medien (wie Audio und Haptik) berücksichtigt, um somit den aktuellen Anforderungen Rechnung zu tragen.

Bevor das Referenzmodell zur Integration von Computer Graphik und Computer Vision (dieses wird im folgenden als *Visual Imaging Reference Model* (VIRM) [HMDM⁺94], [HMDM⁺95] bezeichnet), in welchem die verschiedenen Datenabstraktionen eines Bildes betrachtet werden, konzeptionell erarbeitet wird, soll zunächst die Dualität in der Terminologie und den damit verbundenen Verarbeitungstechniken betrachtet werden. Abbildung 2.1 illustriert die in diesem Modell angestrebte Synthese der Bereiche Computer Graphik, Bildverarbeitung und Computer Vision.

Im Vordergrund der Untersuchung stehen dabei die Beschreibungsattribute Geometrie, Textur, Beleuchtung und Bewegung die zweifelsohne zu den wichtigsten Beschreibungsmerkmalen sowohl für die Bildanalyse als auch für die Bildsynthese zählen.

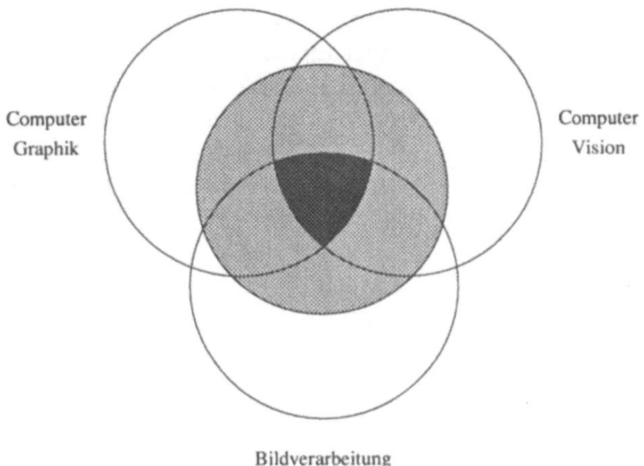

Abb. 2.1. Synthese der Bereiche Computer Graphik, Bildverarbeitung und Computer Vision

2.3 Dualität der Beschreibungen

In den folgenden Abschnitten sollen die Anforderungen der Bereiche Computer Graphik und Computer Vision an eine gemeinsame symbolische Repräsentation von Textur, Beleuchtung, Geometrie und Bewegung untersucht werden. Insbesondere sollen dabei die verschiedenen Modelle der einzelnen Gebiete betrachtet werden. Die Betrachtungen richten sich dabei nicht auf den gesamten Bereich angewendeter Techniken und Strukturen, sondern sie dienen hier zunächst der Erstellung einer Anforderungsspezifikation für eine analytische Gewinnung der verschiedenen Szenenbeschreibungsmerkmale. Da die Methoden für eine analytische Gewinnung computergraphischer Szenenbeschreibungsattribute ausführlich in den Kapiteln 3 und 4 beschrieben werden, behandelt das vorliegende Kapitel hauptsächlich die aus der Computer Graphik entstehenden Anforderungen.

2.3.1 Beleuchtung

Beleuchtung und Schattierung spielen eine wichtige Rolle für die menschliche Wahrnehmung von Gestalt und Tiefe (siehe Kapitel 4) [Bül91]. Das Ziel einer möglichst realistischen Bilddarstellung führte zur Entwicklung zahlreicher Modelle in der Computer Graphik. Insbesondere die Simulation einer natürlichen Lichtverteilung innerhalb einer Szene mit einem Maximum an Realismus wurde im Detail untersucht [FvDFH90].

Darüber hinaus entstanden eine Reihe von Verfahren unter besonderen hardware-technischen Voraussetzungen, sowie unter Berücksichtigung von Echtzeitanforderungen spezieller Anwendungen [Sel93]. Generell lassen sich physikalisch-basierte von nicht-physikalisch-basierten Modellen unterscheiden. Die verschiedenen Beleuchtungsmodelle werden häufig in Abhängigkeit von den anwendungsspezifischen Anforderungen unter Abwägung der gewünschten Bildqualität gegenüber der Rechenzeit eingesetzt.

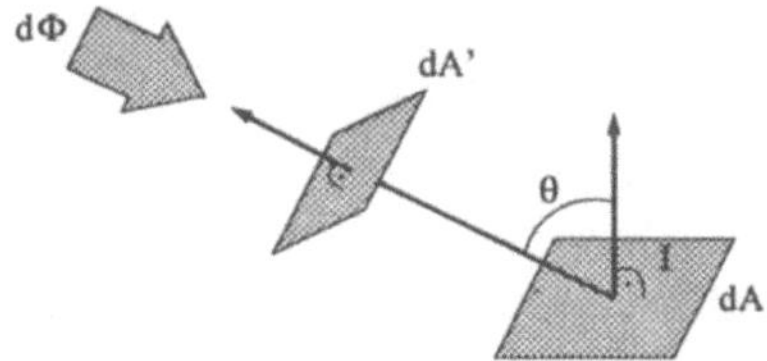

Abb. 2.2. Verhältnis zwischen der beobachteten Illuminanz I, der Flußdichte $d\Phi$ und der Oberflächennormale des differentiellen Oberflächensegments dA

Die Grundlage für physikalisch-basierte Beleuchtungsmodelle bilden die Gesetzmäßigkeiten der mittels Licht transportierten Energie, die in der Radiometrie und Photometrie beschrieben werden [Kaj90]. Diese Zusammenhänge sollen nachfolgend aufgezeigt werden. Da sich die Photometrie als Teilgebiet der Radiometrie in Bezug auf den sichtbaren Bereich der elektromagnetischen Wellen betrachten läßt und dieser im primären Interesse der Visualisierung steht, beschränken sich die nachfolgenden Betrachtungen einzig auf die Photometrie.

$$I \;=\; \frac{d\Phi}{dA} = \frac{d\Phi}{dA'}\cos\theta = I'\cos\theta. \tag{2.1}$$

Die Beleuchtungsstärke auf einer gegebenen Oberfläche (die Flußdichte) wird Illuminanz (I) genannt und in Lumen pro Quadratmeter (Lux) ausgedrückt (siehe Abbildung 2.2 und Gleichung 2.1). Um nun die Wechselwirkung zwischen der eintreffenden und der wieder abgegebenen Strahlung beschreiben zu können wird zusätzlich die Luminanz L eingeführt.

Diese dient als Maß für den sichtbaren Energiefluß $d\Phi$ der von der Objektoberfläche dA in eine bestimmte Richtung $d\omega$ abgestrahlt wird (siehe Abbildung 2.3 und Gleichung 2.2).

$$L \;=\; \frac{d\Phi}{\cos\theta \,\cdot\, dA \,\cdot\, d\omega}. \tag{2.2}$$

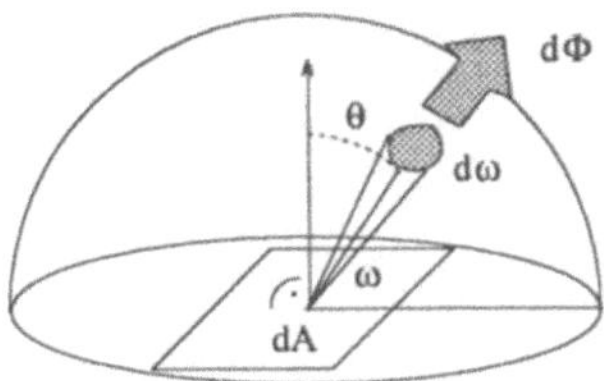

Abb. 2.3. Einflußgrößen zur Berechnung der Luminanz einer Objektoberfläche

Der Zusammenhang zwischen der Illuminanz I und der Luminanz L läßt sich nun sehr einfach darstellen:

$$L = \frac{I}{d\omega}.\tag{2.3}$$

Für die Erzeugung eines Bildes muß im weiteren das Verhältnis zwischen der Luminanz L in Richtung des Betrachters $\vec{v}$ (beschrieben durch die Winkel (θ_e, φ_e)) und der Illuminanz I aus der Richtung der Lichtquelle $\vec{l}$ (beschrieben durch die Winkel (θ_i, φ_i)) in Abhängigkeit zu der jeweiligen Neigung der Oberfläche $\vec{n}$ angegeben werden (siehe Abbildung 2.4). Hierzu wurde die *Bidirectional Reflectance Distribution Function* (BRDF) eingeführt. Die BRDF ist unabhängig von einer speziellen Illuminanz und spiegelt somit ausschließlich die Reflexionseigenschaften der Objektoberfläche wieder (siehe Gleichung 2.4). Sie beschreibt somit den jeweiligen Anteil der Illuminanz, der den Beobachter erreicht.

$$f(P, \vec{n}, \vec{v}, \vec{l}) = \frac{L(P, \vec{n}, \vec{v})}{I(P, \vec{n}, \vec{l})}.\tag{2.4}$$

Auf der Grundlage der BRDF läßt sich nun die Szenenluminanz durch eine Integration über alle möglichen Beleuchtungsrichtungen beschreiben (siehe Gleichung 2.5). Die Größe $\cos(\theta_i)$ entspricht dem Verkürzungsfaktor der Oberfläche in bezug auf die Beleuchtungsrichtung $\vec{l} = (\theta_i, \varphi_i)$ und der Beobachtungsrichtung $\vec{v} = (\theta_e, \varphi_e)$.

$$L(P, \theta_e, \varphi_e) = \int_{-\pi}^{\pi} \int_{0}^{\pi/2} f(P, \theta_i, \varphi_i, \theta_e, \varphi_e) I(P, \theta_i, \varphi_i) \sin(\theta_i) \cos(\theta_i) d\theta_i d\varphi_i.$$

$$\tag{2.5}$$

Für eine synthetische Bildgenerierung müssen zusätzlich selbstleuchtende Flächen sowie geometrische Überdeckungen berücksichtigt werden. Somit ist eine Vorschrift zu bilden, die es erlaubt, das Verhältnis zwischen verschiedenen Szenenelementen ausdrücken.

Kajiya [Kaj86] definiert hierzu eine Rendering-Gleichung (*rendering-equation*):

$$I(x, x') = g(x, x') \left[\epsilon(x, x') + \int_{S} \rho(x, x', x'') I(x', x'') dx'' \right].\tag{2.6}$$

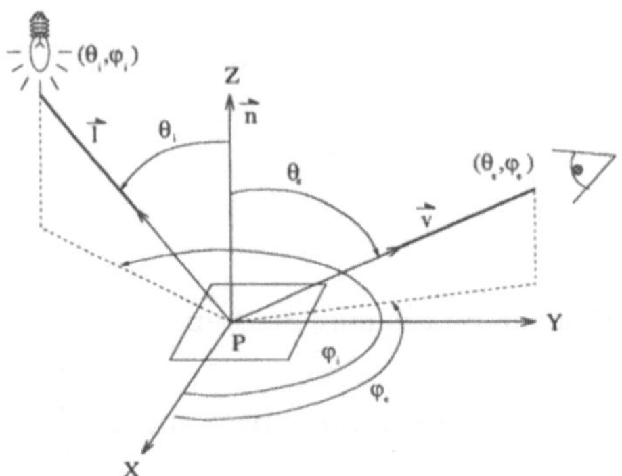

Abb. 2.4. Einflußgrößen zur Berechnung der BRDF, die das Verhältnis zwischen Luminanz und Illuminanz angibt

x, x', und x'' entsprechen dabei dreidimensionalen Punkten (siehe Abbildung 2.5). $I(x,x')$ beschreibt die Intensität die ausgehend von Punkt x' zum Punkt x gelangt, $g(x,x')$ entspricht der geometrischen Überdeckung zwischen diesen Punkten, $\epsilon(x,x')$ bezeichnet das emittierte Licht von Punkt x' zum Punkt x und $\rho(x,x',x'')$ entspricht der Intensität die vom Punkt x'' über x' zum Punkt x gelangt. Das Integral wird über alle Flächen S der Szene gebildet.

Die Beziehung zwischen der oben definierten BRDF und der *rendering equation* läßt sich mit Hilfe der Gleichung 2.7 entsprechend der Notationen aus Abbildung 2.5 ausdrücken [Kaj86]:

$$\rho(x,x',x'') \quad = \quad f(\theta',\varphi',\psi',\sigma)\cos\theta\,\cos\theta'. \tag{2.7}$$

Mit Hilfe der *rendering equation* lassen sich auch physikalisch-basierte Modelle wie beispielsweise das Cook-Torrance [Coo86] darstellen. Hierbei wird ein Oberflächensegment in Form einer gleichförmigen Verteilung von ebenen Mikrofacetten betrachtet, deren Reflexionseigenschaften aufgrund von Messungen an natürlichen Oberflächen gewonnen wurden. Die Streuungsfunktion ρ hat dabei die Form:

$$\rho(x,x',x'') \quad = \quad \frac{F}{\pi}\,\frac{D\,G\,\cos\psi'}{\cos\theta}. \tag{2.8}$$

F gibt den Anteil des reflektierten Lichtes an, welches typischerweise durch den Fresnel Term für zwei unterschiedliche Medien und nicht polarisiertes Licht beschrieben wird. G ist ein geometrischer Abschwächungsfaktor, welcher zur Modellierung von Eigenabschattungen der Mikrofacetten dient. D beschreibt die Verteilung der Mikrofacetten (MDF), diese wird im allgemeinen durch einen stochastischen Prozeß, z.B. der Gauß- oder der Beckmann-Verteilung, dargestellt. Ein erweiterter Ansatz zur Modellierung der MDF unter der Verwendung von *Spherical Harmonics* wird in [Sil91] vorgeschlagen.

Demgegenüber stellen das Lambert'sche Modell [ES86], welches nur eine Beschreibung von diffus reflektierenden Oberflächen zuläßt, sowie das Phong'sche Modell [FvDFH90], auf das später noch genauer eingegangen werden soll, Approximationen der physikalischen Grundlage dar, die somit nur unter bestimmten Voraussetzungen Gültigkeit besitzen und zu realistischen Darstellungen führen.

Neben der Differenzierung von Beleuchtungsmodellen hinsichtlich physikalischer und nicht-physikalischer Basiertheit, trifft man eine zusätzliche Unterscheidung zwischen globalen und lokalen Methoden.

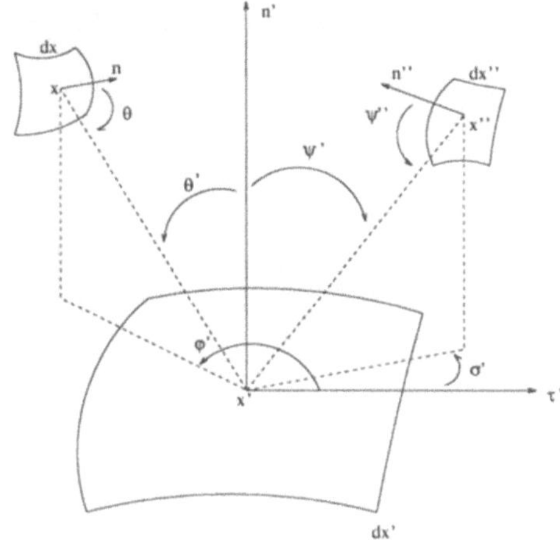

Abb. 2.5. Beziehung zwischen den verschiedenen durch die Rendering-Gleichung beschriebenen Oberflächenelementen

Typische Vertreter von globalen Beleuchtungsmodellen sind rekursives Ray-Tracing, inverses Ray-Tracing, inverses Beam-Tracing und Radiosity [Fol90]. Hierbei betrachtet man den vollständigen Lichtaustausch zwischen allen Flächen einer Szene. Der limitierende Faktor bezüglich der Anzahl der zu berücksichtigenden Interdependenzen, ist in praktischen Anwendungen die verfügbare Rechenzeit und der vorhandene Speicher.

Lokale Beleuchtungsmodelle lassen sich durch eine Vereinfachung der oben angegebenen Rendering-Gleichung beschreiben. Hierbei werden für das Integral nur solche Intensitäten betrachtet, die von speziellen, als solche ausgezeichneten Lichtquellen ausgehen. Für lokale Beleuchtungsmodelle nimmt die Rendering-Gleichung 2.6 somit folgende Form an:

$$I(x,x') \;=\; g(x,x') \left[\epsilon(x,x') + \int_S \rho(x,x',x'')\, g(x',x'')\, \epsilon(x',x'')\, dx'' \right].$$

$$(2.9)$$

Zur Beschreibung der Streuungsfunktion ρ, diese repräsentiert den Zusammenhang zwischen einstrahlendem und reflektierendem Licht gemäß den jeweiligen Oberflächeneigenschaften, existieren zahlreiche Varianten. Häufig eingesetzte Verfahren sind das Lambert'sche Reflexionsmodell, das Phong'sche Beleuchtungsmodell und das Cook-Torrance Modell [Coo86].

Neben dem bereits oben erwähnten stark vereinfachenden Lambert'schen Modell ist das Phong'sche Beleuchtungsmodell eines der am weitestverbreiteten Modelle in den Bereichen der Computer Animation und des Computer Aided Designs (CAD). Dieses soll an dieser Stelle etwas genauer betrachtet werden, da es die Grundlage für das in Kapitel 4 dargestellt Verfahren zur Rekonstruktion der Beleuchtungsrichtung darstellt. Das Modell ermöglicht die Beschreibung einer nicht-perfekten Reflexion in folgender Form:

$$L \;=\; I(P)(k_d(\vec{n} \cdot \vec{l}) + k_s(\vec{r} \cdot \vec{v})^n). \tag{2.10}$$

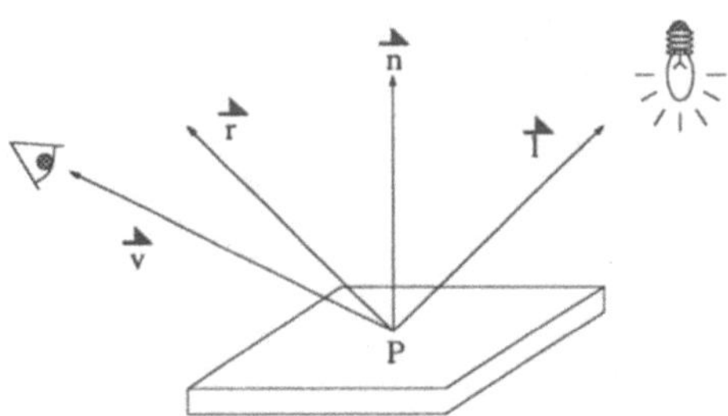

Abb. 2.6. Einflußvektoren des Phong'schen Beleuchtungsmodells

Die Koeffizienten k_d und k_s bezeichnen die diffusen bzw. spiegelnden Materialeigenschaften, $\vec{n}$ und $\vec{l}$ beschreiben die Oberflächennormale und die Richtung der Lichtquelle, $\vec{v}$ die Beobachterrichtung und $\vec{r}$ den an der Oberflächennormalen gespiegelten Vektor $\vec{l}$ (siehe Abbildung 2.6). Der Exponent n entspricht der spiegelnden Reflexionskomponente des Materials. Zusätzlich wird häufig eine ambiente Komponente berücksichtigt, die als konstanter Summand in die Gleichung eingeht.

Zusammenfassend läßt sich feststellen, daß für die Beschreibung eines Beleuchtungsmodells im Bereich der Computer Graphik sehr differenzierte und ausgereifte Modelle existieren. Zwei Wege werden dabei hauptsächlich verfolgt. Einerseits ist man bestrebt ein möglichst hohes Maß an Realismus zu erzielen, hierzu wurden die zugrundeliegenden physikalischen Modelle sehr genau untersucht und entsprechende algorithmische Beschreibungen entwickelt. Andererseits ist der Aspekt der Rechenzeit insbesondere in VR-Anwendungen ein wesentliches Kriterium und somit wurde eine weitere Gruppe von Beleuchtungsmodellen unter dem Gesichtspunkt einer effizienten algorithmischen Umsetzbarkeit entwickelt.

Im Bereich *Computer Vision* spielt der umgekehrte Vorgang, in Form einer Bewertung der Beleuchtungsverhältnisse eine gleichsam wichtige Rolle (siehe Kapitel 4). Neben der Vielzahl von Fragen, die im Bereich von 2D-Anwendungen [RH91], [Jä91], [Hab85] auftreten (z.B. die Trennung von geometrischen und radiometrischen Merkmalen), wurden intensive Untersuchungen zur Verwendung von Beleuchtungsmodellen zur Bestimmung von dreidimensionalen Informationen (*Shape from shading* (SfS)) durchgeführt [IH81], [Pen82], [Hor86], [Pen90]. Betrachtet man für diese Anwendung als Eingangsgröße zur Analyse ausschließlich die Intensitäten eines einzelnen Rasterbildes so entsteht ein sogenanntes *ill-posed*-Problem[1] aufgrund der Mehrdeutigkeit der Bildintensitäten in bezug auf die dreidimensionalen Objekteigenschaften. Aus diesem Grund müssen bei einer geometrischen Rekonstruktion zusätzliche Nebenbedingungen in das Verfahren mit einbezogen werden (siehe Abschnitt 3.3.1). Eine Möglichkeit besteht darin, zumindest Teile der Beleuchtungsparameter als a priori bekannt vorauszusetzen, um somit anhand des Intensitätsgradienten dreidimensionale Objektinformationen abzuleiten. Eine Alternative besteht darin die Objektmannigfaltigkeit z.B. auf Polyederkörper einzuschränken. Vielfach wird zur Analyse einerseits eine bekannte Beleuchtungsrichtung und andererseits ein perfekter Lambert-Reflektor für die Szenenobjekte vorausgesetzt. Eine mittels SfS-Verfahren vorgenommene Bildanalyse zur Bestimmung der Oberflächenform läßt sich als Invertierung der *rendering-equation* betrachten. Ähnlich wie im Bereich CG stellt die BRDF den Ausgangspunkt für weiterführende Betrachtungen hinsichtlich des Verhältnisses zwischen der Szenenluminanz und der Szenenilluminanz dar. Im Gebiet CV wird zur dreidimensionalen Oberflächenrekonstruktion, basierend auf der BRDF, die *Reflectance Map* abgeleitet [Hor86]. Diese stellt explizit das Verhältnis zwischen der Oberflächenorientierung und der Szenenluminanz dar (siehe Kapitel 3). Neben der von der Objektoberfläche emittierten Lichtmenge wird vor allem im Bereich BV und CV zusätzlich die zugrundeliegende Optik des Sensors in die Modellbetrachtung miteinbezogen. Neuerdings findet die Modellierung eines realistischen Kameramodells auch zunehmende Beachtung in Bereich CG [KMH95].

Das photometrische Verhältnis zwischen der von der Oberfläche ausgestrahlten Lichtmenge und der vom Sensor aufgenommenen, läßt sich mit Hilfe der nachfolgenden Vorschrift angeben [Hor86].

$$I \;=\; L\frac{\pi}{4}\left(\frac{d}{f}\right)^2 \cos^4 \alpha. \tag{2.11}$$

Abbildung 2.7 und Gleichung 2.6 beschreiben das Verhältnis zwischen der Lichtintensität I, welche auf das Bild trifft und dem von der Fläche ausgestrahlten Licht L, wobei d den Durchmesser der Linse, f die Brennweite und α den Winkel zwischen dem Strahl auf das Oberflächenelement und der optischen Achse angibt.

---

[1]Die Lösungen des Problems sind mehrdeutig

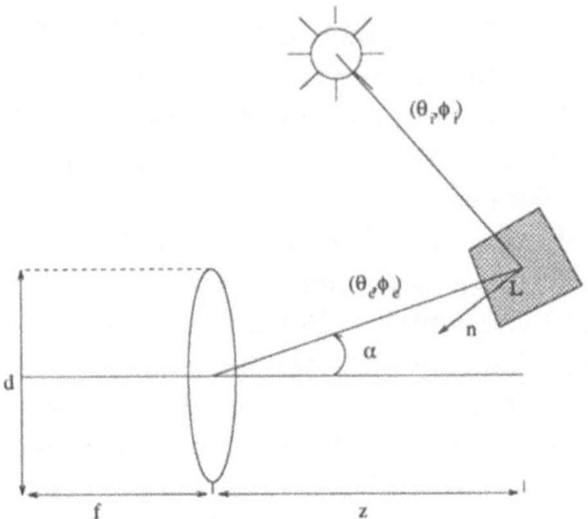

Abb. 2.7. Beziehung zwischen Einstrahlung und Oberflächenreflexion

Da ein dreidimensionaler Punkt im allgemeinen Fall nicht auf einen einzelnen Bildpunkt, sondern in Abhängigkeit von der Sensorentfernung und der zugrundeliegenden Optik auf ein Flächenelement verschiedener Größe abgebildet wird, muß dieser Vorgang für eine exakte Berechnung von Bildpunkten in die Modellbeschreibungen mit aufgenommen werden. Ist diese sogenannte *Point Spread Function* (PSF) bekannt, so kann die Intensität eines einzelnen Bildpunktes durch Integration über das resultierende Flächenelement ermittelt werden [Jä91]. Weiterführende Betrachtungen in bezug auf die Gewinnung und Verarbeitung von Beleuchtungsinformationen werden in den Kapiteln 3 und 4 angestellt.

Vergleicht man die verschiedenen Methoden zur Beschreibung von Beleuchtung für die Bereiche Computer Graphik und Computer Vision, so läßt sich eine deutliche Überschneidung erkennen. Insbesondere stellt die BRDF eine zentrale Größe dar. Unterschiede lassen sich bei der Verwendung von zwar etablierten aber nicht physikalisch basierten Beleuchtungsmodellen erkennen. Die Begründung liegt darin, daß in der Computer Graphik häufig Gesichtspunkte der Angemessenheit und der Erscheinung eine wichtigere Rolle als physikalische Grundlagen spielen. Ein solcher Ansatz ist allerdings für eine exakte analytische Evaluierung im Bereich Computer Vision vielfach unzureichend. Demgegenüber erfordert der Einsatz eines Beleuchtungsmodells zum Zwecke der Szenenanalyse häufig eine Beschränkung der Variabilität der Reflexionseigenschaften der Szenenobjekte.

Auf der anderen Seite ist zu erwarten, daß eine Übertragung vollständig physikalisch-basierter Beleuchtungsmodelle aus dem Bereich der Computer Graphik, wie beispielsweise das Cook–Torrance Model, auf das Gebiet der Bildanalyse ebenfalls zu Problemen führen würde. Aufgrund der großen Komplexität dieser Modelle besteht die Gefahr, daß der vielfach unterbestimmte Analyseprozeß instabil wird. Somit müssen auch für den Bereich CV Vereinfachungen vorgenommen werden, die allerdings im Gegensatz zur

Computer Graphik nicht in Abhängigkeit zu den Toleranzen der menschlichen Wahrnehmung gebildet werden, sondern in erster Linie bestimmte Form- bzw. Reflexionseigenschaften der Szene betreffen. Die in beiden Bereichen verwendeten Verfahren sind das Lambert'sche und das Phong'sche Beleuchtungsmodell. Für eine Integration der Bereiche Computer Graphik und Computer Vision in bezug auf die Beleuchtung ist ein hybrides Modell mit unterschiedlichen Abstraktionsebenen, die in Abhängigkeit von der jeweiligen Applikation und dem vorhandenen Modellwissen (a priori Wissen) angewandt werden können, erforderlich. Derzeit gibt es allerdings keine generelle Lösung für eine derartige Zusammenführung, da der Formalismus der *rendering equation* zwar eine gewisse Generalität darstellt, allerdings keine generische Beschreibung der angewendeten Beleuchtungsmodelle ermöglicht.

2.3.2 Textur

Bei der Untersuchung des Begriffes Textur wurde festgestellt, daß derzeit keine einheitliche Definition, weder für den Bereich CG noch für den Bereich CV existiert.

Auch aus sinnesphysiologischer Sicht wird der Begriff entsprechend weit gefaßt. Hier wird Textur als ein Sinneseindruck einer homogenen Fläche betrachtet, wobei das Homogenitätskriterium sehr vielfältige Ausprägungen besitzt. Ein wichtiger Aspekt ist dabei, daß Textur spontan und ohne Anstrengung wahrgenommen werden kann [Jul75]. Demzufolge wird Texturwahrnehmung als ein Verarbeitungsprozeß auf einer der unteren Ebenen der menschlichen visuellen Informationsverarbeitung betrachtet.

In der Computer Graphik wird der Begriff Textur in sehr unterschiedlichen Zusammenhängen verwendet. Allgemein ist Textur eine zwei- oder mehrdimensionale Struktur oder Verteilung von Erscheinungsattributen. Texturen werden im wesentlichen zur Reduzierung des Modellierungsaufwands eingesetzt, ohne dabei die wahrgenommene Komplexität der Szene zu verändern. Somit wird Textur in der Computer Graphik unter dem Gesichtspunkt einer möglichst guten Bildqualität, bei geringstmöglichen Modellierungsaufwand eingesetzt.

Die Verwendung von Texturen im Bereich Computer Graphik erfolgt im allgemeinen über zwei Verarbeitungsschritte. Dies sind die Synthese, durch welche die Textur in einem separaten Texturraum modelliert wird und das *Mapping* [Hec86] [Cro84] [Sam86], welches die Textur in den Objektraum transformiert. In weiteren Verarbeitungsschritten findet eine Abbildung auf die Weltkoordinaten und eine Projektion auf die Bildebene statt.

Die derzeitige Gewinnung von 2D-Farbtexturen geschieht in einem großem Umfang mit Hilfe von Scannern und Standard *Paint-box*-Programmen. Allerdings wächst das Interesse an einer Textursynthese realer Texturen und anderen Texturbeschreibungstechniken wie z.B. speziellen Texturmodellen und Texturbeschreibungssprachen [Gag85], [Kau86]. Ein wesentlicher Aspekt ist die Beseitigung typischer Artefakte, die bei traditionellen Verfahren in bezug auf die Auflösung und die Aneinanderreihbarkeit entstehen [Eng92].

Modelle, die zur Textursynthese eingesetzt werden, lassen sich in rein stochastische [Gag85] , strukturelle [Har79], gemischt stochastische-strukturell [Abe82] und physikalisch-biologisch basierte [Tur91], [Wit91] unterteilen.

Stochastische Modelle werden bereits seit langer Zeit für eine Textursynthese eingesetzt. Dabei existieren spezielle Methoden zur Beschreibung von z.B. holzartigen Texturen, Wolken und Flammen [Sak93]. Beispiele für die Anwendung von stochastischen Modellen auf eine größere Bandbreite an Texturen basieren auf der Modellierung von Texturen erster und zweiter statistischer Ordnung [Per85], [Gag85], [Lew89] und fraktalen Verfahren [Har84]. Diese Verfahren liefern insbesondere für die Modellierung von natürlichen Texturen gute Ergebnisse. Nachteile der meisten dieser Modelle sind eine schwere Verständlichkeit der spezifischen Syntheseprozesse und eine nicht intuitive Parametrisierung.

Strukturelle und gemischt stochastisch-strukturelle Verfahren stehen vielfach in einem direkten Bezug zu einer Texturbeschreibungssprache. Erste Anwendungen dieser Verfahren verwenden sogenannte *Texels* (einfache Texturelemente) [Kau86] und einfache stochastische Prozesse für deren Verteilung auf der Bildebene. Weiterentwickelte Modelle unterstützen hierarchische Texturbeschreibungen, frei beschreibbare Texturelemente und generische Erzeugungsprozesse [Eng92]. Alle diese Modelle verwenden zusätzlich stochastische Prozesse, obwohl derzeit immer noch eine vollständige Zusammenführung der stochastischen Modellierungstechniken mit den strukturellen Verfahren fehlt.

In neuerer Zeit wächst das Interesse an physikalisch und biologisch basierten Modellen und deren Anwendung zur Textursynthese. Ein Beispiel für diese Entwicklung ist die Verwendung von *reaction-diffusion models* [Tur91], [Wit91] für die Synthese von natürlichen Texturen wie sie beispielsweise zur künstlichen Generierung von Tierfellen verwendet werden [FLCA95].

Wie bereits erwähnt ist die Verwendung von Textur im Bereich der Computer Graphik nicht auf die Farbgebung von Objekten beschränkt. Textur wird ebenfalls zur Variierung von Beleuchtungsattributen auf der Objektoberfläche, beispielsweise durch den Einsatz von *bump mapping-* oder *displacement mapping* Verfahren, verwendet.

Neuere Entwicklungen in der CG fassen den Begriff der Textur noch weiter. Durch den Einsatz von *Procedural modeling*-Techniken [Ree83], [Sim91], [Küh93], [FLCA95] werden komplexe dreidimensionale geometrische Objekte durch einfache Texturelemente ersetzt; dabei werden häufig physikalischbasierte Prozesse angewendet.

Texture Mapping-Methoden sind eine spezielle Anwendung von Texturen zur Beschreibung lokaler Eigenschaften einer Fläche im dreidimensionalen Raum [Hec86]. Hierzu muß die Textur aus dem Texturraum in den Objektraum transformiert werden. Für Texturen die in einem zweidimensionalen

Raum definiert wurden, bewirkt eine solche Abbildung häufig Verzerrungen und Aliasing-Effekte. Viele Verfahren wurden entwickelt, um diese Artefakte zu reduzieren, beispielsweise das *Two-part mapping* [Bie86] zur Reduzierung der Verzerrung und die Verwendung von *Mip-Maps* [Cro84] zur Verringerung der Aliasing-Effekte.

In neuerer Zeit wird Textur in der Computer Graphik weiterhin als eine Art mehrdimensionaler Informationsträger betrachtet; dies wurde bereits in verschiedenen Anwendungen zur Repräsentation von Multiparameter-Daten [Gri89], [vW91] eingesetzt.

Zur Texturanalyse wurden aufgrund der großen Vielfalt von Texturen zahlreiche Algorithmen entwickelt. Die verschiedenen Analyseverfahren lassen sich in bezug auf spezielle Textureigenschaften klassifizieren. Abele [Abe82] und Englert [Eng92] unterscheiden zwischen drei verschiedenen Textureigenschaften, statistisch, strukturell und zusammengesetzt statistisch-strukturell. In weiteren Ansätzen wurden Analyseverfahren entwickelt, welche auf den menschlichen Wahrnehmungseigenschaften basieren und beispielsweise mittels künstlicher neuronaler Netze nachgebildet werden [Tam78], [MH94], [Gro94]. Zur Gewinnung einer höheren Beschreibung von Texturen werden verschiedene Techniken, wie beispielsweise Spektralanalysen im Frequenzbereich, kombinierte Klassifikationen im *mixed-domain*-Bereich (z.B. mittels der Wavelet-Transformation) oder auch Verfahren im Ortsbereich wie z.B. fraktale Analyse, Autokorrelation, Histogrammanalyse oder *Co-occurence*-Matrizen [Pra91] angewendet. Eine Kombination mehrerer statistischer Texturcharakteristika wird häufig für eine Texturklassifikation eingesetzt [Göp87], [Bäh91], [Hil92b], [HN93b] [TJ93].

Im Vergleich zwischen den Ansätzen und Verfahren aus den Bereichen Computer Graphik und Computer Vision lassen sich viele Gemeinsamkeiten, insbesondere hinsichtlich der Behandlung stochastischer Texturen erkennen. So findet man sowohl zur Bildanalyse als auch zur Bildsynthese Verfahren, die auf einer Statistik zweiter Ordnung beruhen.

Strukturelle Modelle spielen in der Computer Graphik eine wichtige Rolle und sind aus diesem Grund weiter entwickelt als in der Bildanalyse. Sind die spezifischen Ausprägungen einzelner Texturelemente, sowie deren zugehörige Verteilungsregel zumindest näherungsweise bekannt, so kann eine strukturelle Texturbeschreibung mit analytischen Methoden gewonnen werden und in eine Repräsentationsform der Computer Graphik überführt werden.

Für eine gemeinsame Texturbeschreibung für die beiden Bereiche Bildanalyse und -synthese erscheint eine Texturbeschreibungssprache geeignet, die sowohl stochastische als auch strukturelle Verfahren unterstützt. Andererseits ist eine derartig allgemeine Repräsentationsform, vor dem Hintergrund heutiger Rechenleistungen, aus Effizienzgründen nicht praktikabel. In Kapitel 4 werden verschiedene Methoden verglichen, die auf unterschiedlichen Beschreibungsebenen zu einer analytischen Gewinnung von Textur führen.

2.3.3 Bewegung

Das temporäre Auflösungsvermögen des Menschen, d.h. die zeitliche Diskretisierung von Bildsequenzen spielt in der Computer Graphik eine besondere Rolle, da hierdurch eine untere Grenze für die Bildanzahl einer sich kontinuierlich bewegenden Szene resultiert [Kle94].

Konzepte für eine Darstellung von Bewegungen werden in der Computer Graphik vor allem für den Bereich der *Computer Animation* bzw. zur Simulation benötigt. Der Begriff *Computer Animation* steht dabei zunächst für eine allgemeine Bezeichnung sämtlicher zeitvarianten Aktionen in einer Szene. Darin enthalten sind beispielsweise Verfahren zur Änderung von Farbe und Position eines Objektes, sowie die Variation des Kamerafokusses.

In vielen Fällen werden Animationen mit Hilfe von Interpolationstechniken auf der Pixelebene, der geometrischen Ebene oder höheren Abstraktionsebenen gewonnen. Hierbei werden durch *Key-Frames* der Beginn und das Ende einer Sequenz angegeben und die dazwischenliegenden Bilder interpoliert. Dieses Verfahren wird allgemein als *Inbetweening* bezeichnet.

Beschreibt die Interpolation gleichzeitig eine Transformation eines Objektes, so wird dies mit dem Begriffen *Morphing* [Bei92] oder *Blending* [Sed92] bezeichnet. Transformationen auf der Ebene der digitalen Pixelrepräsentation werden als *Morphing* bezeichnet wohingegen das *Blending* als Bezeichnung für Transformationen auf der Geometrieebene dient.

Traditionell wurden hauptsächlich lineare Interpolationstechniken eingesetzt um die fehlenden Bilder der Bildsequenz zu berechnen. Allerdings ist dieses Verfahren für die Beschreibung physikalischer Objekte in vielen Fällen nicht adäquat. Als Beispiel kann die Bewegung eines Balles, der zunächst in die Luft geworfen wird und danach wieder auf die Erde fällt, nur unzureichend mit Hilfe einer linearen Interpolation beschrieben werden. Somit werden zunehmend allgemeinere Interpolationstechniken in Animationssystemen eingesetzt. Um z.B. mit Hilfe der Interpolation eine stetige Geschwindigkeitsänderung modellieren zu können ist der Einsatz von Funktionen höherer Ordnung (z.B Splines) erforderlich [Fol90]. Das gleiche gilt für kinematische Modelle; diese berücksichtigen die Geschwindigkeit und Beschleunigung einzelner Objekte, um hierdurch nachfolgende Bilder einer Bildsequenz berechnen zu können. Um den Realismus einer Bewegung zu erhöhen, werden immer ausgereiftere Verfahren zur Beschreibung von Bewegungen eingesetzt. Diese basieren vielfach auf physikalischen Modellen (z.B. Newton's Bewegungsgesetze), sowie der Verhaltensmodellierung einzelner Objekte [Fol90]. Voraussetzung hierzu ist eine vollständige physikalische Spezifikation der relevanten Objekte und deren Umgebung.

Im Bereich Computer Vision hat sich die Bewertung von Bewegung und die Voraussage von Parameterwerten hinsichtlich a priori bekannter Bewegungsmodelle als eine wichtige Technik zur Analyse dynamischer Vorgänge etabliert. Die wesentlichen Unterschiede der einzelnen Techniken liegen zunächst darin, inwieweit a priori Wissen in die Bewegungsanalyse mit einbezogen wird. Ein weiteres Klassifikationskriterium ist das Abstraktionsniveau der zu analysierenden Bildparameter (ikonische, merkmalsorientierte, komplex strukturierte). Außerdem spielt die Dimension der zugrundeliegenden Eingangsbilder (2D oder 3D) eine wichtige Rolle bei der Auswahl eines geeigneten Analyseverfahrens [Zha92]. In dieser Arbeit soll ausschließlich die Frage der Bewegungsanalyse durch die Betrachtung von 2D Bildern untersucht werden. Zwei häufig eingesetzte Verfahren werden hier betrachtet. Analysiert man eine Bildfolge in der nur ein kurzes Zeitintervall zwischen den einzelnen Aufnahmen liegt und somit eine hohe örtliche Kohärenz zwischen aufeinanderfolgenden Bildern besteht, so läßt sich die Bewegung mit Hilfe des sogenannten *optischen Flusses* beschreiben [Nag86]. Dieser liefert einen zweidimensionalen Bewegungsvektor für jeden Bildpunkt der Szene. Der Vektor beschreibt dabei die relative Lageveränderung zwischen der Kamera und der Bildebene. Obwohl der optische Fluß nicht dem 3D-Bewegungsfeld der Szene entspricht, sondern nur aus dessen Projektion auf die Bildebene entsteht, geht man bei der Analyse von der Voraussetzung aus, daß sich die beiden Werte nur unwesentlich voneinander unterscheiden. Durch Einführung von Nebenbedingungen kann die Berechnung des optischen Flusses auf ein Minimierungsproblem zurückgeführt und beispielsweise mit Hilfe der Variationsrechnung gelöst werden (siehe Abschnitt 4.4).

Die Berechnung des optischen Flusses basiert auf der oben bereits genannten Voraussetzung einer hohen Korrelation zwischen aufeinanderfolgenden Aufnahmen einer Bildsequenz. Handelt es sich bei den Eingangsdaten allerdings um keine kontinuierliche Bildfolge und vergrößert sich somit die relative Orientierung zwischen den einzelnen Bildaufnahmen, so ist diese Voraussetzung nicht mehr erfüllt und es müssen andere Verfahren zur Berechnung der Bewegung eingesetzt werden.

Im Gegensatz zu diesem globalen intensitätsbasierten Verfahren, der Berechnung des optischen Flusses, kann die Bewegung innerhalb einer Bildsequenz auch auf der Basis von wenigen Bildern mittels einer Korrespondenzbestimmung lokaler Merkmale ermittelt werden. Vielfach werden hierzu Punkte oder Linien in verschiedenen Ansichten eines Objektes oder einer Szene zueinander in Beziehung gesetzt[LH81], [FT86], [Fau87]. Unter Ausnutzung der geometrischen Zusammenhänge kann die Bewegung der Kamera in bezug auf eine starre Szene oder die Bewegung der Szene im Verhältnis zu einer starren Kameraposition berechnet werden (siehe Kapitel 3).

In vielen Fällen führt eine Bewegungsanalyse zu einem Optimierungsproblem. Da häufig das durch den Aufnahmeprozeß verursachte Rauschen zu fehlerhaften Meßwerten führt [GW87], [Pra91], werden diese in die Modellbeschreibung mit einbezogen. Dies kann z.B. mit Hilfe der Kalmanfiltertechnik (siehe auch Abschnitt 4.4) geschehen [Fau93].

Auf den ersten Blick scheinen keine Überschneidungen bezüglich einer gemeinsamen Beschreibung von Bewegungen für die beiden Bereiche Computer Graphik und Computer Vision zu existieren. Hierzu führt z.B. der Um-

stand, daß in der Computer Graphik teilweise spezielle Techniken, wie z.B.
ein übertriebenes Deformieren (sogenanntes *Squashing* und *Stretching*) eingesetzt werden [Wil89], wohingegen im Bereich Computer Vision eine möglichst
exakte Beschreibung der physikalischen und geometrischen Gesetzmäßigkeiten natürlicher Objekte erreicht werden soll.

Eine Betrachtung einzelner Szenenelemente und die jeweilige Zuordnung
von Bewegungsinformationen findet allerdings sowohl bei der analytischen
Bestimmung, als auch bei der generativen Erzeugung von Bewegungen statt.
Weiterhin spielen die zugrundeliegenden physikalischen Gesetzmäßigkeiten
nach Newton für beide Bereiche eine wichtige Rolle. Auch hinsichtlich der
Automatisierung der Bewegungssynthese bzw. -analyse lassen sich Parallelen feststellen. Eine vollständig interaktive Bewegungsdetektion entspricht
dabei einer *full-explicit-control* in der Animation. *High-level* Beschreibungen,
die teilweise mittels wissensbasierter Systeme realisiert wurden, ermöglichen demgegenüber vielfach eine vollautomatische Bewegungsanalyse bzw.
-synthese.

Physikalisch basierte Systeme [FvDFH90], die mittels Differenzialgleichungen oder in Form einer Energiegleichung [Kas87], [HG95] repräsentiert werden, liefern die erforderlichen kinematischen bzw. dynamischen
Regeln, die sowohl für eine adäquate Simulation als auch für eine Bewegungsanalyse eingesetzt werden können. Ein Beispiel einer direkten Zusammenführung von Bewegungsanalyse und -synthese kommt beim *rotoscoping*
zum Einsatz. Dabei werden an Personen befestigte Marken in einer Bildsequenz verfolgt um hieraus Parameter für eine Bewegungssimulation zu
gewinnen.

2.3.4 Repräsentation von dreidimensionalen Objekten

Eine geeignete Repräsentation starrer Objekte wird im Bereich der Computer Graphik seit langer Zeit untersucht. Unter dem starken Einfluß von
CAD-Anforderungen wurden zahlreiche Modellierungstechniken entwickelt,
welche allesamt verschiedene Eigenschaften bezüglich Eindeutigkeit, Genauigkeit, Verifizierbarkeit, Effizienz, Veränderbarkeit und Vollständigkeit besitzen [Fol90]. Eine Vielzahl der Repräsentationsformen sind hierarchisch ge-
gliedert und setzen sich somit aus Primitiven, die auf einer unteren Beschreibungsform aufbauen, zusammen. Beispiele für derartige Modelle sind: *Con-
structive Solid Geometry* (CSG) *Sweep* Repräsentationen, Kantenmodelle
(B–rep), Volumenmodelle, *Blobby models* (Potentialflächen), Superquadriken usw. Kantenmodelle und *CSG*-Objekte sind dabei die in der Computer
Graphik am weitesten verbreiteten Beschreibungsformen. Schwierigkeiten
treten häufig bei dem Versuch auf, Geometrien und Topologien zwischen
verschieden Modellierungssystemen auszutauschen. Gängige Austauschfor-
mate wie beispielsweise das DXF-Format verarbeiten nur sehr elementare
topologische Informationen. Die Rekonstruktion topologischer Informationen stellt derzeit eine Forschungsrichtung im Bereich der Computer Graphik

mit zunehmender Bedeutung dar [Enc93].

Ähnlich wie in der Computer Graphik entwickelten sich die Datenrepräsentationen im Bereich Computer Vision unter den Aspekten Eindeutigkeit, Vollständigkeit und Kompaktheit der Beschreibungen [Fau93]. Die tatsächliche Wahl einer Repräsentation hängt dabei sehr stark von dem gewünschten Abstraktionsgrad der zu beschreibenden Objekte ab. Somit findet man im Bereich Computer Vision verschiedene Beschreibungsebenen zwischen einer ikonischen und einer symbolischen Repräsentation [HMDM$^+$95] (siehe Abschnitt 5.1).

Typische geometrische Modelle einer Szenenbeschreibung lassen sich in die Kategorien: Volumen–, Flächen und Kurvenbeschreibungen untergliedern. Dabei werden zur Beschreibung von Primitiven bzw. zusammengesetzte Primitive vielfach: generalisierte Zylinder, *Octrees*, Superquadriken, *Extended-Gaussian-Images (EGI)*, Kegel, Splines und Konturen verwendet [Fan90], [JJ90]. Für eine Repräsentation hierarchischer Strukturen werden im Bereich Computer Vision ebenfalls B–rep und CSG Modelle verwendet. Allerdings genügen diese Modelle den Anforderungen an eine Beschreibungsform für den Bereich Computer Vision nicht vollständig. Ein Defizit besteht darin, daß diese Modelle die Berücksichtigung von Unvollständigkeit und Ungenauigkeit nicht vorsehen.

Die verwendeten Beschreibungsformen für die Bereiche Computer Graphik und Computer Vision besitzen viele Gemeinsamkeiten. Insbesondere B–rep und CSG Modelle werden in beiden Gebieten eingesetzt. Die Darstellung von Topologie spielt im Bereich der Computer Graphik eine sehr wichtige Rolle [Wu91] und wird für eine Vielzahl von Anwendungen benötigt. Auch im Gebiet Computer Vision werden zunehmend topologische Gesichtspunkte bei der Bildanalyse zur Reduzierung der Mehrdeutigkeit mit einbezogen [Vos92], [Bra95]. Allerdings existiert bislang in beiden Bereichen kein allgemein anerkanntes Modell zur Beschreibung von Topologie.

Eine weitere, sich direkt anknüpfende Fragestellung, ist eine gemeinsame Beschreibung von radiometrischen Objekt- und Szenenattributen sowie von ungenauem oder unvollständigem Wissen über ein Objekt oder eine Szene. Bislang werden diese Aspekte von keinem der Modelle, die in den einzelnen Bereichen eingesetzt werden, berücksichtigt.

2.3.5 Ein Modell zur algorithmischen Zusammenführung

Eine algorithmische Zusammenführung von Computer Graphik und Computer Vision würde eine Vielzahl von Vorteilen für beide Bereiche eröffnen [PB90], [CCH92], [Hil94a], [HMDM$^+$95], [Hil95b]. Die Betrachtungen der vorangehenden Abschnitte haben dabei einige dieser Aspekte hervorgebracht. Trotzdem existieren bislang wenige Konzept für eine Zusammenführung der einzelnen Techniken.

Ein Modell für eine algorithmische Integration muß die Anforderungen der beiden Gebiete berücksichtigen, ohne dabei die Anwendungen der einzelnen Bereiche zu beeinträchtigen. Ein zentraler Aspekt eines integrierten Systems ist dabei eine Vereinfachung der Verarbeitungsschritte Analyse-durch-Synthese und Synthese-durch-Analyse.

Eine algorithmische Zusammenführung geschieht vor dem Hintergrund der in den vorangehenden Abschnitten diskutierten Attribute Beleuchtung, Textur, Geometrie und Bewegung. Die Basis eines solchen Modells stellt eine gemeinsame symbolische Szenenbeschreibung dar, welche die beiden Bereiche, Computer Graphik und Computer Vision zueinander in Beziehung setzt (siehe Abbildung 2.8). Der Datenaustausch kann dabei mit Hilfe einer symbolischen Szenenbeschreibungssprache erfolgen. Im Gegensatz zu einer Menge von Konvertern, die jede einzelne Komponente jeweils für sich betrachtet überführt, sollte eine vollständige Datenzusammenführung, mit dem Ziel, eine $n : n$ Beziehung zwischen allen Analyse und Synthesekomponenten herzustellen, erreicht werden. Eine weiterführende Untersuchung der erforderlichen Mechanismen in bezug auf die Analyseseite, sowie verschiedene daraus hervorgehende Applikationen, werden in den nachfolgenden Kapiteln betrachtet. Dabei gewährleistet eine gemeinsame Repräsentation nicht unbedingt eine effiziente Bearbeitung aller Anwendungen aus den Bereichen Computer Graphik und Computer Vision. Aus diesem Grund sollten in dem Modell zusätzlich lokale, für das jeweilige Gebiet optimierte, Beschreibungen berücksichtigt werden.

Einige der wesentlichen Anforderungen an ein solches Modell sind neben der algorithmischen Zusammenführung:

- eine einheitliche Repräsentation aller Szenenbeschreibungsattribute,

- eine Einbeziehung physikalisch-basierter Modelle,

- Repräsentation von Geometrie und Topologie,

- Datenabstraktionen auf verschiedenen Ebenen

Ein solches integriertes Modell liefert eine Vielzahl von Vorteilen für Anwendungen aus den Bereichen Computer Graphik und Computer Vision. Hierdurch wäre eine vollständige Ausnutzung von Analyse, Rekonstruktion und Synthesetechniken in beiden Bereichen gewährleistet. Beispielsweise könnte das Gebiet der Computer Graphik von einer generellen Schnittstelle zu Analysetechniken profitieren, wodurch eine Akquisition realer Modelle vereinfacht würde (siehe Kapitel 6 und 7). Demgegenüber könnten im Bereich Computer Vision die Methoden der Bildsynthese zur Verifikation von Analysevorgängen eingesetzt werden.

Im nachfolgenden Abschnitten sollen nun die Datenabstraktionen betrachtet werden, die sowohl für die Bildanalyse als auch für die Bildsynthese durchlaufen werden. Aufbauend auf diesen Untersuchungen soll in Kapitel

5.2 ein Referenzmodell zur Integration von Computer Vision, Bildverarbeitung und Computer Graphik entwickelt werden.

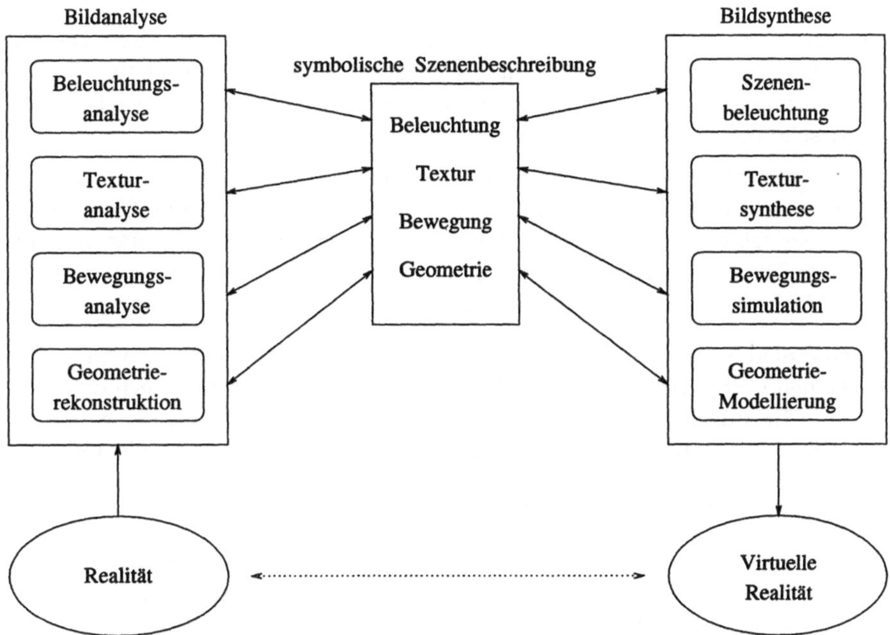

Abb. 2.8. Modell einer algorithmischen Zusammenführung von Computer Graphik, Computer Vision und Bildverarbeitung mit dem Ziel einer Unterstützung der Verfahren: Analyse-durch-Synthese und Synthese-durch-Analyse

2.4 Grundlegende Konzepte eines Referenzmodells

Zusätzlich zu der im vorangehenden Abschnitt beschriebenen algorithmischen Dualität, läßt sich eine Verschmelzung der beiden Bereiche auch aus der Sicht der Abstraktionsniveaus der verschiedenen Datenrepräsentationen betrachten. Eine Zusammenführung von Computer Graphik, Computer Vision und Bildverarbeitung beinhaltet nicht einzig die Verarbeitung visueller Information, sondern kann als multimediale Fragestellung betrachtet werden. Obwohl in dieser Arbeit die Verarbeitung visueller Information im Vordergrund steht, soll für eine Einordnung in den übergeordneten fachlichen Kontext ein Rahmen zur Analyse und Synthese multimedialer Daten geschaffen werden. Das hierzu entwickelte Referenzmodell (*Visual Imaging Reference Model* (VIRM)) stellt somit auch Schnittstellen für andere Medien zur Verfügung. Die Unterstützung heterogener Medien (visuell, audio, haptisch usw.) geschieht auf der Grundlage von Basiskonzepten, die nachfolgend dargestellt werden. Hierzu werden in dem Modell die folgenden Grundtypen spezifiziert:

Ebenen: Ebenen dienen der Repräsentation von Methoden und Daten, welche aus einer bestimmten Informationsklasse hervorgehen. Dabei werden verschiedene Informationsklassen unterstützt (z.B. visuelle, akustische und haptische Information).

Ebenen dienen dabei einer flexiblen Verarbeitung der verschiedenen multimedialen Typen, welche somit in der *Visual Imaging* Umgebung integriert werden können. Obwohl die Betrachtungen sich hier nur auf visuelle Informationen beschränken, erlaubt das Ebenenkonzept eine einfache Erweiterung um zusätzliche Informationsklassen.

Repräsentationsschichten: Jede Ebene des *VIRM* läßt sich in funktionelle Repräsentationsschichten unterteilen. Schichten ermöglichen eine Repräsentation unterschiedlicher Abstraktionsstufen der zu bearbeitenden Daten. Für jede Schicht werden weiterhin spezielle Interaktionsmechanismen definiert. Eine Unterteilung einer Ebene in mehrere Schichten bietet die folgenden Vorzüge:

- Eine Transformation von Eingangssignalen in eine abstrakte symbolische Bildbeschreibung läßt sich mittels des Schichtenmodells entsprechend des jeweiligen Abstraktionsniveaus durchführen.

- Datenbestände, die über die *Analyse–Pipeline* gewonnen wurden, können in die entsprechenden Repräsentation der *Synthese-Pipeline* transformiert werden.

- *Überspringen* einzelner Beschreibungsschichten ist möglich.

Interaktion: Jede Repräsentationsschicht bietet spezielle Mechanismen, die eine Interaktion auf dem jeweiligen Datenbestand ermöglichen. Somit kann der Benutzerdialog derart optimiert werden, daß bestimmte Repräsentationsschichten überbrückt werden können.

Bildaustausch: [2] Ein Datenaustausch zwischen verschiedenen Ebenen, Repräsentationsschichten und Interaktionskomponenten wird durch das VIRM unterstützt. Diese Verarbeitungseinheiten können auf verschiedene Orte verteilt werden. Somit besteht eine Anforderung an eine adäquate Beschreibung des Informationsaustausches. Dabei sollten im besonderen bereits existierende bzw. gerade in der Entwicklung befindliche Informationsaustausch- und Kommunikationsstandards berücksichtigt werden. Hierbei werden aktuelle Normen insbesondere unter dem

---

[2]Der Aspekt des Bildaustauschs wird in dieser Arbeit nur am Rande berührt. Eine ausführliche Darstellung dieses Gesichtspunktes in bezug auf das VIRM kann in [Str95] gefunden werden.

Integrationsaspekt von Computer Graphik, Computer Vision und Bildverarbeitung betrachtet [SBD+94], [SeBC+94].

Figure 2.9 illustriert das Ebenen- und Schichtenkonzept des VIRM. Für eine genauere Spezifikation der einzelnen Repräsentationsschichten, ist es erforderlich zunächst die Methoden einer analytischen Bestimmung einer Szenenbeschreibung zu untersuchen, um diese den verschiedenen Beschreibungsebenen zuzuordnen. Eine ausführliche Betrachtung des Referenzmodells erfolgt nur in bezug auf die Verarbeitung visueller Informationen, die Erweiterung des Modells um die multimedialen Informationsklassen Audio und Haptik wird teilweise bereits durch parallel laufende Arbeiten geleistet [Ast93b], [Ast93a], [Zie95], [Hil95b].

Das Grobkonzept des Referenzmodells soll nun in den nachfolgenden Kapiteln unter besonderer Berücksichtigung der Analyse-Pipeline weiter verfeinert werden. Dabei werden insbesondere die Szenenbeschreibungsattribute Geometrie, Beleuchtung, Textur und Bewegung betrachtet. Eine Zusammenführung der einzelnen Komponenten in ein gemeinsames System zur Erfassung realer Objekte wird in Kapitel 5.2 behandelt. Anhand von zwei Applikationen erfolgt eine praktische Umsetzung der Systemkomponenten, die Realisierung wird in den Kapiteln 6 und 7 dargestellt.

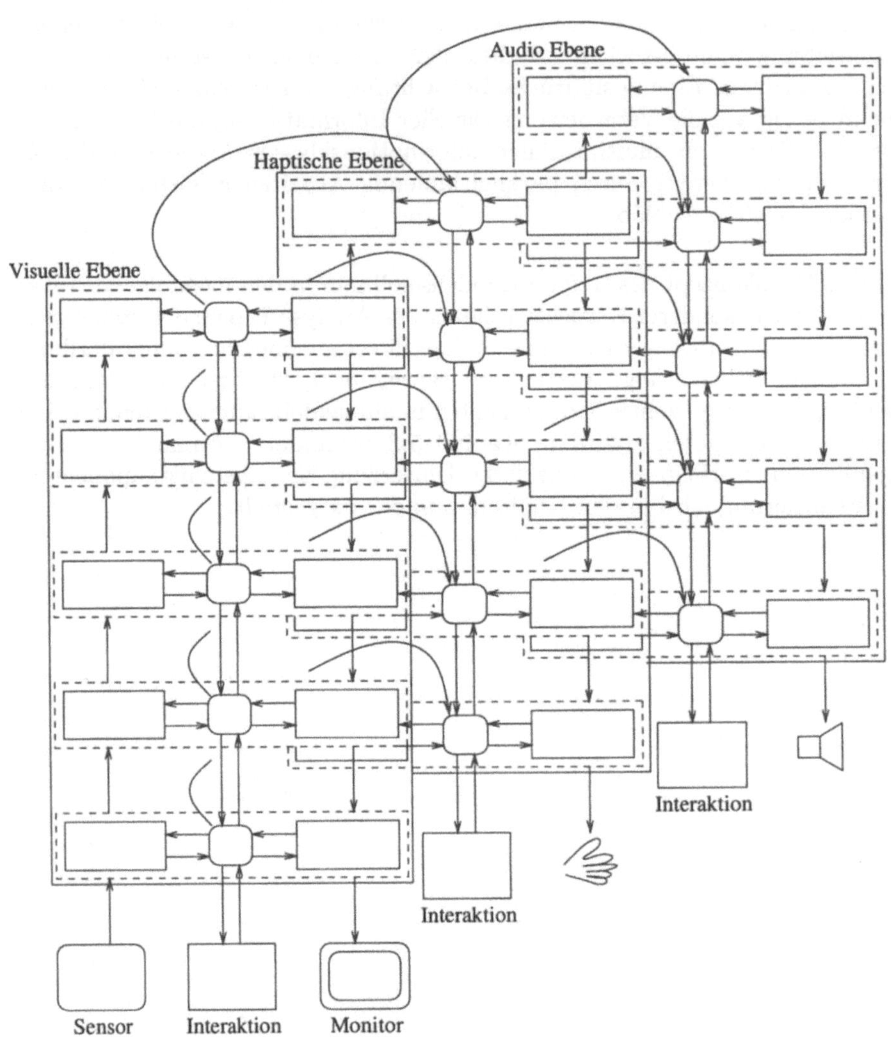

Abb. 2.9. Funktionelle Verarbeitungsebenen des VIRM

3. Erfassung von 3D-Geometrie

Die geometrische Erfassung dreidimensionaler Objekte stellt die primäre Fragestellung dieser Arbeit dar und wird aus diesem Grund besonders ausführlich behandelt. Da eine Vielzahl sowohl der gerätetechnischen als auch der algorithmischen Entwicklungen für eine 3D-Geometriegewinnung durch sinnesphysiologische Vorgänge motiviert wurden, werden zu Beginn dieses Kapitels die primär visuell relevanten Mechanismen zur Gewinnung von Gestalts- bzw. Tiefeninformation dargestellt. Während der Betrachtung der Wahrnehmungsvorgänge werden Parallelen zu einer algorithmischen Definition der Bearbeitungsschritte aufgezeigt. Insbesondere in bezug auf die Texturwahrnehmung werden ausführliche Untersuchungen vorgenommen. Da der Mensch bei Texturen sehr verschiedene Merkmale als Anhaltspunkt zur Bestimmung von Gestalt und Orientierung im Raum verwendet, wird in Abschnitt 3.1.4 eine umfangreiche Untersuchung der menschlichen Merkmale zur Erfassung dreidimensionaler Informationen anhand von Textur vorgenommen.

Im Anschluß an die sinnesphysiologischen Betrachtungen, werden in Abschnitt 3.2 die Möglichkeiten für eine direkte dreidimensionale Erfassung mit Hilfe spezieller Gerätetechnik untersucht. Im weiteren werden Methoden zur 3D-Rekonstruktion basierend auf 2D-Eingangsbildern betrachtet. Im Vordergrund stehen dabei die Verfahren: *Shape from Shading*, *Shape from Texture*, *Shape from Stereo* und *Structure from Motion*. Hierbei werden zunächst prinzipiell die jeweiligen Techniken dargestellt. Anschließend erfolgt eine Beurteilung der jeweils erreichbaren Ergebnisse. Die Umsetzung und Erweiterung eines ausgewählten Verfahrens erfolgt im Kapitel 6 und 7.

3.1 Sinnesphysiologische Aspekte

Das menschliche Auge kann mittels verschiedener Wahrnehmungsmechanismen dreidimensionale Objekte erfassen. Da diese Arbeitsweise in den meisten Fällen zu einem korrekten dreidimensionalen Eindruck der betrachteten Szene führt, ist eine genauere Betrachtung der Vorgänge vor dem Hintergrund einer möglichen algorithmischen Umsetzung vorzunehmen.

Dieses Interesse, die Vorgänge des visuellen Systems zu verstehen, geht bis in das griechische Altertum zurück. Bereits zu dieser Zeit beschäftigten sich die Naturphilosophen mit den Arbeitsabläufen des visuellen Systems. Eine systematische und experimentelle Evaluierung der Vorgänge erfolgte allerdings erst seit Anfang des 20. Jahrhunderts [Kor82] [HN93a]. Wesentliche Erkenntnisse hinsichtlich der Funktionsweise einzelner Regionen des visuellen Apparats wurden dabei von den Nobelpreisträgern Hubel und Wiesel [HW68] in den 60er Jahren erzielt. Ihnen gelang die Erforschung der Sinneszellen im

Auge und Gehirn, und insbesondere der Existenzbeweis von Zellen, die auf
einen Reiz einer bestimmten Orientierung reagieren. Die Generierung sogenannter *Computational Modells*, für eine algorithmische Beschreibung der
visuellen Verarbeitungsprozesse und die Verbindung von wahrgenommenen
Bildprimitiven zu Objekten einer höheren Beschreibungsebene wurde erst-
mals von Marr [Mar82] in den 70er Jahren untersucht.

3.1.1 3D-Datenerfassung des visuellen Systems des Menschen

Zum Verständnis der Methoden zur Akquisition von 3D-Objekten ist es sinnvoll zu untersuchen, welche Informationen das visuelle System des Menschen
zur Erfassung von Entfernungen und Tiefe verwendet, und in welcher Form
eine Bewertung dieser Daten stattfindet.

Da die Netzhaut des Menschen eine zweidimensionale Gestalt besitzt,
muß zunächst eine Rekonstruktion der Information erfolgen, um eine räumlichen Wahrnehmung zu erhalten. Die wesentlichen Anhaltspunkte in einer
Szene sind die Perspektive, Schattierung, Schatten, Textur, Verdeckungen,
Stereopsis und das Wissen über die Größe bekannter Objekte. Zu klären
ist allerdings in welcher Form diese Informationen verwendet werden und
welchen Beitrag diese zur räumlichen Wahrnehmung leisten. Sinnesphysiologische Untersuchungen (z.B. von [Roc84] und [Bül91]) ergaben, daß für
ein monoskopisches Sehen (mit einem Auge) die Faktoren Akkommodation,
Schattierung, Textur von Objekten, Glanzlichter, Bewegungsparallaxe und
sogenannte Abbildungsfaktoren maßgeblich sind. Für eine stereoskopische
Wahrnehmung (mit zwei Augen) sind die Einflußgrößen Konvergenz und Disparität von besonderer Bedeutung. Nachfolgend werden diese Faktoren im
einzelnen betrachtet.

3.1.2 Akkommodation

Betrachtet der Mensch ein Objekt in geringer Entfernung (kleiner als 2 Me-
ter), so wird die Augenlinse entsprechend der Entfernung eingestellt. Mit
Hilfe des Zilliarmuskels wird die Linse derart gekrümmt, daß das Bild des
fixierten Objektes auf der Netzhaut scharf erscheint (siehe Abbildung 3.1).
Objekte im Vorder- bzw. im Hintergrund werden unscharf abgebildet. Die
Stärke der Akkommodation, auch Dioptrie genannt, verhält sich reziprok zu
der Entfernung des Fokusses von der Retina, d.h. Objekte die nahe am Auge
liegen, erfordern eine stärkere Akkommodation als weit entfernte. Untersuchungen haben gezeigt, daß die Akkommodation im Bereich bis zu etwa 2
Metern einen Beitrag zur Entfernungsbestimmung leistet [Bof86]. Die Methode, die Entfernung eines Objektes durch Fokussierung zu bestimmen wird
auch in der Sensortechnik (siehe Abschnitt 3.2.3) verwendet.

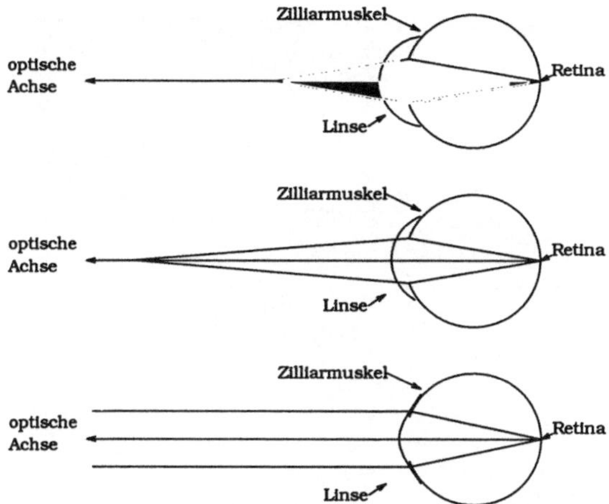

Abb. 3.1. Akkommodation: Zusammenhang zwischen der Linsenkrümmung und der Entfernung des fokusierten Objektpunktes

3.1.3 Schattierung und Glanzlichter

Aus einer Photographie ist der Mensch in der Lage, anhand der 2D-Information des Bildes die wichtigsten 3D-Eigenschaften der dargestellten Szene abzuleiten. Physiologische Untersuchungen zeigten, daß die Intensitätsänderung auf der Oberfläche der betrachteten Objekte eine entscheidende Orientierungshilfe darstellt [Bül91]. Diese Sensitivität des visuellen Systems wird beispielsweise in der Kosmetik verwendet, um bestimmte Regionen des Gesichtes, durch Änderung des Intensitätsverlaufs, zu "gestalten". Hierbei wird der Zusammenhang zwischen der Orientierung einer betrachteten Oberfläche und der reflektierten Lichtintensität ausgenutzt. Analytisch betrachtet wird somit in Abhängigkeit von dem Bildintensitätsgradienten eine Oberfläche unterschiedlich steil empfunden. Dieser Zusammenhang wird bei den in Abschnitt 3.3.1 beschriebenen *Shape from Shading*-Verfahren ausgenutzt. Insbesondere wurde festgestellt, daß der Mensch bei der Interpretation von Helligkeitsänderungen implizit von einer linearen Beziehung zwischen der Intensitäts- und der Oberflächenänderung ausgeht [Pen82].

Abbildung 3.2 zeigt die Wirkung unterschiedlicher Informationsquellen auf die visuelle Erscheinung eines Ellipsoids. Links oben wird das Ellipsoid mit einer konstanten Intensität für jeden Bildpunkt dargestellt, der Betrachter kann keinerlei Tiefen- bzw. Orientierungsinformation gewinnen. Oben rechts wurde das Objekt schattiert, der Betrachter ist nun in der Lage die Gestalt des Objekts zu beurteilen. Fügt man Glanzlichter hinzu (unten links), so wird der Gestalteindruck weiter verstärkt. Eine zusätzliche Texturierung des Objektes (unten rechts, siehe auch Abschnitt 3.1.4) verstärkt den Eindruck der räumlichen Lage des Objektes.

Abb. 3.2. Beispiel für monoskopische Einflußgrößen: oben links: konstante Intensität, oben rechts: schattiertes Objekt, unten links: schattiertes Objekt mit zusätzlichen Glanzlichtern, unten rechts: schattiertes Objekt mit Glanzlicht und Textur (nach Bülthoff [Bül91])

3.1.4 Textur

Einen weiteren Einflußfaktor bei der visuellen Erfassung von 3D-Objekten bildet die Textur. Nach DIN-Norm [DIfN79] definiert sich die "visuelle Textur" als eine durch das Auge vermittelte Empfindung, durch die sich zwei aneinandergrenzende Teile des Gesichtsfeldes mit unbewegtem Auge spontan unterscheiden [Eng92]. Die Textur liefert sowohl Informationen über die Orientierung des Objektes, als auch über Entfernungen zwischen verschiedenen Punkten der Objektoberfläche. Durch die entsprechend der Oberfläche hervorgerufenen Gestalts- und Abstandsänderungen der Texturprimitive kann das visuelle System räumliche Informationen ableiten. Hierbei liefern strukturierte Texturen mit deutlich voneinander trennbaren, periodisch auftretenden Texturelementen einen stärkeren Beitrag zur 3D-Wahrnehmung als Texturen mit anderen Eigenschaften (z.B. fraktale oder rein stochastische Texturen). Besonders gute Hinweise liefern gitterförmige oder aus parallelen Linien bestehende Texturen. Hier kann der Beobachter leicht Fluchtpunkte identifizieren, welche die Wahrnehmung der Objektorientierung und -tiefe vereinfachen, dies wird auch durch die nachfolgenden Versuchsergebnisse bestätigt.

Abbildung 3.3 zeigt zwei Ellipsoide, deren erste Hauptachsen im Winkel von 90 Grad zueinander stehen. Im linken Bild der Abbildung 3.3 wurde auf die Ellipsoide eine Textur mit kreisförmigen Texturelementen aufgebracht. In dieser texturierten Darstellung kann der Winkel zwischen den Ellipsoiden relativ gut geschätzt werden. Demgegenüber läßt sich die Gestalt der Objekte nur schlecht wiedergeben.

Betrachtet man demgegenüber die schattierten Ellipsoide (Abbildung 3.3 mitte), so kann man relativ gut die Gestalt erkennen, allerdings ist es schwierig, die Orientierung zu bestimmen. Kombiniert man Textur und Schattierung (Abbildung 3.3 rechts), so können sowohl die Gestalt als auch die Orientierung gut erkannt werden.

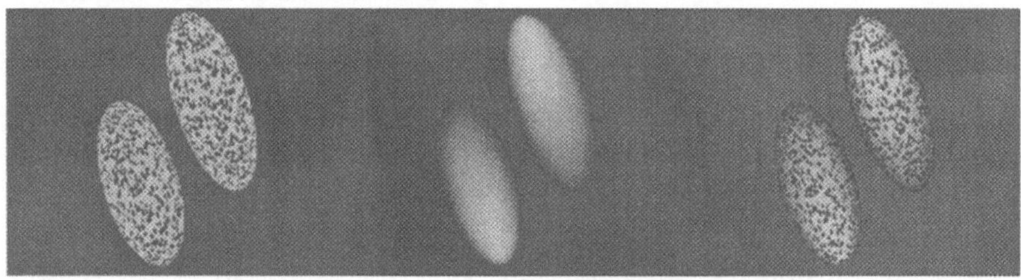

Abb. 3.3. Beispiel für monoskopische Einflußgrößen: links: texturierte Ellipsoide, mitte: schattierte Ellipsoide, rechts: texturierte und schattierte Ellipsoide (nach Bülthoff [Bül91])

Wie bereits oben erwähnt, sind die Merkmale, welche bei einer Gestaltswahrnehmung mittels Textur einbezogen werden, sehr unterschiedlich. Um die Bedeutung verschiedener Texturmerkmale auf die räumliche Wahrnehmung genauer abschätzen zu können, werden die nachfolgenden Untersuchungen vorgenommen [Hil94b], [MH94].

Den Betrachtungen liegt eine wahrnehmungsorientierte Texturklassifikation zugrunde, die bereits 1978 von Tamura et al. [Tam78] vorgestellt wurde. Dabei wählte Tamura auf der Grundlage von psychologischen Tests sechs wahrnehmungsorientierte Texturmerkmale Grobheit, Kontrast, Gerichtetheit, Linienartigkeit, Regelmäßigkeit und Rauhigkeit aus und entwickelte jeweils entsprechende Texturklassifikatoren. Nachfolgend sollen die von Tamura et al. ermittelten Klassifikatoren beschrieben werden. Diese dienen als Grundlage für die anschließenden sinnesphysiologischen Untersuchungen:

Grobheit:
Hierbei wird der mittlere Luminanzwert an jedem Punkt für eine Nachbarschaft der Größe 2^k berechnet, wobei die Fenstergröße die Werte $1 \times 1, 2 \times 2, ..., 32 \times 32$ annimmt. Der Mittelwert für einen Punkt (x, y) und seine $2^k \times 2^k$ Nachbarschaft bestimmt sich wie folgt:

$$A_k(x,y) \;=\; \sum_{i=x-2^{k-1}}^{x+2^{k-1}-1} \sum_{j=y-2^{k-1}}^{y+2^{k-1}-1} I(i,j)/2^{2k}.$$

$I(i,j)$ entspricht hierbei dem Luminanzwert an der Stelle (x,y). An jedem Punkt des Bildes wird nun die Differenz des jeweiligen Mittelwerts zu den

Mittelwerten der nichtüberlappenden horizontalen und vertikalen Nachbarregionen gebildet. Für die horizontale Differenz gilt beispielsweise:

$$E_{k,h}(x,y) \;=\; \mid A_k(x+2^{k-1},y) - A_k(x-2^{k-1},y) \mid .$$

Nun wird für jeden Punkt die maximale Differenz betrachtet:

$$S_{best}(x,y) \;=\; 2^k,$$

wobei k jeweils den maximalen Wert für E in beiden Richtungen angibt:

$$E_k = E_{max} \;=\; max(E_1, E_2, ..., E_L).$$

Schließlich erhält man aus dem Mittelwert von S_{best} ein Maß für die *Grobheit*, F_{CRS} (der Parameter r_{CRS} beschreibt dabei einen empirisch festgelegten Normierungsfaktor)

$$F_{CRS} \;=\; \frac{r_{CRS}}{x_{max} \cdot y_{max}} \cdot \sum_x^{xmax} \sum_y^{ymax} S_{best}(x,y).$$

Kontrast:

Tamura et. al. schlagen die folgende Berechnungsmethode zur Bestimmung des Kontrastes eines Bildes vor:

$$F_{CON} \;=\; r_{CON} \cdot \sigma / (\alpha_4)^n,$$

dabei entspricht σ der Standardabweichung des Luminanzwertes, α_4 ist die Kurtosis und n entspricht einer positiven Zahl. Experimentelle Untersuchungen bezogen auf die Übereinstimmung mit der menschlichen Kontrastwahrnehmung lieferten die besten Ergebnisse für $n = 1/4$. r_{CON} beschreibt einen Normierungsfaktor.

Gerichtetheit:

Um ein Maß für die *Gerichtetheit* zu erhalten wird ein Histogram der Wahrscheinlichkeit von Kanten über ihre Richtungen berechnet:

$$H_D(k) \;=\; N_\phi(k) / \sum_{i=0}^{n-1} N_\phi(i), \; k = 0, 1, ..., n-1,$$

mit $N_\phi(k)$ gleich der Anzahl von Punkten mit einer lokalen Kantenrichtung im Bereich $(2k-1)\pi/2n \leq (2k+1)/2n$ und einem Gradientenbetrag größer als ein vorgegebener Schwellwert: $\mid \Delta G \mid \geq t$. Somit läßt sich die Gerichtetheit berechnen, indem man die zweiten Momente zwischen zwei Tälern um jedes lokale Maximum summiert:

$$F_{DIR} \;=\; 1 - r_{DIR} \cdot \cdot n_p \cdot \sum_p^{n_p} \sum_{\phi \in w_p} (\phi - \phi_p)^2 \cdot H_D(\phi),$$

mit:

n_p Anzahl lokaler Maxima

ϕ_p *p-tes* lokales Maximum von H_D

w_p Bereich des *p-ten* Maximums zwischen den jeweiligen Tälern

r_{DIR} Normierungsfaktor in Bezug auf die Richtungsquantifizierung ϕ

ϕ Richtungskode zur Quantifizierung der Richtung (zyklisch modulo 180°)

Linienartigkeit:

Zur Bestimmung der Linienartigkeit wird eine Richtungs-*Co-occurrence*-Matrix gebildet. Die Elemente der Matrix $P_{Dd}(i,j)$ geben die relative Häufigkeit an, mit der zwei Nachbarpunkte mit einer Entfernung von d entlang der Kantenrichtung auftreten. Dabei besitzt ein Bildpunkt den Richtungskode i und der andere den Richtungskode j. Gewichtet man ein Punktepaar mit dem gleichen Richtungskode mit $+1$ und demgegenüber ein Punktepaar mit senkrecht zueinander stehenden Richtungen mit -1, so läßt sich die Linienartigkeit folgendermaßen bestimmen:

$$F_{LIN} = r_{LIN} \cdot \sum_{i}^{n} \sum_{j}^{n} P_{Dd}(i,j) \cos[(i-j)\frac{2\pi}{n}] / \sum_{i}^{n} \sum_{j}^{n} P_{Dd}(i,j).$$

Hierbei bestimmt n die Anzahl der Quantifizierungseinheiten des Winkels und r_{LIN} entspricht einem Normierungsfaktor.

Regelmäßigkeit:

Die Regelmäßigkeit läßt sich bestimmen, indem das Bild in mehrere Teile unterteilt wird und für diese jeweils die Variation der verschiedenen Texturmerkmale untersucht wird. Die Gesamtvariation liefert dann ein Maß für die Regelmäßigkeit:

$$F_{REG} = 1 - r_{REG} \cdot (\sigma_{CRS} + \sigma_{CON} + \sigma_{DIR} + \sigma_{LIN}),$$

wobei r_{REG} einem Normierungsfaktor entspricht und σ_{xxx} der Standardabweichung der zuvor bestimmten Maße.

Rauhigkeit:

Zur Beschreibung der Rauhigkeit konnte von Tamura et. al. kein optimaler Klassifikator bestimmt werden. Auf der Grundlage ihrer psychologischen Tests und des offensichtlichen starken Einflusses von Kontrast und Grobheit auf das Empfinden von Rauhigkeit wurde die folgende Berechnungsvorschrift vorgeschlagen:

$$F_{RGH} = r_{RGH} \cdot (F_{CRS} + F_{CON}).$$

Tamura et. al. erreichten in zahlreichen Tests, auf der Grundlage der hier angegeben Klassifikatoren, eine hohe Übereinstimmung mit einer menschlichen Texturklassifikation Die von mir durchgeführten Untersuchungen auf

der Grundlage der gleichen Klassifikatoren bestätigten Tamuras Ergebnisse
in Bezug auf Grobheit, Kontrast, Gerichtetheit und Regelmäßigkeit. Die
Resultate für die Linienartigkeit ließen sich nicht im vollen Umfang repro-
duzieren. Ein möglicher Grund für die Unterschiede der Korrelationswerte
könnten qualitative Abweichungen und Größenunterschiede der Testbilder
sein.

Die Ergebnisse von Tamura et al. hinsichtlich der Rauhigkeit fanden
in meinen Untersuchungen keine Bestätigung. Tamura wies bereits auf die
Schwierigkeit einer geeigneten Beschreibung dieses Merkmals hin. Somit
wurde von mir versucht, die Rauhigkeit mit Hilfe der fraktalen Dimension
[KCC89] zu beschreiben. Obwohl diese in der Literatur allgemein als eine geeignete Größe zur Darstellung der Rauhigkeit beschrieben wird, wurde nur
eine maximale Korrelation von 0.53 mit der entsprechenden menschlichen
Empfindung[1] erzielt. Diese niedrigen Korrelationswerte lassen sich wahr-
scheinlich darauf zurückführen, daß Rauhigkeit im Wesentlichen ein taktiles
Merkmal ist und somit bei einer visuellen Beurteilung einer Textur die Bewertung der Rauhigkeit im starken Maße von der räumlichen Interpretation
der Textur abhängt.

Eigene Untersuchungen unter Verwendung von Brodatz-Texturen [Bro66]
bestätigten die Vermutung, daß eine Texturbewertung in Bezug auf ihre Rauhigkeit sehr stark von dem Wissen über das dargestellte Material abhängig
ist. Die jeweiligen Testpersonen interpretierten teilweise zunächst die Textur, bevor eine Beurteilung hinsichtlich der Rauhigkeit vorgenommen wurde.
Somit können große Schwankungen bei einer Beurteilung von Rauhigkeit
entstehen. Deshalb wird in den nachfolgenden Untersuchungen auf diesen
Parameter verzichtet. Tabelle 3.1 zeigt die Übereinstimmung zwischen einer menschlichen Texturbewertung auf der einen Seite und den Ergebnissen
einer algorithmischen Beschreibung von Tamura und den von mir erzielten
Ergebnissen andererseits.

Um den Einfluß der Texturmerkmale auf die Wahrnehmung von Form und
Neigung zu messen, war die Erzeugung von geeigneten Testtexturen notwendig. Hierzu ist es erforderlich, Texturen für jeweils spezielle Merkmalskom-
binationen zu generieren und den zugrundeliegenden Textur-Merkmalsraum
gleichmäßig abzutasten.

Optimierungsproblem aufgefaßt werden, bei dem die jeweiligen Kosten
als Abstand der aktuellen Position im Suchraum zu einem aufzusuchen-
den Abtastwert definiert werden. Dieser Abstand bezieht sich dabei auf die
Distanz im wahrnehmungsbasierten Textur-Merkmalsraum. Unter Verwendung der oben spezifizierten wahrnehmungsbasierten Texturmerkmale und
der Euklid'schen Distanz als Maß für die Klassenzugehörigkeit ergibt sich
die folgende Kostenfunktion:

---

[1] Zur Festlegung der Übereinstimmung mit der menschlichen Wahrnehmung wurden
meheren Testpersonen Texturen mit analytisch unterschiedlich bewerteter Rauhigkeit
vorgelegt

Texturmerkmal	Tamura et. al	Hildebrand, Müller
Grobheit	0.831	0.868
Kontrast	0.904	0.782
Gerichtetheit	0.823	0.868
Linienartigkeit	0.713	0.631
Regelmäßigkeit	0.779	0.717
Rauhigkeit	0.652	0.421

Tabelle 3.1. Korrelation der Texturklassifikatoren mit einer menschlichen Texturbewertung

$$C = \sqrt{\Delta_{CRS}^2 + \Delta_{CON}^2 + \Delta_{DIR}^2 + \Delta_{LL}^2 + \Delta_{REG}^2},$$

wobei Δ_x die Differenz zwischen der ermittelten Ausprägung des Merkmals "x" an der aktuellen Position und dem korrespondierenden Wert der Zieltextur bezeichnet.

Zur Synthese und Variation der Testtexturen wurde die Texturbeschreibungssprache HiLDTe (Hierarchical Language for the Description of Textures, [Eng92]) eingesetzt. HiLDTe erlaubt die auflösungsunabhängige und parametrisierbare Spezifikation visueller Texturen. Dabei werden sowohl eine rein stochastische, eine strukturelle und eine gemischt stochastisch-strukturelle Beschreibung visueller Texturen unterstützt [Har79] [MH94].

Durch die Verwendung von HiLDTe konnten eine Reihe von Basistexturen spezifiziert werden, die beliebig reproduziert und nachträglich durch geeignete Parametervariationen einfach manipuliert werden konnten. Zur Lösung der Optimierungsaufgabe wurde ein genetischer Algorithmus [Cor93] eingesetzt. Hierbei wird zunächst mittels einer Zufallsfunktion eine Population von Textur-Repräsentanten, sogenannte Genotypen, erzeugt. Unter Verwendung des modifizierten Klassifikationsschemas von Tamura et. al. und der oben angegebenen Kostenfunktion werden die Kosten der einzelnen Texturen der Population berechnet. Bei jedem Iterationsschritt werden Repräsentanten mit hoher *Fitness*, also niedrigen Kosten, gemäß evolutionärer Vorgänge selektiert, kombiniert (*Crossover*) und modifiziert (*Mutation*). Dabei wurden solche mit schlechter *Fitness* eliminiert.

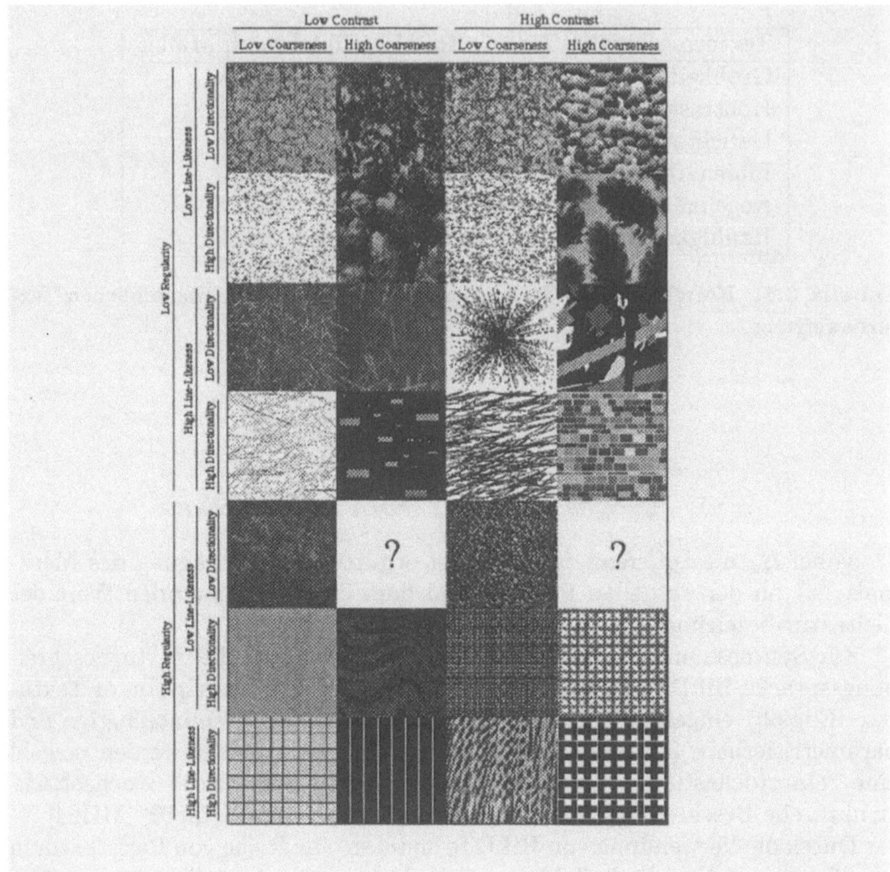

Abb. 3.4. Testtexturen aus dem wahrnehmungsbasierten Textur-Merkmalsraum

Das Problem der Bestimmung geeigneter Texturen, für eine gleichmäßige
Abtastung des Textur-Merkmalsraums, kann als Mit Hilfe dieser Technik
konnten somit nahezu alle gewünschten Kombinationen des wahrnehmungsbasierten Texturmerkmalsraums generiert werden.   Nicht erzeugt werden
konnten die Texturen 17 und 19 (starke Grobheit und Regelmäßigkeit sowie
geringe Linienartigkeit und Gerichtetheit) sowie 24 bis 27 (hohe Regelmäßigkeit und Linienartigkeit sowie geringer Gerichtetheit) dies läßt sich dadurch
begründen, daß die algorithmische Definition dieser Merkmale zueinander im
Widerspruch steht. Aus diesem Grund wurden die weiteren Untersuchungen
ohne diese Texturen durchgeführt.

		CON−		CON+	
		CRS−	CRS+	CRS−	CRS+
REG− LIN−	DIR−	0	1	2	3
	DIR+	4	5	6	7
REG− LIN+	DIR−	8	9	10	12
	DIR+	12	13	14	15
REG+ LIN−	DIR−	16	X	X	19
	DIR+	20	21	22	23
REG+ LIN+	DIR+	28	29	30	31

CRS: Grobheit
CON: Kontrast
DIR: Gerichtetheit
LIN: Linienartigkeit
REG: Regelmäßigkeit

Abb. 3.5. Numerierung und Merkmalzuordnung der Testtexturen

Schwierigkeiten ergaben sich hinsichtlich der Bereitstellung von geeigneten Startwerten, so daß auf der Grundlage einer Basistextur eine Optimierung durchgeführt werden konnte. Im allgemeinen kann von einer vorgegebenen HiLDTe-Texturbeschreibung nur ein begrenzter Bereich aus dem wahrnehmungsbasierten Textur-Merkmalsraum abgedeckt werden. Der Erfolg des Verfahrens hängt daher von der Wahl der richtigen Ausgangstextur ab. Zur Lösung dieses Problems kann eine Kennung der Ausgangstextur in den Repräsentationsvektor aufgenommen werden. Hierdurch ergibt sich die Problematik, daß Gene unterschiedlicher Länge durch den Algorithmus behandelt werden müssen, was im allgemeinen zu einer höheren Komplexität der Berechnung führt.

Im praktischen Einsatz konnten aber auch mit Hilfe der einfacheren Realisierung dieses Verfahrens, zusätzlich zu einer Auswahl aus der vorhandenen Texturdatenbank, weitere Texturen für die nachfolgend beschriebenen Testreihen erzeugt werden. Abbildung 3.4 zeigt die Auswahl der Testtexturen, klassifiziert nach hohen und niedrigen Merkmalsausprägungen. Leere Felder entsprechen solchen Merkmalsvektoren, zu denen keine Beispieltexturen erzeugt werden konnten.

Um die Signifikanz der einzelnen Texturparameter auf die Wahrnehmung der Neigung von Flächen und damit den Einfluß dieser Parameter auf einen wichtigen Aspekt der menschlichen Formwahrnehmung testen zu können, wurden zwei Versuche durchgeführt. Im ersten Versuch wurde eine geneigte texturierte Fläche auf einem Computerbildschirm dargestellt. Die Testperson mußte die Richtung der Neigung feststellen, hatte dabei jedoch keine weiteren visuellen Anhaltspunkte zur Verfügung als die perspektivischen Verzerrungen der Textur. Im ersten Teil des Versuchs war die Fläche dabei grundsätzlich um die X-Achse geneigt, im zweiten Teil um die Y-Achse. Der Neigungswinkel variierte in beiden Fällen zwischen 10 und 30 Grad in positiver und negativer Richtung. Bei diesem Versuch wurden die Korrektheit der Antworten und die benötigte Zeit aufgezeichnet.

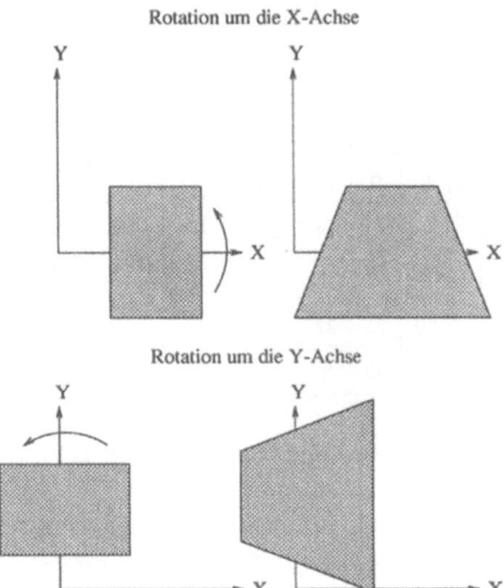

Abb. 3.6. Koordinatensystem für den Versuchsaufbau und betrachtete Texturneigungen

Im zweiten Versuch mußte die Testperson in einem weiteren Fenster interaktiv ein schattiertes Rechteck, bei dem die Seitenbegrenzung jederzeit sichtbar war und als zusätzliche Hilfe die Flächennormale dargestellt wurde, in die gleiche räumliche Lage der texturierten Fläche bringen (siehe Abbildung 3.7). In diesem Fall wurde die Fläche sowohl um die X- als auch um die Y-Achse gedreht. Der Rotationswinkel lag dabei jeweils zwischen -40 und 40 Grad. Ähnlich wie im ersten Versuch wurden der jeweilige Fehler und die benötigte Zeit festgehalten.

Abb. 3.7. Versuchsaufbau des zweiten Versuchs zur 3D Texturwahrnehmung

In beiden Fällen wurden die in Abbildung 3.4 dargestellten Beispieltexturen verwendet. Die Gruppe der Versuchspersonen bestand aus normalsichtigen Freiwilligen. Den Tests ging eine Lernphase voraus, in der sich die Testpersonen jeweils mit der Testumgebung und der Aufgabenstellung vertraut machen konnten. Trotzdem war in beiden Versuchen ein deutlicher Lerneffekt erkennbar. Dieser Effekt betraf jedoch offensichtlich lediglich die Zeit, die zur Entscheidung bzw. zur Positionierung der Fläche verwendet wurde. Eine Beeinflussung der Qualität der Ergebnisse war nicht feststellbar.

3.1.4.1 Bewertung der Ergebnisse

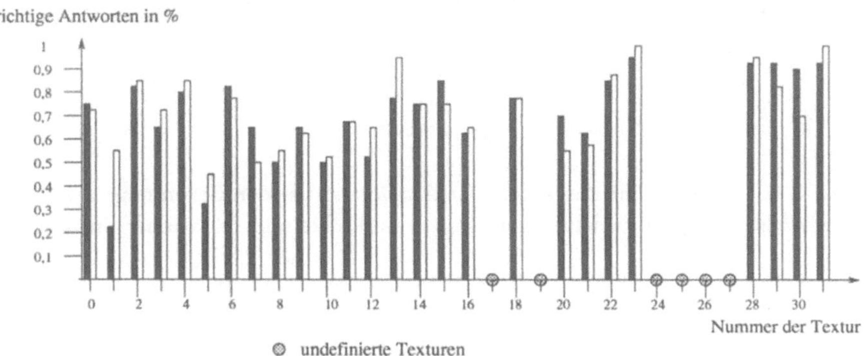

Abb. 3.8. Einfluß der Texturmerkmale auf die korrekte Erkennung der Rotation für einzelne Testtexturen in Versuch 1 (hell: Rotation um die y-Achse, dunkel: Rotation um die x-Achse)

Im ersten Versuch konnte ein signifikanter Einfluß der Rotationsrichtung auf die benötigte Zeit festgestellt werden. Die Versuchspersonen benötigten bei einer Neigung der Fläche um die X-Achse generell eine höhere Zeit als bei einer Neigung um die Y-Achse. In beiden Fällen war die Anzahl der korrekten und falschen Antworten etwa gleich. Der Einfluß des Kontrastes einer Textur auf die benötigte Zeit ist dagegen klar zu erkennen. Bei Texturen mit niedrigem Kontrast brauchten die Testpersonen im Schnitt 13% mehr Zeit für eine Entscheidung als bei Texturen mit hohem Kontrast. Weiterhin wurde im ersten Versuch ein deutlicher Einfluß der Parameter Regelmäßigkeit, Gerichtetheit und Kontrast auf die korrekte Erkennung des Neigungswinkels festgestellt (siehe Abbildung 3.8), wohingegen Grobheit und Linienartigkeit offensichtlich keinen oder nur einen geringen Einfluß besitzen (siehe Abbildung 3.9).

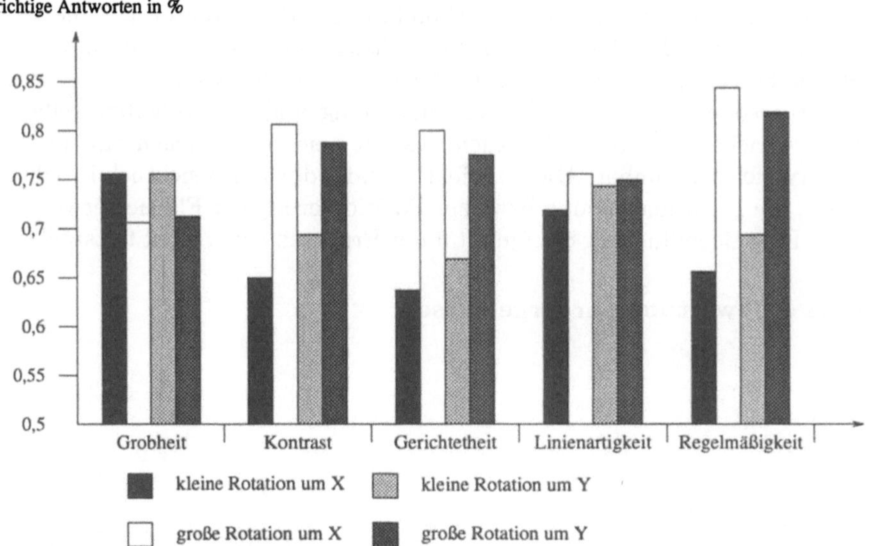

Abb. 3.9. Prozentzahl der korrekten Antworten bei der Erkennung des Rotationswinkels bezüglich verschiedener Texturmerkmale und Rotationsrichtungen in Versuch 1

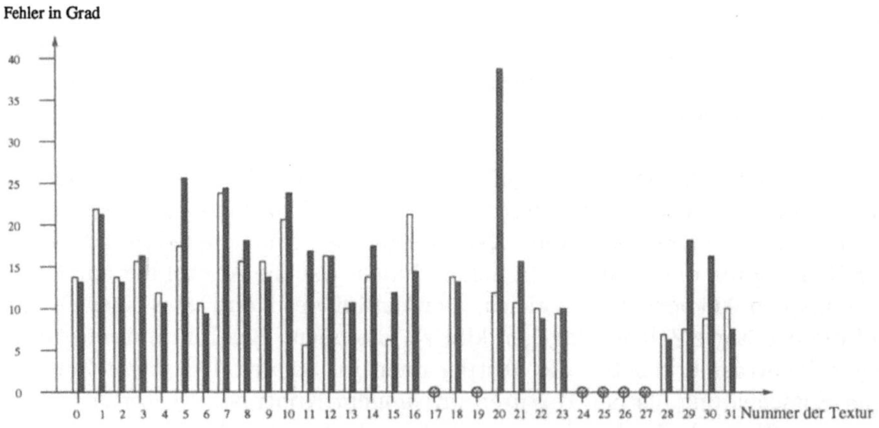

Abb. 3.10. Einfluß der Texturmerkmale auf die korrekte Positionierung einzelner Testtexturen in Versuch 2 (hell: Fehler bzgl. einer Rotation um die y-Achse, dunkel: Fehler bzgl. einer Rotation um die x-Achse)

Im zweiten Versuch wurde der Einfluß dieser Parameter bestätigt und sogar verstärkt. Lediglich die Signifikanz des Kontrastes nahm hier deutlich ab. Eine mögliche Erklärung hierfür ist der Adaptionsmechanismus des menschlichen Auges. Da die Testpersonen im zweiten Versuch zur Positionierung der Fläche ein Mehrfaches der Zeit gegenüber dem ersten Versuch benötigten, ist zu vermuten, daß die Hell-Dunkel-Adaption vollständiger durchgeführt wurde und somit der Einfluß auf die qualitative Performanz abnahm.

An Bedeutung gewann im zweiten Versuch das Merkmal Linienartigkeit (siehe Abbildung 3.10). Es wird vermutet, daß im zweiten Versuch Linienstrukturen in der Textur von den Testpersonen zur Orientierung und zur genaueren Positionierung eingesetzt wurden. Dies bedeutet, daß die Linienartigkeit gerade in interaktiven Umgebungen an Signifikanz gewinnt. Weitere Versuche zur Bestätigung dieser These sind jedoch notwendig. Die Relevanz der Regelmäßigkeit und der Linienartigkeit gegenüber den anderen Texturmerkmalen wird durch die algorithmischen Verfahren zur Bestimmung von Gestalt mittels Textur bestätigt (siehe Abschnitt 3.3.2).

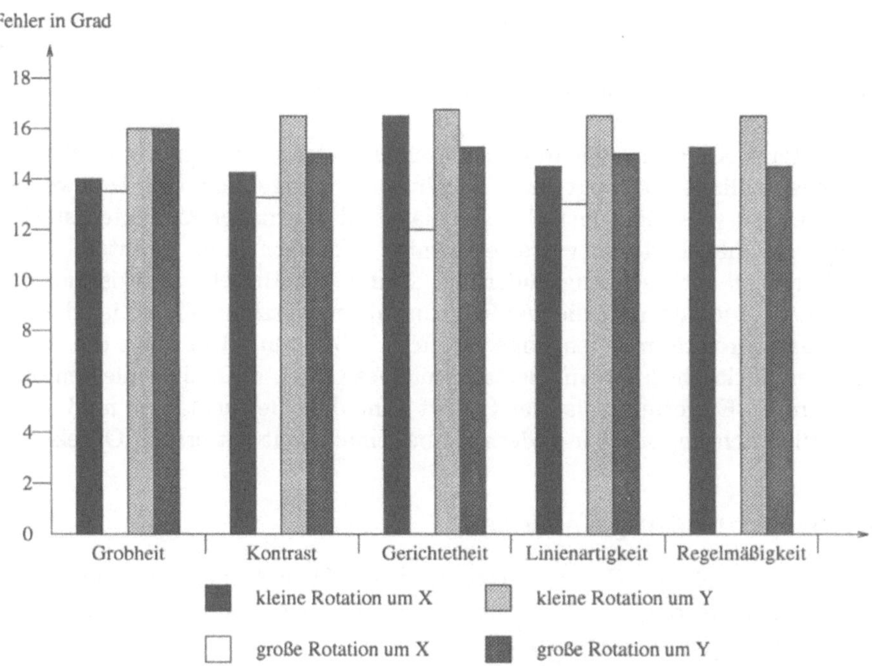

Abb. 3.11. Mittlerer Fehler bei der Positionierung bezüglich der verschiedenen Texturmerkmale und Rotationrichtungen in Versuch 2

3.1.5 Bewegungsparallaxe

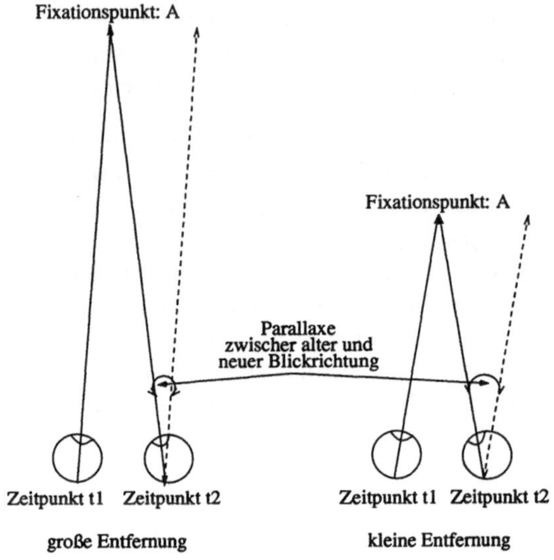

Abb. 3.12. Bewegungsparallaxe für verschiedene Entfernungen

Ein weiteres Kriterium der monoskopischen Tiefenwahrnehmung ist die Bewegungsparallaxe. Bewegt man sich in einer Umgebung von unbewegten Objekten, so verschiebt sich das Netzhautbild von nahen Objekten stärker als das Netzhautbild von weiter entfernten Objekten, d.h. es entsteht eine Art Gradient der Richtungsänderung. Durch die Beziehung zwischen den einzelnen Objekten und die Veränderung ihrer Netzhautbilder, ist die Bestimmung ihrer räumlichen Lage möglich. Abbildung 3.12 zeigt die Änderung der Blickrichtung beim Betrachten eines Objektes in einer kleinen bzw. einer großen Entfernung. Ist das Objekt nahe dem Betrachter, so muß dieser seine Blickrichtung stärker ändern als bei einem weit entfernten Objekt.

3.1.6 Abbildungsfaktoren

Neben dem direkt am Objekt hervorgerufenen Tiefeneindruck existieren weitere Einflußfaktoren, die durch die räumliche Lage eines Objekts in bezug auf andere Objekte entstehen. Dies sind die sogenannten *Abbildungsfaktoren* Perspektive, Schatten, Überdeckung und das Größenverhältnis zwischen bekannten und unbekannten Objekten. Durch die teilweise Verdeckung von Gegenständen ist es möglich die räumliche Anordnung zu bestimmen. Zudem erlaubt der Schatten Rückschlüsse auf die Gestalt der abgebildeten Objekte (siehe auch Abschnitt 4.1).

3.1.7 Konvergenz

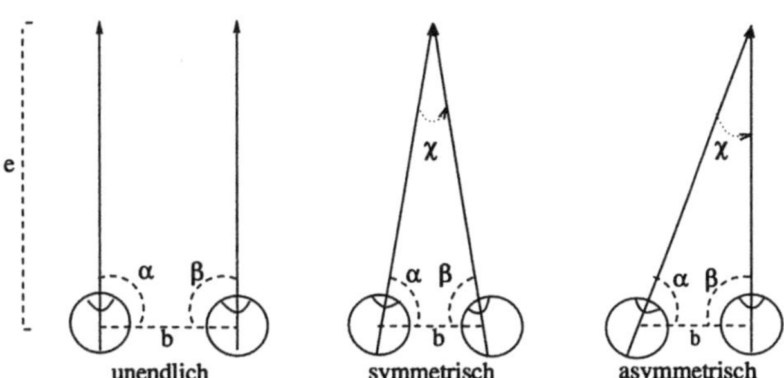

Abb. 3.13. Beispiel für verschiedene Konvergenzwinkel

Die Konvergenz wird hervorgerufen durch das Zusammenlaufen der Sehachsen beim Fixieren eines Punktes. Als Konvergenzwinkel κ bezeichnet man den Winkel zwischen den Sehachsen.

Auf der gleichen Grundlage arbeiten Triangulationssensoren bei der Erfassung von 3D-Punkten. Sind die Basisentfernung b (Abstand zwischen den Pupillen etwa 6 cm) und die beiden Winkeln zwischen der Basis und der Blickrichtung α, β bekannt, so ist das Dreieck vollständig bestimmt:

$$e = b\,\frac{\sin\alpha\,\sin\beta}{\sin(180 - \alpha - \beta)}. \tag{3.1}$$

Die Konvergenz ermöglicht im Gegensatz zur Akkommodation, nicht nur eine relative Entfernungsmessung zwischen mehreren Punkten, sondern es läßt sich auch der absolute Abstand eines einzelnen Punktes bestimmen. Konvergenz allein spielt nur eine untergeordnete Rolle bei der menschlichen Erfassung von 3D-Objekten. Im Zusammenspiel mit der Akkommodation werden Entfernungen bis zu 3 Metern richtig geschätzt.

3.1.8 Disparität

Eine weitere stereoskopische Einflußgröße der Tiefenwahrnehmung ist die Disparität der Netzhautbilder einzelner Merkmale. Schließt man wechselweise das linke und das rechte Auge, so erkennt man sehr leicht die Wirkung der *Disparität*. Disparität (auch *Stereopsis* genannt) bedeutet Ungleichheit, d.h. das Bild des betrachteten Objektes wird für das linke und das rechte Auge auf unterschiedliche Bereiche der Netzhaut abgebildet. Fixiert man mit beiden Augen einen Punkt A und betrachtet man nun das Netzhautbild eines Punktes B und C so ergeben sich, je nach Lage des zweiten Punktes B, differente Netzhautbilder des linken und des rechten Auges (siehe Abbildung 3.14). Punkte mit gleicher Disparität liegen auf einem sogenannten

Horopter. Die Disparität nimmt mit dem Quadrat der Entfernung des betrachteten Objektes ab. Allerdings wirkt sich dies nicht in gleicher Weise auf die menschliche Tiefenwahrnehmung aus, vielmehr findet ein Ausgleich der Entfernung statt (Stereoskopische Tiefenkonstanz).

Die Fähigkeit des visuellen Systems mit Hilfe der Disparität räumliche Tiefe wahrzunehmen wurde von Julesz [Jul75] unter Verwendung von Zufalls-Stereogrammen gezeigt. Vergleichende Untersuchungen mit anderen Einflußfaktoren zur Tiefenwahrnehmung (z.B. von Wallach und Zuckermann [Roc84]) zeigten, daß die Stereopsis einen wesentlichen Beitrag zur Tiefenwahrnehmung darstellt.

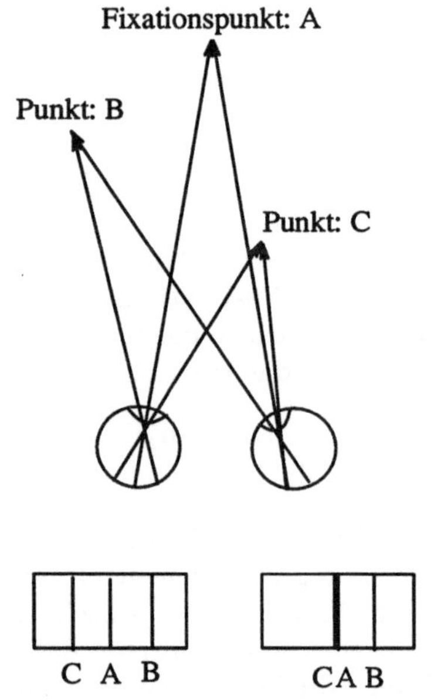

Abb. 3.14. Beispiel für unterschiedliche Disparitäten

3.1.9   Zusammenfassung der Wahrnehmungsaspekte

Eine Vielzahl der in diesem Abschnitt beschriebenen Vorgänge des sinnesphysiologischen Systems finden auch eine algorithmische oder eine gerätetechnische Umsetzung. So werden die Mechanismen der Akkomodation beispielsweise durch Bewertung der Bildschärfe für unterschiedliche Brennweiten der Kamera nachgebildet (siehe Abschnitt 3.2.3). Algorithmen wie *Shape from Shading* (siehe Abschnitt 3.3.1), *Shape from Texture* (siehe Abschnitt 3.3.2) und *Shape from Stereo* (siehe Abschnitt 3.3.3) sind ebenfalls vielfach an den Abläufen des Wahrnehmungssystems angelehnt. Nachfolgend sollen verschiedene gerätetechnische Lösungen zur dreidimensionalen Erfassung von Objekten dargestellt und bewertet werden. Daran anschließend werden Verfahren zur 3D-Rekonstruktion auf der Grundlage von 2D-Rasterbildern vorgestellt.

3.2 Gerätetechnik der 3D-Sensorik

Die Akquisition dreidimensionaler Daten kann entweder direkt unter Verwendung eines 3D-Sensors durchgeführt werden oder aber aus zweidimensionalem Bildmaterial rekonstruiert werden. Obwohl der Hauptgesichtspunkt dieser Arbeit auf der Verarbeitung von 2D-Rasterbildern liegt, soll an dieser Stelle zunächst eine Darstellung der wichtigsten optischen 3D-Sensoren erfolgen (eine ausführlichere Darstellung befindet sich in [HN93a]). Im nächsten Abschnitt werden dann verschiedene 3D-Rekonstruktionsverfahren behandelt, die sich unter dem Begriff *Shape from X* zusammenfassen lassen. Der Buchstabe X steht dabei für die verschiedenen Methoden die hierbei eingesetzt werden können. In dieser Arbeit werden die Verfahren Stereo, Bewegung, Textur und Schattierung erläutert und bewertet.

3.2.1 Triangulationsverfahren

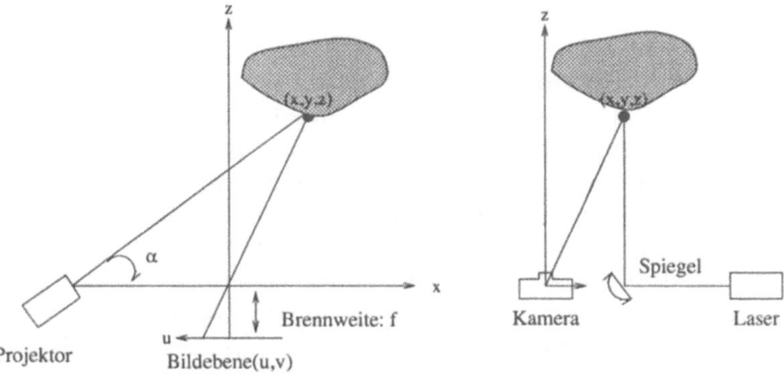

Abb. 3.15. Triangulationsverfahren; links: theoretischer Aufbau; rechts: typische Konfiguration eines Triangulationssystems

Dieses wohl älteste Verfahren zur Erfassung von 3D-Daten beruht auf einer dreieckigen, örtlichen Anordnung eines Projektors, des Empfängers und des zu erfassenden Objektes[2]. Die Verbindungsstrecke zwischen dem Sender und

---

[2]Methode des Vorwärtseinschneidens wurde bereits von C.F. Gauß benutzt.

dem Empfänger wird Basislinie b genannt. Der Sender projiziert zumeist einen Laserstrahl auf einen Punkt des Objektes. Dieser Punkt wird von dem Empfänger (z.B. einer CCD Kamera) erfaßt. Sind die Länge der Basislinie b und außerdem die Winkel α und β zwischen dem Sender und der Basislinie, bzw. dem Empfänger und der Basislinie bekannt, so ist das Dreieck vollständig bestimmt. Der unbekannte Winkel und die beiden unbekannten Seiten des Dreiecks können mit Hilfe des Sinussatzes bestimmt werden.

In der Praxis muß nun einerseits der Winkel zwischen dem Sender und der Basislinie variiert werden (hierdurch lassen sich die Punkte einer Zeile erfassen) und andererseits die vertikale Lage zwischen dem Objekt und der Basislinie verändert werden. Somit lassen sich sukzessive alle Punkte des zu erfassenden Objektes abtasten. Abb. 3.15 zeigt links den theoretischen Aufbau eines Triangulationssystems. Dabei liegt der Sender auf der x-Achse und der Empfänger auf der z-Achse. Der Brennpunkt der Kamera entspricht dem Koordinatenursprung. Die Bildebene der Kamera liegt entsprechend der Brennweite f auf der negativen z-Achse. Aus den bekannten Größen Länge der Basislinie b, Winkel α zwischen Basislinie und Sender, der Brennweite f der Kamera und den Koordinaten u, v der Bildebene lassen sich die Koordinaten eines Objektpunktes (x, y, z) durch folgende Gleichungen bestimmen:

$$x = \frac{bu}{f \cot \alpha - u} \tag{3.2}$$

$$y = \frac{bv}{f \cot \alpha - u} \tag{3.3}$$

$$z = \frac{bf}{f \cot \alpha - u} \tag{3.4}$$

Abb. 3.15 zeigt rechts eine typische Konfiguration eines Triangulationssystems. Diese besteht aus einem Laser mit niedriger Leistung, einem Scan-Mechanismus in Form eines rotierenden Spiegels und einer Kamera. Durch den rotierenden Spiegel kann zunächst nur eine Linie des Objektes erfaßt werden. Die zweite Dimension erhält man, indem das Objekt beispielsweise auf einem beweglichen Tisch verschoben bzw. rotiert wird.

Die Genauigkeit der Messung wird dabei wesentlich von der Länge der Basislinie beeinflußt. Eine Verlängerung der Basislinie bewirkt einerseits eine Erhöhung der Schatteneffekte und andererseits vergrößert sich dadurch der Sensoraufbau. Dies steht im Widerspruch zu industriellen Anwendungen, bei denen kompakte Sensoren erforderlich sind. Dieses generelle Defizit von Triangulationsscannern begrenzt den Gebrauch dieser Sensorik. Einen Verbesserungsvorschlag lieferte Rioux [Rio84], der durch eine synchrone Bewegung zweier Spiegel, die jeweils zwischen dem Projektor und dem Empfänger lokalisiert sind, eine Erhöhung der Tiefenauflösung bei gleichbleibender Basislänge erreichte.

Der Nachteil einer relativ hohen Erfassungszeit, aufgrund der sequentiellen Akquisition einzelner Bildpunkte, läßt sich durch die Verwendung von strukturierten Licht deutlich verringern.

Derartig erweiterte Sensoren arbeiten auf der prinzipiell gleichen Grundlage wie der zuvor behandelte Punkt-Triangulationssensor. Im Gegensatz zu einem Triangulationsscanner wird allerdings nicht ein einzelner Punkt, sondern ein Muster auf das Objekt projiziert. Dabei werden je nach Sensor verschiedene Muster verwendet. So existieren Verfahren auf der Basis von Punkten, Linien, Gittern, Kreisen, Kreuzen, binären Mustern, farbigen Streifen, Texturen, etc.

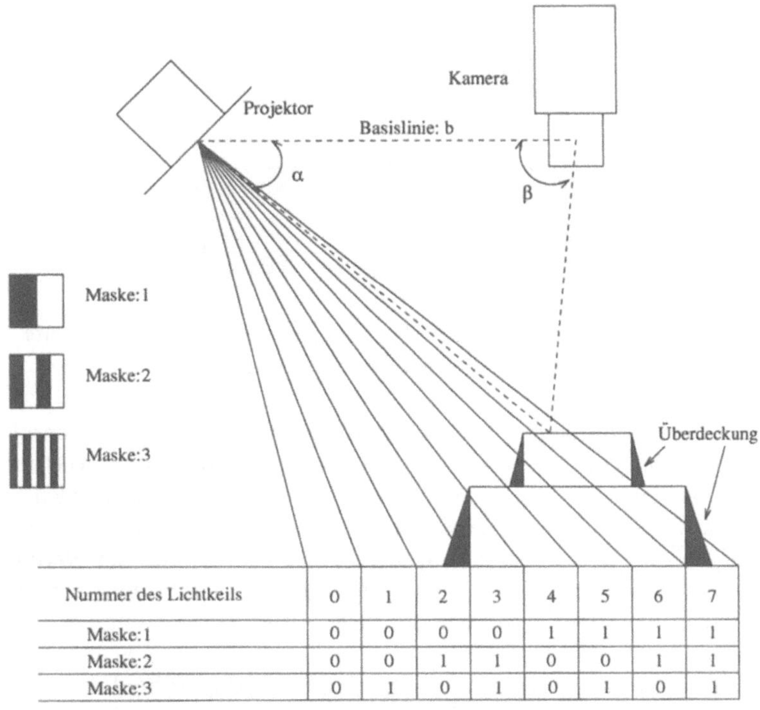

Nummer des Lichtkeils	0	1	2	3	4	5	6	7
Maske:1	0	0	0	0	1	1	1	1
Maske:2	0	0	1	1	0	0	1	1
Maske:3	0	1	0	1	0	1	0	1

Abb. 3.16. Aufbau eines Verfahrens zur Bestimmung von Tiefe mittels Überlagerung von Masken

Eine häufig verwendete Möglichkeit zur Reduzierung der Aufnahmezeit besteht in der Verwendung von Masken unterschiedlicher Struktur. Abb. 3.16 zeigt einen typischen Aufbau eines solchen Verfahrens. Hierbei werden nacheinander unterschiedliche Masken auf die Szene projiziert. Jedes Bild wird in einer anderen Bitebene abgespeichert, so daß durch die Verbindung der einzelnen Bitebenen eindeutig ein Lichtkeil identifiziert werden kann. Kennt man außerdem die jeweilige Position in der Bildebene der Kamera, so läßt sich durch einfache Triangulation der jeweilige Tiefenwert bestimmen. Akquiriert man n Bilder mit verschiedenen Masken, so können durch Kombination der erfaßten Daten 2^n–Regionen bestimmt werden [Ros86]. Überdeckungen lassen sich relativ einfach erkennen, da sie für jede Maske das gleiche Kodewort erhalten. Die in Abb. 3.16 verwendete Maskenkombination erzeugt einen Binärkode. Liegt ein untersuchter Bildpunkt gerade auf dem Rand zwischen zwei Lichtkeilen, so können bei der Verwendung eines Binärkodes relativ große Fehler entstehen. Aus diesem Grund verwendet man häufig sogenannte Gray-kodierten Masken. Bei diesem Code ist die Hemming-Distanz zweier benachbarter Kodeworte gleich eins. Somit wird ein auf dem Rande liegender Objektpunkt im schlechtesten Falle dem links oder rechts benachbarten Kodewort zugeordnet.

3.2.2   Moiré-Verfahren

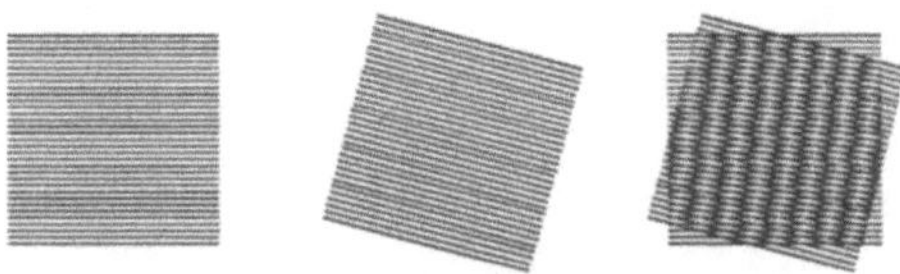

Abb. 3.17. Durch Überlagerung zweier hochfrequenter Ausgangsmuster (links und Mitte) entsteht ein niederfrequentes Interferenzmuster (rechts)

Bei der Verwendung des Moiré-Verfahrens wird, ähnlich zu der Erfassung mittels strukturierten Lichts, ein Gitter mit konstantem Abstand der Gitterstäbe auf die zu erfassende Szene projiziert. Hierdurch werden Schatten auf den Objekten der Szene erzeugt. Betrachtet man die Szene aus einer anderen Blickrichtung, so variiert der Abstand und der Verlauf der Gitterlinien entsprechend der Oberflächenneigung. Werden nun diese Schattenlinien durch ein Kameragitter beobachtet, so ergeben sich im betrachteten Bild sogenannte Moiré-Muster.

Dieses Interferenzmuster entsteht durch die Überlagerung des projizierten Gitters und des Kameragitters [Sci82]. Die Punkte einer Konturlinie des Interferenzmusters liegen dabei im gleichen Abstand zur Kamera.

Dieser Sachverhalt leitet sich aus der Interferometrie ab. Danach lassen sich das Schatten- und das Kameragitter jeweils als ein amplitudenmoduliertes Signal interpretieren, die Amplitudenmodulation wird dabei von dem Abstand der Gitterstäbe bestimmt. Die Überlagerung dieser Signale entspricht einer Multiplikation der zugehörigen Signalfunktionen. Abb. 3.17 zeigt die Überlagerung zweier Gitter mit hoher Frequenz. Das resultierende Muster besitzt nun sowohl die Frequenzen der Ausgangsmuster, als auch die niedrigere Frequenz des MOIRÉ-Muster, welches sich aus der Phasendifferenz der Ausgangssignale ableitet. Wendet man nun einen Tiefpaßfilter auf das Interferenzmuster an, so filtert dieser die hohen Frequenzen heraus und liefert somit die Phasendifferenz. Hieraus geht die Oberflächenneigung hervor.

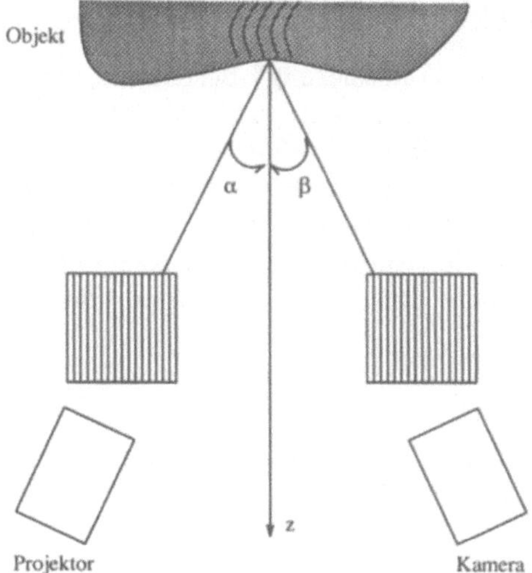

Abb. 3.18. Prinzipieller Aufbau eines MOIRÉ-Sensors

Übertragen auf die Anordnung von Projektor und Kamera wird zunächst das Projektorsignal entsprechend dem Abstand der Gitterstäbe amplitudenmoduliert. Auf dem Objekt wird nun gemäß der Oberflächenneigung die Phase des Projektorsignals moduliert. Durch das Kameragitter wird dieses Signal demoduliert. Die Konturlinien des resultierenden Musters, welche der Phasendifferenz entsprechen, geben nun die Oberflächenneigung an. Abb. 3.18 zeigt den prinzipiellen Aufbau eines Moiré-Sensors. Dabei ist α der Winkel zwischen dem Projektor und der z-Achse und β der Winkel zwischen der Kamera und der z-Achse. Weiterhin ist P_0 die Periode des projizierten Musters auf der Objektfläche. Die relative Tiefenänderung $\triangle z$ zwischen den Zentren der Interferenzmuster läßt sich folgendermaßen berechnen [Pir82]:

$$\triangle z = \frac{P_0}{\tan(\alpha) + \tan(\beta)}. \tag{3.5}$$

Eine Schwierigkeit der Tiefenmessung mit dem Moiré-Verfahren besteht darin, absolute Größen festzustellen. Außerdem sind die Vorzeichen der relativen Änderungen a priori unbestimmt. Verschiedene Verfahren wurden entwickelt, um dieses Defizit zu beseitigen. So kann z.B. zusätzlich ein Stab zwischen Kamera und Gitter plaziert werden. Die Distanz zwischen dem Bild des Stabes und dem des Schattens auf dem Moiré-Muster dient als Referenz um eine bestimmte Konturlinie zu identifizieren. Bewegt man nun zusätzlich das Objekt und akquiriert dabei mehrerer Bilder, so kann die absolute Oberflächenneigung ermittelt werden. Der gleiche Effekt kann erzielt werden, indem man das Projektorgitter leicht verschiebt. Zudem kann hierdurch die Genauigkeit erhöht werden.

3.2.3 Tiefe durch Fokussierung

Die Technik "Tiefe durch Fokussierung" beschreibt, im Gegensatz von den bisher beschriebenen Verfahren, ein passives Verfahren, da hierbei keine Strukturen aktiv auf die Objektoberfläche aufgebraucht werden. Bei der Anwendung des Verfahrens wird die Eigenschaft von Sammellinsen zur Tiefenbestimmung ausgenutzt. Gleichung 3.6 gibt die Beziehung zwischen der Brennweite f der Linse, der Entfernung b zwischen der Linse und der Bildebene und der Entfernung o zwischen der Linse und dem Objekt an.

$$\frac{1}{f} = \frac{1}{b} + \frac{1}{o}. \tag{3.6}$$

Formt man diese Gleichung um und löst man sie nach b und o auf, so erhält man die Gleichungen 3.7 und 3.8:

$$o = \frac{fb}{b - f} \tag{3.7}$$

$$b = \frac{fo}{o - f}. \tag{3.8}$$

Diese beiden Gleichungen zeigen nun, in welcher Entfernung zur Linse ein Objektpunkt liegen muß, um bei vorgegebener Brennweite und festem Abstand zwischen Linse und Bildebene, auf der Bildebene im Fokus zu liegen. Auf der anderen Seite zeigen die Gleichungen, welcher Abstand zwischen Linse und Bildebene gewählt werden muß, um einen vorgegebenen Bildpunkt zu fokussieren.

Abb. 3.19 zeigt die drei möglichen Fälle, die bei fester Brennweite f und fester Entfernung o zwischen Linse und Bildebene auftreten können.

- Der Abstand zwischen dem Punkt A und der Linse ist zu gering, somit liegt der Bildpunkt A' vor der Bildebene. Auf der Bildebene erscheint der Punkt, infolge der nicht-exakten Fokussierung, in Form einer Fläche.

- Punkt B ist genau fokussiert, und wird somit auch in Form eines Punktes auf der Bildebene abgebildet.

- Punkt C, dessen Bildpunkt C' hinter der Bildebene liegt, wird auf der Bildebene als Fläche abgebildet.

Die Größe der verschwommenen Fläche eines nicht-exakt fokussierten Punktes wird durch die Entfernung des Punktes vom Fokus bestimmt. Es besteht also eine Korrelation zwischen der Größe eines verschwommenen Feldes und dem Abstand eines Punktes von der Linse. Diesen Sachverhalt nutzten Rioux und Blais [RB86] aus und bauten einen Sensor zur Bestimmung der Entfernung einzelner Punkte, die in Form eines Punktmusters auf das Objekt projiziert wurden. Hierdurch war man in der Lage, anhand der Größe der

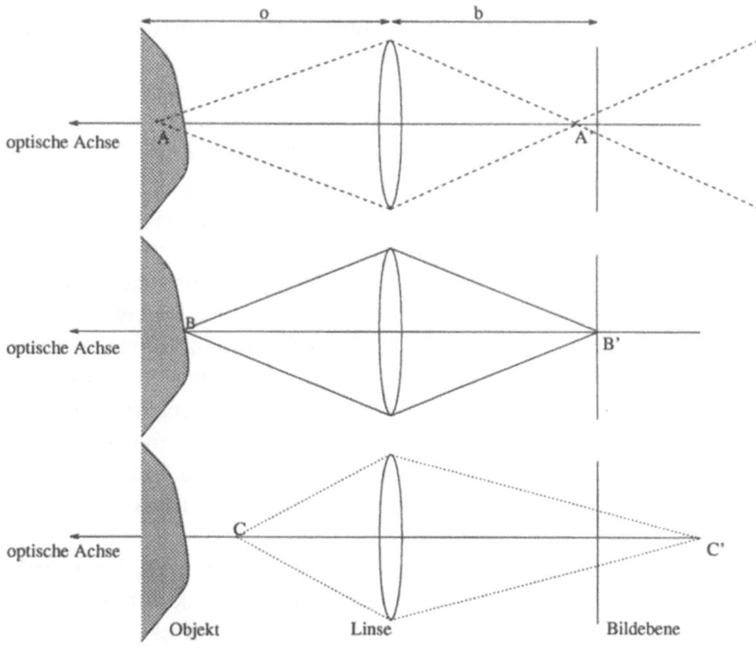

Abb. 3.19. Projektion eines Punktes in unterschiedlicher Entfernung zur Linse

Flächen auf der Bildebene, die sich durch die Projektion der Punkte ergaben, die Entfernungen der einzelnen Punkte zu ermitteln.

Dazu wurden die einzelnen Bilder mit unterschiedlicher Brennweite aufgenommen. Danach wird die Bildschärfe der einzelnen Aufnahmen untersucht; diese korreliert mit dem Anteil hoher Frequenzen im Bild. Je größer die erreichte Bildschärfe, um so höher ist der hochfrequente Anteil des Bildes.

Die Entfernung zum Objekt kann nun ermittelt werden, indem man die Parameter f und o des am besten fokussierten Bildes in die Gleichung 3.7 einsetzt [Kro86]. Ein Nachteil dieses Verfahrens ist, daß sich die Messung des hochfrequenten Anteils jeweils auf den gesamten Bildbereich bezieht, somit kann nur die mittlere Entfernung eines Objektes zum Sensor näherungsweise bestimmt werden. Eine Bewertung einzelner Positionen kann durch das Aufbringen von Marken auf der Objektoberfläche erreicht werden. Hierbei muß anschließend die jeweilige Bildschärfe für jeden einzelnen Bildpunkt bestimmt werden. Dies setzt eine Segmentierung des Bildes voraus.

3.2.4 Zusammenfassende Bewertung der 3D-Sensorik

Zusammenfassend ist festzustellen, daß Triangulationssensoren generell den Nachteil der Schattenbildung in Abhängigkeit von der gewählten Basislänge besitzen. Auf der anderen Seite ist eine Basislänge maximaler Größe anzustreben, um somit eine möglichst hohe Genauigkeit zu erreichen. Aufgrund dieser Nachteile werden Triangulationsverfahren in erster Linie unter Laborbedingungen eingesetzt. Es ist zwar möglich mit Hilfe von Lasermeßsystemen Tiefeninformation mit einer Auflösung im μm Bereich zu erzielen, allerdings ist die Gerätetechnik durch ihre eingeschränkte Verwendbarkeit (Größe des Objektes, Beleuchtungsverhältnisse, Oberflächeneigenschaften, Temperaturabhängigkeit, Erschütterungssensitivität, Synchronisation der Scaneinrichtung, etc.) nur für ein begrenztes Anwendungsspektrum geeignet. Andere aktive Sensoren die mit einer Kombination aus optischem Sensor und speziellen Lichtmustern arbeiten (Moiré-Effekt, strukturiertes Licht) projizieren spezielle Gitter auf das Objekt und sind somit noch stärker von den jeweiligen Beleuchtungsbedingungen abhängig. Aus diesem Grunde finden diese Systeme für Außenaufnahmen praktisch keinen Einsatz. Das Verfahren *Tiefe durch Fokussierung* ermöglicht entweder nur eine approximative Bestimmung der Entfernung oder es muß zunächst eine Bildsegmentierung durchgeführt werden, um somit einzelne Regionen der Objektoberfläche isoliert behandeln zu können.

Neben den hier dargestellten optischen Meßverfahren, finden taktile und Radarsysteme einen häufigen Einsatz. Der Nachteil taktiler Verfahren besteht in der Notwendigkeit, daß für eine Erfassung ein direkter Kontakt zwischen der Sensorik und dem Objekt erforderlich ist. Hierdurch ergeben sich Einschränkungen hinsichtlich der Größe und Topologie der zu vermessenden Geometrie.

Radarsysteme erfordern eine hohe Genauigkeit der Meßeinheit hierdurch wird vielfach ein hoher Preis für diese Systeme hervorgerufen. Ultraschallsensoren sind weniger kostspielig, besitzen aber andererseits den Nachteil einer geringen geometrischen Auflösung und zeigen darüber hinaus verschiedene Artefakte wie z.B. hohes Rauschen und Signaldopplereffekte.

3.3　3D-Rekonstruktion aus 2D-Bildern

Eine alternative Erfassungsmöglichkeit, welche als Schwerpunkt dieser Arbeit betrachtet werden soll, stellt eine 3D-Rekonstruktion auf der Grundlage von 2D-Rasterbildern dar. Gegenüber den Daten, die mittels der in Abschnitt 3.2 beschriebenen Gerätetechnik gewonnen werden, ist hier zunächst eine Rekonstruktion zur Bestimmung der 3D-Geometrie durchzuführen. Nachfolgend werden verschiedene Verfahren, die auf der Grundlage von Schattierung, Textur und Stereo arbeiten, dargestellt und bewertet.

3.3.1　Geometrieerfassung aus der Schattierung

Eine Bestimmung der 3D-Information eines Objektes aus den Intensitäten eines einzigen monokularen Bildes ist im allgemeinen Fall nicht möglich. Infolge der Projektion der 3D-Daten auf ein 2D-Bild geht ein Teil der Bildinformation verloren: Die Umkehrung hat unendlich viele Lösungen, da es sich hierbei um ein unterbestimmtes System handelt.

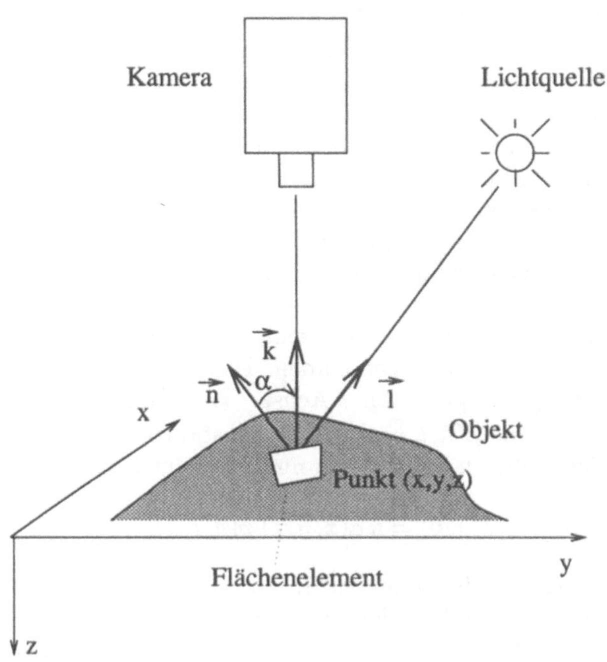

Abb. 3.20. Einflußgrößen bei einer Rekonstruktion mittels *Shape from Shading*

Für eine Ermittlung der Oberflächenform muß somit entweder die Objektvielfalt auf eine bestimmte Gruppe von Objekten (z.B. Lambertreflektoren) eingeschränkt werden, oder es müssen zusätzliche Informationen (z.B. die Beleuchtungsrichtung oder dreidimensionale Startwerte) in die Berechnung mit einbezogen werden. In der Literatur, die bis in die 70er Jahre zurückreicht [Hor70], werden eine Vielzahl von Techniken vorgestellt. In diesem Abschnitt werden verschiedene Methoden (globaler Ausbreitungsansatz, globaler Minimierungsansatz und lokale Ansätze) jeweils als Repräsentanten einer ganzen Klasse diskutiert.

Ausgangspunkt der klassischen *Shape from Shading*(SfS)-Verfahren ist die Beziehung zwischen der gemessenen Bildintensität und der Oberflächenneigung unter Berücksichtigung der Anordnung von Kamera und Lichtquelle. Zur Beantwortung der SfS-Fragestellung, der Rekonstruktion des Oberflächenverlaufs anhand des Intensitätsverlaufs in zweidimensionalen Rasterbildern, ist eine Funktion zu bestimmen, welche für eine gegebene Oberfläche und Beleuchtung, die relative Lage bzw. den Tiefenwert des Oberflächenpunktes in Abhängigkeit zu der beobachteten Intensität des Bildpunktes angibt.

Das Ziel der SfS-Verfahren ist es, einen Zusammenhang zwischen der beobachteten Intensität eines Bildpunktes und der Orientierung des zugeordneten Objektpunktes zu bilden. Kennt man diese Beziehung, so kann die Oberflächenneigung und damit auch die Tiefeninformation bestimmt werden. In der Literatur wird die Projektion auf die Bildebene vielfach in Form einer Parallelprojektion angenähert. Diese vereinfacht den Formalismus gegenüber der perspektivischen Projektion, stellt aber auf der anderen Seite nur eine grobe Näherung der Abbildungseigenschaften eines Kamerasystems dar und ist nur dann zulässig, wenn die Entfernung zwischen Beobachter und Objekt wesentlich größer als die räumliche Ausdehnung des Objektes ist.

Zur genaueren Untersuchung der relevanten Größen betrachtet man ein Flächenelement F (siehe Abb. 3.20) mit dem Mittelpunkt (x, y, z). Dieses Flächenelement mit der Flächennormalen $\vec{n}$ wird von einer Lichtquelle aus der Richtung $\vec{l}$ beleuchtet und anschließend wird die gesamte Szene von einer Kamera aus der Richtung $\vec{k}$ aufgenommen: Die "Blickrichtung" der Kamera verläuft in Richtung der positiven z-Achse. Weiterhin beschreibt $a(x, y, z)$ die Objektirradianz und $\rho(\vec{n}, \vec{l}, \vec{k})$ die Reflexionsfunktion. Die Lichtintensität des Bildes an der Stelle (u, v) läßt sich nun wie folgt beschreiben:

$$I(u, v) = \kappa\, a(x, y, z)\, \rho(\vec{n}, \vec{l}, \vec{k}). \tag{3.9}$$

κ entspricht hierbei einer Kamerakonstanten. Die allgemeine Quantifizierung dieser Gleichung ist sehr aufwendig und erfordert in der Praxis Vereinfachungen. Eine Möglichkeit besteht z.B. darin, eine einzelne, entfernte Punktlichtquelle vorauszusetzen; somit kann der Term $a(x, y, z)$ auf eine Konstante λ reduziert werden. Mithin vereinfacht sich die Gleichung 3.9 zu:

$$I(u, v) = \kappa\, \lambda \rho(\vec{n}, \vec{l}, \vec{k}), \tag{3.10}$$

setzt man $E(u, v)$ zu $I(u, v)/(\kappa\, \lambda)$ so folgt:

$$E(u, v) = \rho(\vec{n}, \vec{l}, \vec{k}). \tag{3.11}$$

Die Reflexionsfunktion $\rho(\vec{n}, \vec{l}, \vec{k})$ beschreibt die Reflexionseigenschaften des betrachteten Objektes. In den meisten Fällen setzt sich das reflektierte Licht aus einem diffusen und einem spiegelnden Anteil zusammen und kann z.B. mittels des Phong'schen Beleuchtungsmodell in folgender Form angenähert werden (siehe auch Abschnitt 2.3.1):

$$\rho(\vec{n}, \vec{l}, \vec{k}) = \zeta_1 \cos\alpha + \zeta_2 \cos^m d. \tag{3.12}$$

ζ_1 und ζ_2 sind hierbei Reflexionskonstanten, α entspricht dem Winkel zwischen Beleuchtungsquelle und Flächennormale, m gibt den Grad der spiegelnden Reflexion und d die Abweichung des Kamerablickwinkels vom Winkel des ausfallenden Lichtes bei idealer Reflexion an. Eine weitere Vereinfachung, die für die Mehrzahl aller SfS-Verfahren vorgenommen wird, ist die Voraussetzung eines idealen Lambert-Reflektors . Hierbei wird das Licht mit gleicher Intensität in alle Richtungen reflektiert. Somit hängt die zugehörige Reflexionsfunktion nur noch von dem Winkel zwischen der Flächennormalen und der Lichtquelle ab und ist unabhängig von der Position des Beobachters:

$$\rho(\vec{n}, \vec{l}, \vec{k}) = \zeta \cos \alpha. \tag{3.13}$$

Für eine feste Lichtquelle wird der Winkel α nur noch von der Flächennormalen $\vec{n}$ beeinflußt. Eine zur Flächennormalen analoge Beschreibungsform der Flächenorientierung stellen partielle Richtungsableitungen im Gradientenraum dar.

Wählt man die Lage des Koordinatensystems analog zu der aus Abb. 3.20, so läßt sich der Tiefenwert z eines Objektpunktes in impliziter Form als Funktion $f(x, y)$ darstellen.

Die Flächennormale $\vec{n}$ läßt sich durch die partiellen Richtungsableitungen $p = \partial f / \partial x$ und $q = \partial f / \partial y$ folgendermaßen beschreiben:

$$\vec{n} = \left(-\frac{\partial g(x, y)}{\partial x}, -\frac{\partial g(x, y)}{\partial y}, 1 \right). \tag{3.14}$$

Durch einen Punkt p, q im Gradientenraum wird somit eine spezielle Oberflächenorientierung beschrieben und die Flächennormale $\vec{n}$ wird zu $(p, q, 1)$. Die Reflexionsfunktion kann nun in Abhängigkeit von den Variablen p und q im Gradientenraum angegeben werden:

$$\rho(\vec{n}, \vec{l}, \vec{k}) = R(p, q). \tag{3.15}$$

Mit Hilfe der Funktion $R(p, q)$ kann die Bildintensität als Funktion der partiellen Richtungsableitungen p, q dargestellt werden. Diese sogenannte *Reflectance-Map* R(p,q) stellt eine zentrale Größe der SfS-Techniken dar.

Die Beleuchtungsrichtung läßt sich in Analogie zu der Beschreibung der Flächennormalen ebenfalls sehr leicht im Gradientenraum durch den Term $(-p_l, -q_l, 1)$ angegeben. Nach Gleichung 3.13 bestimmt sich die Reflexionsfunktion eines idealen Lambert-Reflektors aus dem Cosinus des Winkels α zwischen der Flächennormalen und der Beleuchtungsrichtung. Dieser läßt sich aus dem normalisierten inneren Produkt der beiden Vektoren $\vec{l}$ und $\vec{n}$ bestimmen:

$$R(p, q) = \zeta \cos \alpha = \frac{\zeta(1 + pp_l + qq_l)}{\sqrt{(1 + p^2 + q^2)}\sqrt{(1 + p_l{}^2 + q_l{}^2)}}. \tag{3.16}$$

Die hieraus hervorgehende *Reflectance-Map* kann nun in Form von Kurven gleicher Intensität dargestellt werden:

$$\cos \alpha = c = \frac{(1 + pp_l + qq_l)}{\sqrt{(1 + p^2 + q^2)}\sqrt{(1 + p_l{}^2 + q_l{}^2)}}. \tag{3.17}$$

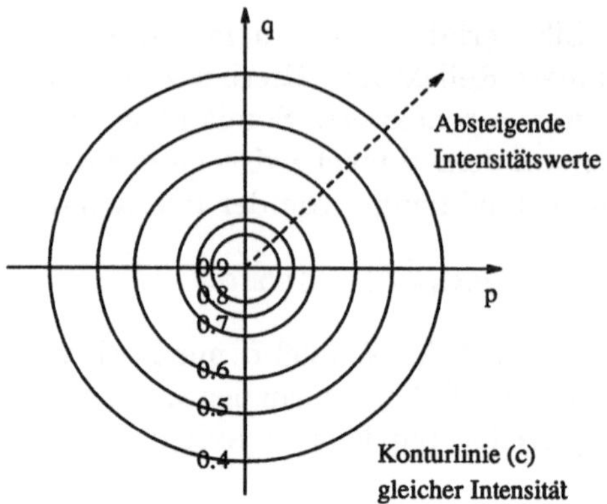

Abb. 3.21. Reflexionsfunktion einer diffus reflektierenden Oberfläche für $p_l = 0$ und $q_l = 0$.

Jede Kontur c (siehe Abb. 3.21) gibt dabei eine mögliche Kombination der partiellen Richtungsableitungen p und q für eine beobachtete Intensität an, d.h. es existieren zunächst unendlich viele Lösungen und es müssen zusätzliche Nebenbedingungen gebildet werden, um eine eindeutige Lösung zu erzielen.

Die *Reflectance-Map* kann auf verschiedene Weise hergeleitet werden. Sie kann einerseits theoretisch bestimmt werden; Horn und Sjoberg[HS79] zeigten die Ableitung der *Reflectance-Map* aus der BRDF (siehe auch 2.3.1) und bekannter Beleuchtungsrichtung.

Andererseits läßt sich die *Reflectance-Map* auch experimentell bestimmen, indem man die Oberfläche aus verschiedenen Richtungen mit einer Lichtquelle bestrahlt und mit entsprechenden Sensoren die jeweiligen Strahlungswerte bestimmt. Um die relative Winkellage zwischen Lichtquelle und Sensor bestimmen zu können, werden diese auf einem *Goniometer* gelagert.

Zusammenfassend lassen sich die folgenden Beziehungen aufzeigen:

- Die Szenenradianz eines Oberflächensegments steht mittels der *Reflectance-Map* im direkten Zusammenhang zu der Oberflächenorientierung

- Die Bildirradianz ist ihrerseits direkt proportional zur Szenenradianz (siehe auch Kapitel 2).

Somit ist die Bildintensität I eines Bildpunktes ξ proportional zu der Oberflächenorientierung des zugehörigen Oberflächenpunktes; dieser Sachverhalt läßt sich mittels der *image irradiance equation* angeben:

$$I(p(\xi)) = R(\xi, \vec{n}(\xi), \vec{v}(\xi)). \tag{3.18}$$

Aufgrund der linearen Beziehung zwischen der Objektradianz und der Bildirradianz lassen sich diese nach einer entsprechenden Kalibrierung gleichsetzen.

Die verschiedenen Ansätze zur Rekonstruktion lassen sich nach Zhang [ZTCS94] in die folgenden Klassen unterteilen:

- globale Ausbreitungsverfahren

- globale Minimierungsverfahren

- lokale Verfahren

In den nächsten Abschnitten werden die, den einzelnen Gruppen zugrundeliegenden Ansätze vorgestellt und die wesentlichen Merkmale herausgearbeitet. Abschließend erfolgt eine Zusammenfassung der wichtigsten Leistungsmerkmale der einzelnen Verfahren.

3.3.1.1 Globale Ausbreitung

Verfahren die nach dem Prinzip der globalen Ausbreitung arbeiten starten die Oberflächenrekonstruktion bei einem oder mehreren ausgesuchten Oberflächenpunkten (z.B. singulären Punkten), an denen der Oberflächenverlauf bekannt oder eindeutig bestimmbar ist.

Anschließend wird die gewonnene Information über die gesamte Objektoberfläche propagiert. Ein Beispiel hierfür ist die *characteristic strip*-Technik [Hor75]. Horn ersetzt hierbei die partiellen Ableitungen zur Bestimmung der *Reflectance-Map* durch fünf gewöhnliche Differenzialgleichungen:

$$\dot{x} = R_p, \dot{y} = R_q, \dot{z} = p \cdot R_p + q \cdot R_q, \dot{p} = I_x, \dot{q} = I_y. \qquad (3.19)$$

Eine Lösung dieser Differentialgleichungen für x, y, z, p, q definiert einen Kurvenzug, die sogenannte *charakteristische Kurve* auf der zu rekonstruierenden Oberfläche, sowie die Oberflächenorientierung entlang der Kurve. Durch Zusammenfügen und Interpolation zwischen mehreren *characteristic strip's* kann schließlich der gesamte Oberflächenverlauf bestimmt werden.

Verschiedenen Varianten dieser grundlegenden Vorgehensweise, wie z.B. das *Partikel-Modell* von Dupuis und Oliensis [Dup93], bei dem der Weg entlang der charakteristischen Kurve mittels einer Kostenfunktion bestimmt wird, deren Nullstellen singulären Punkten entsprechen oder dem sogenannten *shape minimum downhill*-Ansatz von Bichsel und Pentland [BP92], die ausgehend von den singulären Punkten als Startwerte, die Tiefeninformation zu solchen Punkten propagieren, welche von der Lichtquelle die größte Entfernung besitzen, führten zu einer Vereinfachung des Modells.

Generell ist das Minimalitätskriterium jeweils eng mit dem verwendeten Beleuchtungsmodell verbunden; jedes der genannten Verfahren basiert auf dem idealisierten Lambert-Reflektor. Ein Vorteil der Propagierungsverfahren ist die geringe Anzahl von Iterationen, die bereits zu einer Lösung führen. Demgegenüber ist die relativ hohe Sensitivität gegenüber Bildrauschen als Nachteil dieser Verfahren zu bewerten.

3.3.1.2 Globale Minimierungsverfahren

Die Mehrzahl der aus der Literatur bekannten Verfahren arbeiten auf der
Grundlage eines globalen Minimierungsansatzes. Die Grundidee besteht
darin, die Abweichung zwischen der gemessenen Bildintensität $I(x,y)$ und
dem aufgrund der berechneten Oberflächenorientierung zu erwartenden Intensitätswert zu minimieren:

$$\epsilon = \int \int_\Omega (I(x,y) - R(p,q))^2 dxdy. \qquad (3.20)$$

In diesem Minimierungsansatz werden vielfach zusätzliche Nebenbedingungen mit einbezogen, die den Oberflächenverlauf Ω charakterisieren. Das in
Gleichung 3.20 aufgestellte Minimierungsproblem fällt in das Gebiet der
Variationsrechnung[3]. Eine notwendige aber nicht hinreichende Bedingung
zur Lösung des Funktionals 3.20 ist die Voraussetzung, daß die Extremwerte
die jeweils zugeordneten *Euler-Gleichungen* erfüllen müssen.

Da sich die Gleichung 3.20 im allgemeinen nicht eindeutig lösen läßt,
(man spricht in diesem Zusammenhang auch vielfach von einem *ill-posed
problem*) müssen weitere Nebenbedingungen mit einbezogen werden, um den
Lösungsbereich einzuschränken.

Für eine programmtechnische Umsetzung des in Gleichung 3.20 definierten Minimierungsproblems, muß nun einerseits eine diskrete Approximation
des Integrals und andererseits ein entsprechendes Iterationsschema abgeleitet
werden [HB85]. Neben der Approximation der Euler-Gleichung besteht in
der Einbeziehung geeigneter Nebenbedingungen in das Verfahren die größte
Schwierigkeit bei der Lösung des globalen Minimierungsproblems. Dies ist
sicherlich einer der Gründe für die Vielzahl an Publikationen, welche auf
diesem Ansatz basieren.

Aufgrund der bereits oben angedeuteten Mehrdeutigkeit des Ergebnisses
ist es erforderlich sogenannte *regularisation techniques* zur Gewinnung einer
eindeutigen Lösung hinzuzuziehen. Eine häufig miteinbezogene Nebenbedingung ist die Glattheitsbedingung (*smoothness constraint*):

$$\epsilon_{smoothness} = \int \int_\Omega p_x^2 + p_y^2 + q_x^2 + q_y^2 \ dxdy. \qquad (3.21)$$

Durch Hinzunahme dieser Nebenbedingung wird ein glatter Oberflächenverlauf erreicht, d.h. approximiert man die Oberfläche durch kleine ebene
Flächensegmente, so erreicht man eine annähernd konstante Tiefenänderung.
Hierdurch wird das Konvergenzverhalten des Minimierungsverfahrens stabi-
lisiert und es kann eine eindeutige Lösung gefunden werden. Allerdings führt
die Einbeziehung der Glattheitsbedingung teilweise zu einer *Überglättung* und
somit muß, in Abhängigkeit von der jeweiligen Problemstellung untersucht
werden, inwieweit dieses Verhalten zu ungewünschten Nebeneffekten führt.

---

[3]Aus diesem Grund findet man in Literatur auch häufig die alternative Bezeichnung
Variationsverfahren für die Gruppe dieser Methoden

Neben der Glattheitsbedingung ist die Einbeziehung der Integritätsbedingung (*integrability constraint*) ein weiteres Kriterium, welches das Konvergenzverhalten des Minimierungsverfahrens verbessert. Hierbei wird die Stetigkeit der zweiten partiellen Ableitungen der rekonstruierten Oberfläche (Ω), hier als Funktion $z(x, y)$ dargestellt, gefordert:

$$\frac{\delta z}{\delta x \delta y}(x, y) = \frac{\delta z}{\delta y \delta x}(x, y) \quad \forall x, y \in \Omega. \tag{3.22}$$

Die Integritätsbedingung läßt sich unter Verwendung des Gradienten $(p.\,q)$ folgendermaßen beschreiben:

$$\epsilon_{integrability} = \int \int_{\Omega} (p_y - q_x)^2 \, dx dy, \tag{3.23}$$

bzw.

$$\epsilon_{integrability} = \int \int_{\Omega} (z_x - p)^2 + (z_y - q)^2 \, dx dy. \tag{3.24}$$

Hsieh, Liao, Ko und Fan [Hsi95] formulierten eine Variante der Integritätsbedingung (siehe Gleichung 3.25), die in impliziter Form gleichzeitig die Glattheit der rekonstruierten Oberfläche fordert:

$$\epsilon_{integr-smooth} = \int \int_{\Omega} (z_{xx} - p_x)^2 + (z_{yy} - q_y)^2 \, dx dy. \tag{3.25}$$

Die Integritätsbedingung besitzt einen ähnlichen Effekt wie die oben beschriebene Glattheitsbedingung. Abrupte Diskontinuitätssprünge führen ebenfalls zu einer Verletzung der Integritätsbedingung. Somit kann die Integritätsbedingung als zusätzliche Nebenbedingung zur Verbesserung des Konvergenzverhaltens in das iterative Schema einbezogen werden.

Ein Nachteil der Glattheits- sowie der Integritätsbedingung besteht in der oben bereits angesprochenen "Überglättung" des Bildes. Kanten und abrupte Änderungen des Tiefenwertes werden durch Einbeziehung dieser Bedingungen abgeflacht, was zu einem ungewollten "verschmieren" der Tiefeninformation führt. Diskontinuitäten bzgl. des Tiefenwertes lassen sich demgegenüber durch starke Intensitätsänderungen im Bild charakterisieren. Somit sollte eine Regulierungsbedingung einführt werden, die in Abhängigkeit von Intensitätsdiskontinuitäten zur Anwendung kommt. Formal läßt sich diese Bedingung folgendermaßen definieren:

$$R_x(p, q) = I_x(x, y) \text{ und } R_y(p, q) = I_y(x, y). \tag{3.26}$$

Diese Anforderung setzten Zheng und Chellappa [ZC91] in Form des *intensity derivative constraint* um:

$$\epsilon_{intensity\ derivative} = \int \int_{\Omega} (R_x(p, q) - I_x(x, y))^2 + (R_y(p, q) - I_y(x, y))^2 \, dx dy. \tag{3.27}$$

Diese Bedingung läßt sich analog zu der Glattheitsbedingung in das abgeleitete Iterationsverfahren einbeziehen. Ein Nachteil dieser Nebenbedingung ist ihre Nichtlinearität und der daraus resultierende erhöhte Rechenaufwand.

3.3.1.3 Lokale Verfahren

Im Gegensatz zu den in den vorangegangenen beiden Abschnitten beschriebenen SfS-Ansätzen verarbeiten lokale Verfahren zur Bestimmung der Objektform ausschließlich *lokale* Intensitätsinformation, d.h. Intensitätsänderungen in der unmittelbaren Umgebung des aktuellen Bildpunktes. Aus diesem Grund läßt sich eine deutliche Beschleunigung des Verfahrens erreichen, die allerdings mit dem Nachteil gleichzeitiger Qualitätseinbußen verbunden ist.

Auch für die lokalen Verfahren gilt, daß aufgrund der Mehrdeutigkeit der *image irradiance equation* die Einführung zusätzlicher Nebenbedingungen bzw. die Hinzunahme von Startwerten erforderlich ist. Eine Möglichkeit besteht darin, die Variabilität der zulässigen Oberflächen zu begrenzen. Lee und Rosenfeld [LR85] approximieren das betrachtete lokale Oberflächensegment durch eine kugelförmige Oberfläche. Weiterhin definieren sie das Koordinatensystem so, daß die z-Achse mit der Richtung der einzigen zulässigen Lichtquelle zusammenfällt. Die Oberflächenneigung wird in Form des $tilt-$ (Rotation um die nach hinten gerichtete Achse) und des $slant-$Winkels (Rotation um die horizontale Achse) ausgedrückt (siehe auch Abbildung 3.6). Unter den a priori getroffenen Einschränkungen berechnet sich der $tilt$-Winkel θ nach der folgenden Gleichung:

$$\theta_{\vec{n}} = \frac{I_y \cdot \cos\theta_{\vec{s}} - I_x \cdot \sin\theta_{\vec{s}}}{I_x \cdot \cos\theta_{\vec{s}} \cdot \cos\varphi_{\vec{s}} + I_y \cdot \cos\varphi_{\vec{s}} \cdot \sin\theta_{\vec{s}}}. \tag{3.28}$$

Hierbei entsprechen I_x und I_y den partiellen Ableitungen der Intensität in x bzw. y-Richtung, $\theta_{\vec{s}}$ und $\varphi_{\vec{s}}$ der Richtung der Lichtquelle $\vec{s}$ (dargestellt durch die $tilt-$ und $slant-$Winkel θ und φ).

Unter der Annahme, daß die Oberfläche die Eigenschaften eines Lambert-Reflektors besitzt, läßt sich die *Reflectance-Map* durch den Ausdruck:

$$R(\vec{n}) = \rho \cdot (\vec{n} * \vec{s}), \tag{3.29}$$

beschreiben. Somit kann in bezug auf das, entsprechend der Lichtquelle ausgerichtete Koordinatensystem der $slant-$Winkel wie folgt berechnet werden:

$$\varphi_{\vec{n}} = \arccos(I/\rho). \tag{3.30}$$

Der Nachteil dieses Verfahren besteht darin, daß aufgrund der Oberflächenapproximation mittels kugelförmiger Segmente nur eine eingeschränkte Rekonstruktion möglich ist. Weiterhin zeigt sich eine sehr große Empfindlichkeit des Verfahrens gegenüber Bildstörungen.

Pentland entwickelt einen alternativen Ansatz auf der Grundlage von sinnesphysiologischen Untersuchungen. Diese ergaben, daß der Mensch bei der

Interpretation von Helligkeitsänderungen eine lineare Beziehung zwischen der Intensitäts- und der entsprechenden Oberflächenänderung voraussetzt (siehe auch Abschnitt 3.1.3). Unter dieser Voraussetzung kann eine Linearisierung der *Reflectance-Map* vorgenommen werden. Dazu wird die Taylorreihe von $R(p, q)$ in Abhängigkeit von p und q um den Entwicklungspunkt (p_0, q_0) nach der ersten Ableitung abgebrochen:

$$R(p, q) = R(p_0, q_0) + (p - p_0) \cdot \frac{\delta R}{\delta p}(p_0, q_0) + (q - q_0) \cdot \frac{\delta R}{\delta q}(p_0, q_0). \quad (3.31)$$

Mit dem Lambert'schen Reflexionsmodell

$$R(p, q) = (-p, -q, 1)^T * \vec{s}. \quad (3.32)$$

kann die *image irradiance equation* im Punkt $(p_0, q_0) = (0, 0)$ zu

$$I(x, y) = \cos \theta_{\vec{s}} + p \cdot \cos \varphi_{\vec{s}} \cdot \sin \theta_{\vec{s}} + q \cdot \sin \varphi_{\vec{s}} \cdot \sin \theta_{\vec{s}}, \quad (3.33)$$

vereinfacht werden. Aus der Fouriertransformierten der Gleichung 3.33 kann dann die Tiefenmappe $Z(x, y)$ der Objektoberfläche bestimmt werden.

Tsai und Shah [TS92] führen eine diskrete Approximation von p und q ein und linearisieren somit die *image irradiance equation* als Funktion in Abhängigkeit von z:

$$0 = f(I_{x,y}, z_{x,y}, z_{x-1,y}, z_{x,y-1}) = I_{x,y} - R(z_{x,y} - z_{x-1,y}, z_{x,y} - z_{x,y-1}). \quad (3.34)$$

Für einen gegebenen Bildpunkt (x, y) und den zugehörigen Intensitätswert $I_{x,y}$ wird wiederum eine Taylorreihe um den Punkt (x, y) entwickelt. Das resultierende Gleichungssystem kann mittels eines iterativen Schemas, z.B. dem Jacobi-Verfahren, nach den gesuchten Tiefenwerten der Oberfläche aufgelöst werden. Zusammenfassend läßt sich für lokale Verfahren folgendes feststellen:

- Lokale Verfahren benötigen vergleichsweise weniger Zeit zur Berechnung einer Lösung als globale Verfahren, sind aber auch im Vergleich zu globalen Methoden empfindlicher gegenüber Störungen im Bildmaterial.

- Alle betrachteten lokalen Verfahren basierten auf dem Lambert'schen-Reflexionsmodell.

- Das Verfahren nach Lee und Rosenfeld macht eine Vielzahl von Einschränkungen. Aus diesem Grund sind die lokalen Verfahren, die mit einer linearisierten *Reflectance-Map* arbeiten, flexibler hinsichtlich der zulässigen Varibilität der Objekte.

3.3.1.4 Zusammenfassende Bewertung der Shape from Shading-Verfahren

Generell läßt sich für den Einsatz von SfS-Verfahren festhalten, daß hierbei eine Reihe von Einschränkungen an die Variabilität der Objektformen und der zulässigen Beleuchtungs- bzw. Reflexionseigenschaften erforderlich sind. Aus diesem Grund wurden SfS-Verfahren bislang zumeist unter Laborbedingungen eingesetzt. Erweiterungen der klassischen SfS-Technik, bei der mehrere Bilder in die Berechnung der Tiefeninformation einbezogen werden (das sogenannte *Photometric Stereo*), konnten bereits zur Bestimmung der Oberfläche von Gestirnen eingesetzt werden [Hor86]. Durch die Kombination der SfS-Verfahren mit z.B. stereoskopischen Verfahren (siehe Abschnitt 3.3.3) ist ein deutliche Verbesserung der Ergebnisqualität zu erwarten. Die zumeist mit stereoskopischen Verfahren in Verbindung stehenden *Matching*-Techniken, mit deren Hilfe korrespondierende Bildelemente bestimmt werden können, basieren vielfach auf Intensitätsdiskontinuitäten im Bild. Somit liefern stereoskopische Verfahren vor allem dann gute Ergebnisse, wenn die Objektoberfläche stark strukturiert ist. Demgegenüber lassen sich Bereiche mit einem kontinuierlichen Intensitätsverlauf nur unzureichend mittels stereoskopischer Verfahren rekonstruieren. Diese Stärken und Schwächen negieren sich bei der Betrachtung von SfS-Verfahren. Sie liefern die besten Ergebnisse für glatte Oberflächen und werden demgegenüber durch Diskontinuitätssprünge gestört. Somit erscheint eine Kombination dieser beiden Verfahren, zur Verbindung der jeweiligen Vorzüge sinnvoll.

Trotzdem bleibt das prinzipielle Problem der SfS-Verfahren bestehen, daß diese Verfahren eine gewissen Konstanz sowohl bezüglich der Oberflächenintensität als auch hinsichtlich der Oberflächenform erfordern. Ändert sich beispielsweise der Albedo-Wert der Objektoberfläche, so wird dieses von dem Verfahren als eine Diskontinuität der Objektform gedeutet und führt somit zu Artefakten. In gleicher Weise führt eine abrupte Oberflächenänderung, infolge der als Nebenbedingungen eingeführten Glattheitsbedingungen, zu einer ungewünschten Oszillation der rekonstruierten Objektoberfläche.

Somit bleibt festzuhalten, daß die Güte eines SfS-Verfahrens sehr stark durch die Oberflächentextur, die Beleuchtungsbedingungen und die Reflexionseigenschaften sowie durch die Objektform beeinflußt wird.

3.3.2 Geometrieerfassung aus der Textur

Einen weiteren Hinweis auf die Oberflächengestalt in einer perspektivischen Projektion eines Objektes liefert die Textur. In Analogie zu den im vorangegangenen Abschnitt beschrieben SfS-Techniken ist eine analytische Bestimmung der Objektform in Abhängigkeit von der Texturänderung unterbestimmt und erfordert somit ebenfalls die Einführung von Nebenbedingungen, um eine eindeutige Lösung bestimmen zu können. Entsprechend der von Tomita [TT90] entwickelten Taxonomie, lassen sich *Shape from Texture-*

Verfahren hinsichtlich der betrachteten Zielgröße (z.B. Texturgradient oder zusammenlaufende Linien), dem Oberflächentyp (ebene oder gekrümmte Oberfläche), spezieller Eigenarten der Ausgangstextur (z.B. parallele Linien, gleichförmige Verteilung der Texturelemente), der Abbildungsvorschrift (z.B. parallele -, sphärische - oder perspektivische Projektion), der Verarbeitungsebene (z.B. statistisch oder strukturell), die Bildmerkmale (z.B. Kanten oder Regionen) und die Merkmalseigenschaften (z.B. Länge, Fläche, Richtung) klassifizieren.

Kennt man die genaue Gestalt der Texturelemente, so kann, infolge der durch die Projektion hervorgerufenen geometrischen Veränderung, die Neigung der Oberfläche abgeleitet werden. Diese Möglichkeit zur Analyse von Form auf der Grundlage von a priori Wissen bzgl. der Textur führte Kender [Ken79] ein. Aufgrund der Kenntnis hinsichtlich einzelner Texturelemente und deren Änderung in Abhängigkeit zu der Oberflächenform kann, ähnlich einer *Look-up-table*, die entsprechende Oberflächengestalt aus der jeweiligen Textureigenschaft bestimmt werden. Diese sogenannte *normalized texture property map* (NTPM) ist vergleichbar mit der in Abschnitt 3.3.1 eingeführten Reflexionsfunktion und der aus ihr für eine bestimmte Beleuchtungsrichtung hervorgehenden Oberflächenneigung in Abhängigkeit zu der beobachteten Intensität (siehe auch Abbildung 3.21). Ein Beispiel soll diesen Zusammenhang verdeutlichen. Besteht die untersuchte Textur aus Ellipsen gleicher Größe, so ändert sich die Gestalt der Ellipsen in Abhängigkeit von der Oberflächenorientierung. Die Hauptachse der Ellipsen gibt dabei den Rotationswinkel der Oberfläche bezüglich der Kcamerablickrichtung an und das Verhältnis zwischen den beiden Hauptachsen die Neigung der Oberfläche (siehe Abb. 3.22).

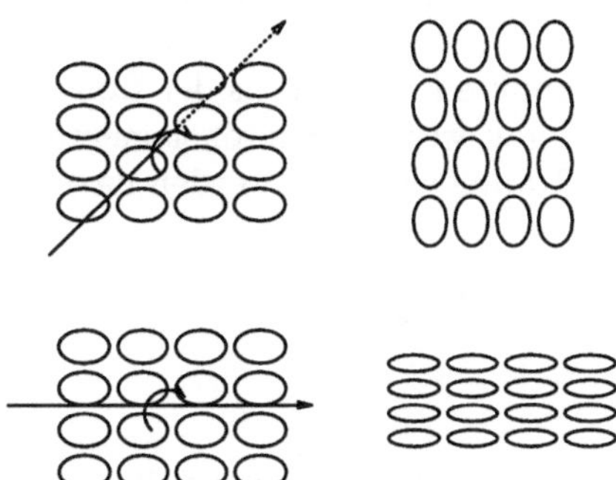

Abb. 3.22. Veränderung der Exzentrizität in Abhängigkeit zur Oberflächenneigung

Ein allgemeines Kriterium für die Orientierung der Oberfläche resultiert aus dem sogenannten *Texturgradienten.* Die Idee des Texturgradienten geht auf Gibson [Gib50] zurück. Der Texturgradient liefert ein Maß für die maximale Änderung der Texturelemente (Texel). Hierbei können verschiedene Eigenschaften der untersuchten Texel bewertet werden [AC89]. Dies sind z.B. die Breite, die Höhe, die Exzentrizität, der Flächeninhalt und die Dichte. Die Orientierung des Texturgradienten, d.h. die Richtung der maximalen Änderung, gibt an, wie stark die Oberfläche gegenüber der Kamerablickrichtung gedreht ist. Der Betrag des Gradienten liefert einen Hinweis auf die Neigung der Oberfläche bezüglich der Kamera [BB82].

Anhand der erforderlichen Bemessungsgrundlagen sind nur spezielle Texturen, und zwar solche, für die die Gestalt der Texturelemente a priori bekannt sind, für dieses Verfahren geeignet. So ist es mittels der oben genannten Maßzahlen für die meisten natürlichen Texturen nicht oder nur sehr schwer möglich, einen Texturgradienten zu bestimmen. Andererseits läßt sich hier wiederum eine Parallele zu den sinnesphysiologischen Vorgängen der Texturwahrnehmung aufzeigen. In den, in Abschnitt 3.1.4 durchgeführten Untersuchungen spielte die Regelmäßigkeit eine besondere Rolle. Dieser Zusammenhang zwischen der menschlichen Texturwahrnehmung und dem hier dargestellten Texturgradienten wurde bereits von Gibson [Gib50] erkannt.

In einem weiteren Verfahren, welches ebenfalls auf sinnesphysiologisch relevanten Strukturen basiert, werden zur Bestimmung der Oberflächenorientierung die Fluchtpunkte paralleler Linien bewertet. Für lokal planare Oberflächen liefert die Beziehung dieser Fluchtpunkte zueinander die Orientierung der Oberfläche. Bestehen Texturen nicht direkt aus parallelen Linien, so können trotzdem, beispielsweise mit Hilfe eines Gradientenfilters, Vorzugsrichtungen (diese entstehen z.B. in Häuserszenen) im Bild ermittelt werden.

Eine Möglichkeit um nun Fluchtpunkte bezüglich eines Merkmals in einem Bild bestimmen zu können, besteht darin, dominante zusammenlaufende Linien zu detektieren.

Die Bestimmung der Schnittpunkte kann mittels der Hough-Transformation [Slo80] [Ken79] erfolgen. Hierzu werden Kantenelemente im Ortsraum in den Hough-Raum überführt. Kantenelemente werden dazu in eine Polardarstellung transformiert:

$$r = x \cos \theta + y \sin \theta. \tag{3.35}$$

Kennt man die partiellen Richtungsableitungen $\partial f/\partial x$ und $\partial f/\partial y$ sowie die Orientierung einer Linie, (beide Werte lassen sich mit einem Gradientenfilter bestimmen [HH89], [BB89]), so kann diese, entsprechend der Gleichungen 3.36 und 3.37, im Parameterraum dargestellt werden (siehe Abb. 3.23):

$$r = \frac{\partial f/\partial x \, x + \partial f/\partial y \, y}{\sqrt{\partial f/\partial x^2 + \partial f/\partial y^2}}, \tag{3.36}$$

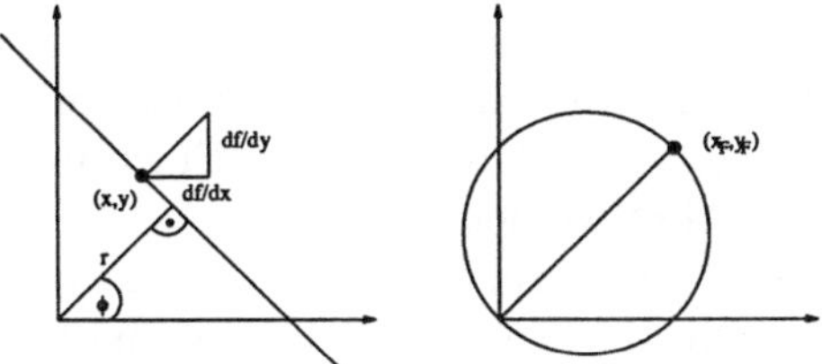

Abb. 3.23. Links: Darstellung einer Geraden im Parameterraum; rechts: Bestimmung des Fluchtpunktes

$$\phi = \tan^{-1}\left(\frac{\partial f/\partial y}{\partial f/\partial x}\right). \tag{3.37}$$

Mittels der Hough-Transformation werden alle Bildpunkte, die auf der gleichen Linie l bezüglich des Merkmals m liegen, auf dem selben Punkt (r, θ) im Hough-Raum abgebildet (siehe Abbildung 3.24). Akkumuliert man nun im Hough-Raum die Anzahl, der auf einem Punkt abgebildeten Kantenelemente, so repräsentieren Punkte mit hohen Werten im Hough-Raum lange (durchgehende) Linien im Ortsraum. Die Fluchtpunkte ergeben sich dann als Schnittpunkte solcher Linien.

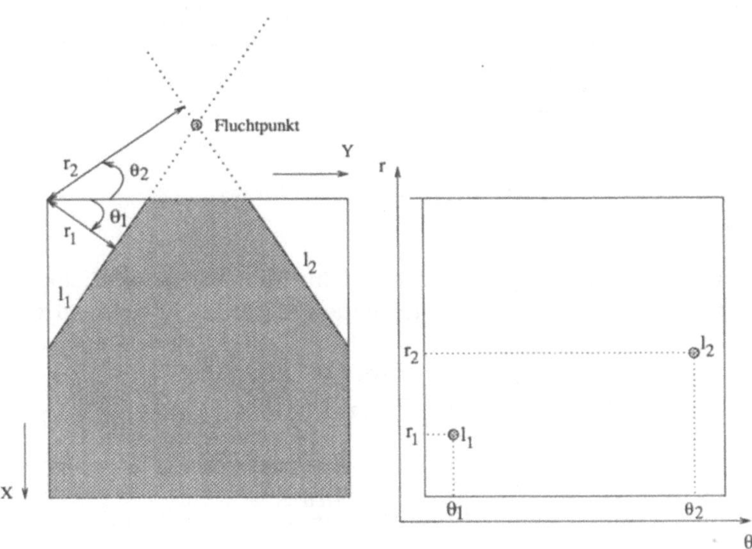

Abb. 3.24. Transformation des Ortsraums in den Hough-Raum

Im Hough-Raum werden Linien mit dem gleichen Fluchtpunkt auf einen Kreis abgebildet. Der Durchmesser des Kreises gibt die Koordinaten des Fluchtpunktes (x_F, y_F) an. Mit Hilfe der Fluchtpunkte kann nun die Oberflächenneigung ermittelt werden [BB82].

Witkin [Wit81] stellt ein Verfahren vor, welches in Abhängigkeit von der Kompression der Texturelemente ein Maß für die Oberflächenform liefert. Hierzu betrachtet er den Zusammenhang zwischen der Neigung der Oberfläche N an einem bestimmten Objektpunkt und der daraus resultierenden Kantenrichtung n an dem korrespondierenden Bildpunkt:

$$n = \frac{\tan N}{\cos \sigma} + \tau. \tag{3.38}$$

Wobei σ und τ dem *tilt–* und *slant–*Winkel der Oberfläche entsprechen. Somit läßt sich aus einer bekannten Verteilung von N auf der Objektoberfläche, die Wahrscheinlichkeitsverteilung von n in Abhängigkeit von σ und τ folgendermaßen angeben:

$$P(n \mid \sigma, \tau) = P(N \mid \sigma, \tau) \frac{\partial N}{\partial n}. \tag{3.39}$$

Unter der Voraussetzung einer isotropen Verteilung von N erhält man:

$$\frac{\partial N}{\partial n} = \frac{\cos \sigma}{\cos^2(n - \tau) + \sin^2(n - \tau) \cos^2 \sigma}, \tag{3.40}$$

und $P(N \mid \sigma, \tau)$ wird zu $\frac{1}{\pi}$. Betrachtet man nun eine Menge von gemessenen Kantenrichtungen über das gesamte Bild $(M = (n_1, n_2, n_3, ..., n_n))$ und setzt man deren Unabhängigkeit voraus, so kann die Dichtefunktion $P(M \mid \sigma, \tau)$ wie folgt bestimmt werden:

$$P(M \mid \sigma, \tau) = \prod_{i=1}^{n} P(n \mid \sigma, \tau). \tag{3.41}$$

Unter Anwendung des Bayes-Theorems kann die Wahrscheinlichkeitsdichte von (σ, τ) für eine Menge n durch folgenden Ausdruck angegeben werden:

$$P(\sigma, \tau \mid M) = \frac{P(\sigma, \tau) P(M \mid \sigma, \tau)}{\int \int P(\sigma, \tau) P(M \mid \sigma, \tau) d\sigma d\tau}, \tag{3.42}$$

mit

$$P(\sigma, \tau) = \frac{\sin \sigma}{\pi}. \tag{3.43}$$

Die Werte für (σ, τ), für welche die Funktion ihr Maximum annimmt entspricht dem *maximum likelihood* Gradienten der Oberfläche.

3.3.2.1 Zusammenfassende Bewertung der Shape from Texture-Verfahren

Generell läßt sich festhalten, daß die Gewinnung von Oberflächeninformation anhand von Textur mit einer Reihe von Einschränkungen verbunden ist, die eine Anwendung nur unter speziellen Voraussetzungen erlaubt. Ein wichtiger Grund hierfür liegt darin, daß als Voraussetzung für *Shape from Texture*-Verfahren zumeist eine isotrope Verteilung der Texturelemente gewährleistet sein muß. Da dies für natürliche Texturen im allgemeinen nicht garantiert werden kann, ist Textur als Merkmal zur Oberflächenrekonstruktion nur als bedingt geeignet zu betrachten.

Eigene Untersuchungen [MH94] auf der Grundlage der oben beschriebenen Fluchtpunktbestimmung mittels der Hough-Transformation, lieferten nur für den Idealfall parallel verlaufender Linien ein hinreichend gutes Ergebnis. Zur Bewertung des Verfahrens wurden in einer Testreihe die Texturen aus Abbildung 3.4 betrachtet. Anschließend wurden für unterschiedliche Neigungen der jeweiligen Textur der Fluchtpunkt bestimmt. Es zeigte sich, daß mit diesem Verfahren nur für linienartige Texturen der Fluchtpunkt näherungsweise bestimmt werden konnte. Eine Schwierigkeit bei der Bewertung des Fluchtpunktes bestand darin, eine adäquate Diskretisierung des Hough-Raumes zu bestimmen. So führte eine zu grobe Einteilung des Hough-Raumes zu einer ungenauen Berechnung des Fluchtpunktes, wohingegen eine zu feine Diskretisierung mehrere lokale Minima liefert und gleichzeitig den Speicherbedarf entsprechend erhöht.

Sind im Gegensatz dazu die Texturmerkmale bereits im Voraus bekannt, so eignet sich Textur sehr wohl zur Rekonstruktion. Prinzipiell läßt sich die, in Abschnitt 3.2.1 dargestellte gerätetechnische Geometriebestimmung mittels strukturiertem Licht auch als *Shape from Texture* Methode betrachten. Diese *aktive* Form des *Shape from Texture* ist eine etablierte Technik zur 3D-Erfassung und findet vielfältigen Einsatz [RB86], [CM92], [Meh93], [Neu94] [BM94] (siehe Abschnitt 3.2.1 Abbildung 3.16).

Eine *passive* Rekonstruktion der Oberflächengestalt auf der Grundlage von Textur ist allerdings, aufgrund der zahlreichen Einschränkungen, für einen universellen Einsatz nicht geeignet.

3.3.3 Stereoskopische Verfahren zur Geometrieerfassung

Das bekannteste Verfahren zur Rekonstruktion der 3D-Geometrie aus mehreren 2D-Ansichten ist die Stereoskopie. Hierbei werden aufgenommene Bilder der Szene unter Ausnutzung der Disparität jeweils paarweise ausgewertet. Die Grundlagen stammen im wesentlichen aus dem Gebiet des Vermessungswesens bzw. im speziellen aus der Photogrammetrie[4]. Mit

---

[4]PULFRICH [Pul1] erfand bereits 1901 den Stereokomparator, dieser diente als Meßgerät für Bildkoordinaten

der zunehmenden Verbreitung der elektronischen Datenverarbeitung wurden diese Verfahren für den Einsatz in *Computer-Vision*-Systemen neu entdeckt. Insbesondere wurde eine große Anzahl an Untersuchungen durchgeführt, um die Vorgänge des visuellen Systems nachzubilden. Pioniere waren Marr und Poggio, die 1976 ihren Algorithmus zur Rekonstruktion der 3D-Geometrie aus zwei perspektivischen Projektionen einer Szene vorstellten [Mar76] [Mar82][5]. Die in den Abschnitten 3.3.3.1 und 3.3.4 beschriebenen Rekonstruktionsverfahren setzen eine idealisierte Projektion (*Zentralprojektion*) der 3D-Objektkoordinaten auf die Bildebene voraus. Um diese Vorbedingung zu erfüllen, ist zunächst die Abbildungscharakteristik der Kamera zu bestimmen und eine entsprechende Kalibrierung der *inneren Kameraparameter* vorzunehmen (siehe Abschnitt 6.1.1).

Die Standardkonfiguration der Stereoskopie besteht in einer Anordnung, bei der die beiden Bildebenen in einer Ebene liegen. Gleichzeitig gilt als Voraussetzung, daß die Kamerakoordinatensysteme achsenparallel zueinander ausgerichtet sind und die Verbindungslinie b zwischen den beiden Kamerastandorten im rechten Winkel zu den optischen Achsen liegt (siehe Abbildung 3.25). Im vielen Fällen wird diese Standardkonfiguration mit einer kleinen Basislänge b verwendet.

Auf der Grundlage dieser Konfiguration wird in Abschnitt 3.3.3.1 gezeigt, wie sich die 3D-Koordinaten der Szene bestimmen lassen. Im daran anschließenden Abschnitt 3.3.4 wird neben dem Verzicht auf die Voraussetzung der Parallelität der Bildebenen auch die *relative Orientierung* (diese bezeichnet die Transformation zur Überführung eines der Koordinatensysteme in das andere) der Bildebenen als a priori unbekannt betrachtet. Die Ermittlung der 3D-Koordinaten erfolgt in zwei Schritten: Hierzu wird zunächst die Beziehung zwischen den beiden Kamerasystemen bestimmt. Anschließend können auf der Grundlage der relativen Orientierung die 3D-Koordinaten berechnet werden.

3.3.3.1 Parallele Anordnung der Bildebenen

Die wesentliche Grundlage zur Bestimmung der 3D-Geometrie aus 2D-Ansichten ist die Beziehung zwischen den Kamerakoordinatensystemen. Die einfachste Variante besteht in der oben genannten Standardkonfiguration, bei der die Beziehung der Kamerasysteme zueinander bekannt ist. Schwieriger wird die Auswertung wenn nur die Richtung der Kamerabewegung oder aber überhaupt keine Information über die Beziehung zwischen den Kamerakoordinatensystemen vorliegt.

Zur Berechnung der 3D-Koordinaten legt man das Bezugssystem derart fest, daß der Koordinatenursprung zwischen den beiden Kamerasystemen liegt. Die x-Achse liegt auf der Verbindungslinie zwischen den Kamerastand-

---

[5]siehe hierzu die weiteren Ausführungen in den Abschnitten 3.3.3.1 und 3.3.4

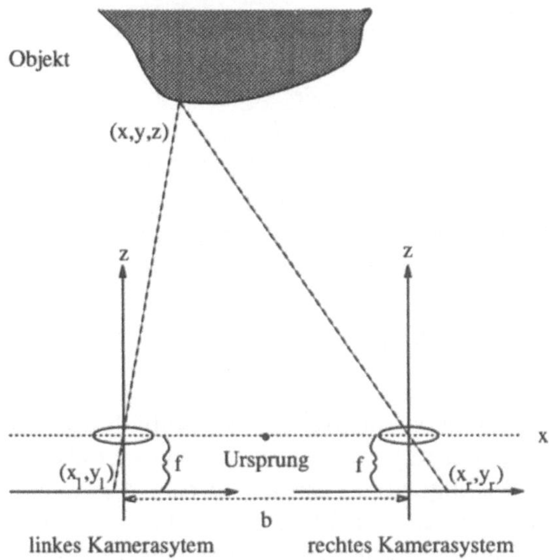

Abb. 3.25. Parallele Anordnung der Kamerasysteme für eine stereoskopische Aufnahme

orten, die z-Achse verläuft in Richtung des zu vermessenden Objektes und die y-Achse im rechten Winkel zu den beiden anderen Koordinatenachsen (siehe Abb. 3.25) [Hor86] [HHBH$^+$93].

Ausgehend von den Bildkoordinaten (x_l, y_l) und (x_r, y_r) auf den Bildebenen des linken bzw. des rechten Kamerasystems, einer für beide Abbildungssysteme konstanten Brennweite f (die Brennweite entspricht hier dem Abstand zwischen dem Linsenzentrum und der Bildebene) und einem Abstand b zwischen den Kamerasystemen (Basislinie), können die drei Unbekannten x, y, z bestimmt werden:

$$x = b \frac{(x_l + x_r)/2}{x_l - x_r}, \tag{3.44}$$

$$y = b \frac{(y_l + y_r)/2}{x_l - x_r}, \tag{3.45}$$

$$z = b \frac{f}{x_l - x_r}. \tag{3.46}$$

Die Genauigkeit der stereoskopischen Erfassung von 3D-Koordinaten wird im wesentlichen durch die *Disparität* der zugehörigen Bildpunkte bestimmt. Die Disparität bezeichnet die Differenz $(x_l - x_r)$ zwischen der x-Koordinate des rechten und des linken Bildes. Je weiter ein Objekt von der Kamera entfernt liegt, um so geringer ist die Disparität. Gleichzeitig wird die Disparität von der Brennweite f und dem Abstand b zwischen den beiden Kamerasystemen beeinflußt. Die Beziehung zwischen der Brennweite f, der Objektko-

ordinate z, der Disparität $(x_l - x_r)$ und der Basislinie b wird in Gleichung
3.47 angegeben:

$$\frac{b}{z} = \frac{x_l - x_r}{f}. \tag{3.47}$$

Eine Verlängerung des Abstands b erhöht die Disparität und vergrößert somit
auch die erreichbare Genauigkeit. Weiterhin bewirkt eine Vergrößerung der
Brennweite ebenfalls eine Verbesserung der Ergebnisse, da hierbei die Abbildung des 3D-Objektes auf der Bildebene entsprechend vergrößert wird[6].

3.3.4　Shape from Motion

Die Grundlage des im vorangegangenen Abschnitts beschriebenen Verfahrens
zur Bestimmung der 3D-Koordinaten aus 2D-Abbildungen ist eine a priori
bekannte relative Orientierung. Das nachfolgend beschriebene Verfahren verzichtet auf diese Vorbedingungen. Ein auf diesem Algorithmus basierendes
System besitzt somit eine höhere Flexibilität, da hierbei eine exakte Aus-
richtung mehrerer Kamerasysteme zueinander entfällt. Somit läßt sich die
gesamte Szene in Form mehrerer monoskopischer Einzelaufnahmen erfassen
(siehe Kapitel 6).

3.3.4.1　Relative Kameraorientierung

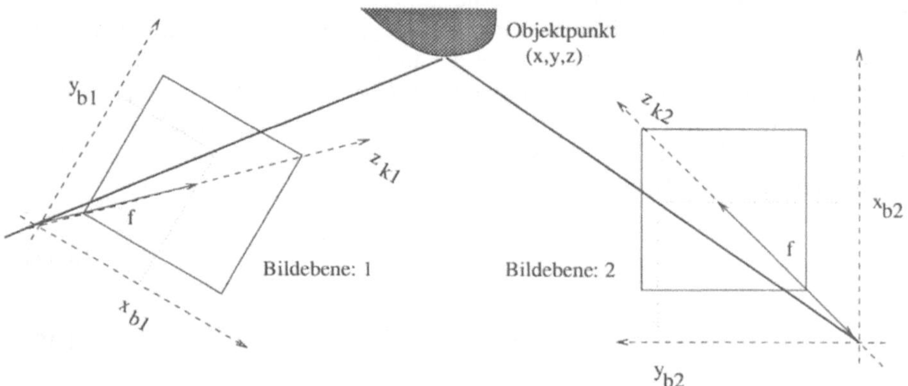

Abb. 3.26. Beliebige Anordnung der Kamerasysteme

Die relative Orientierung gibt die Beziehung zwischen zwei Kamerakoordinatensystemen an. Ausgangssituation für die Verwendung des Algorithmus sind
zwei Ansichten einer unbewegten Szene (siehe Abbildung 3.26). Die Transformation eines Koordinatensystems in das andere läßt sich durch eine Rotation

---

[6]Allerdings wird hierdurch gleichzeitig der Meßbereich verkleinert. Somit ist eine
erhöhte Anzahl von Aufnahmen erforderlich um die gesamte Szene zu erfassen.

und eine Translation darstellen. Somit müssen 12 Unbekannte Parameter ermittelt werden (9 für die Rotation $r_{11}, r_{12}, .., r_{33}$ und 3 für die Translation t_1, t_2, t_3), um die Transformation des Koordinatensystems, bzw. die Bewegung des Kamerasystems beschreiben zu können: Es sei $P_1 = (X_{k1}, Y_{k1}, Z_{k1})$ ein Punkt im Koordinatensystems K_1; und $P_2 = (X_{k2}, Y_{k2}, Z_{k2})$ ein Punkt im Koordinatensystem K_2:

$$\begin{pmatrix} X_{k1} \\ Y_{k1} \\ Z_{k1} \end{pmatrix} = \begin{pmatrix} r_{11} & r_{12} & r_{13} \\ r_{21} & r_{22} & r_{23} \\ r_{31} & r_{32} & r_{33} \end{pmatrix} \begin{pmatrix} X_{k2} \\ Y_{k2} \\ Z_{k2} \end{pmatrix} + \begin{pmatrix} t_1 \\ t_2 \\ t_3 \end{pmatrix}. \qquad (3.48)$$

Bildet man die Punkte der Kamerakoordinatenssyteme, mittels einer perspektivischen Projektion, auf die zugehörigen Bildebenen ab, so erhält man die Bildpunkte $B_1 = (x_{b1}, y_{b1})$ und $B_2 = (x_{b2}, y_{b2})$. Ausgehend von einer Brennweite f gilt für beide Abbildungen folgende Beziehung:

$$\frac{x_{b1}}{f} = \frac{X_{k1}}{Z_{k1}}, \qquad (3.49)$$

und

$$\frac{x_{b2}}{f} = \frac{X_{k2}}{Z_{k2}}.$$

Für jeden Bildpunkt ergeben sich aufgrund der in relativen Orientierung der beiden Kamerasysteme (siehe Gleichung 3.48) drei Gleichungen:

$$\begin{aligned} r_{11}x_{b1} + r_{12}y_{b1} + r_{13}f + t_1\frac{f}{Z_{k1}} &= x_{b2}\frac{Z_{k2}}{Z_{k1}}, \qquad (3.50) \\ r_{21}x_{b1} + r_{22}y_{b1} + r_{23}f + t_2\frac{f}{Z_{k1}} &= y_{b2}\frac{Z_{k2}}{Z_{k1}}, \\ r_{31}x_{b1} + r_{32}y_{b1} + r_{33}f + t_3\frac{f}{Z_{k1}} &= f\frac{Z_{k2}}{Z_{k1}}. \end{aligned}$$

Unter der Voraussetzung bekannter Koordinaten der Bildpunkte bleiben als Unbekannte die Transformationsparameter sowie die 3D-Koordinaten Z_{k1} und Z_{k2}. Jeder Objektpunkt liefert drei Gleichungen und zwei Unbekannte. Zwei Eigenschaften erschweren die Lösung des Gleichungssystems. Dies sind auf der einen Seite die Nichtlinearität und andererseits die Skalierungsinvarianz des Systems. Anschaulich bedeutet letzteres: Skaliert man den Translationsvektor, der die beiden Kamerakoordinatensysteme miteinander verbindet, und in gleicher Weise den Abstand zwischen den 3D-Punkten, so bleiben die Koordinaten der Punkte der Bildebenen unverändert (siehe Abb. 3.27).

Betrachtet man nun als zusätzliche Bedingung die Orthogonalität der Rotationsmatrix ($RR^{-1} = E$), so ergeben sich sechs zusätzliche Gleichungen.

Aufgrund der oben genannten Skalierungsinvarianz wird zur Bestimmung einer eindeutigen Lösung die Länge des Translationsvektors $\vec{t}$ festgelegt (z.B.

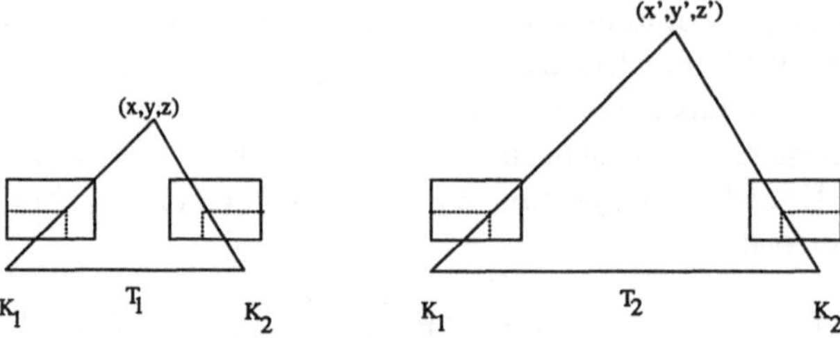

Abb. 3.27. Gleichförmige Skalierung des Translationsvektors und der Objektkoordinaten (x, y, z)

$\|\vec{t}\| = 1$). Somit ergeben sich für n Punktpaare $12 + 2n$ Unbekannte und $7 + 3n$ Gleichungen. Kennt man fünf Punktpaare in den Bildebenen B_1 und B_2, so kann die relative Orientierung bestimmt werden. Aufgrund der Nichtlinearität werden hierzu vielfach iterative Verfahren eingesetzt [FLR⁺95], [HT92] die allerdings zunächst Näherungswerte als Startwerte benötigen. Eine Möglichkeit die relative Orientierung zwischen zwei Kamerasystemen als lineare Beziehung auszudrücken wird in Abschnitt 6.2 dargestellt.

3.3.5 Bewertung der stereoskopischen Rekonstruktion

Eine Gewinnung der dreidimensionalen Geometrie mit Hilfe einer stereoskopischen Rekonstruktion besitzt die längste Tradition sowohl im Bereich Photogrammetrie als auch im Gebiet Computer Vision. Der Grund hierfür liegt nicht zuletzt darin, daß sich die erzielbare Genauigkeit, bei bekannter relativer Orientierung und Kameraauflösung direkt aus dem Formalismus ableiten läßt und somit die Qualität der erreichbaren Ergebnisse a priori manifestierbar ist. Demgegenüber ist die Notwendigkeit der Zuordnung korrespondierender Punkte in den verschiedenen Bildebenen als Nachteil der Stereorekonstruktion zu betrachten. Dieses sogenannte KorrespondenzProblem (*Matching*-Problem) ist bereits seit langer Zeit Gegenstand der Forschung im Bereich Computer Vision, konnte allerdings bis heute, nach Kenntnis des Autors, nicht für den allgemeinen Fall (beliebiger Kameraorientierung und Aufnahmeszenen) gelöst werden. Insbesondere bei strukturlosen Oberflächen versagen die meisten *Matching*-Verfahren. Somit ist eine vollständige Automatisierung einer stereoskopischen Rekonstruktion nur unter speziellen Voraussetzungen, z.B. parallele und nahe beieinanderstehende Kamerasysteme gemäß der Standardkonfiguration oder durch Einschränkung der Objektmanigfaltigkeit zu erzielen [Koc93]. Andererseits ist eine monoskopische Bildsequenz mit jeder handelsüblichen Videokamera zu akquirieren und kann somit sehr einfach gewonnen werden. Allerdings muß hier zunächst das Orientierungsproblem gelöst werden bevor sich die dreidimensionalen Kamerakoordinaten bestimmen lassen.

Läßt sich diese relative Orientierung zwischen den einzelnen Aufnahmen einer monoskopischen Bildfolge mit geringem Aufwand bestimmen, so bietet diese Technik die maximale Flexibilität. Aus diesem Grund wurde die freie Positionierbarkeit einzelner Aufnahmen zur Voraussetzung des in Kapitel 6 beschriebenen Verfahrens gemacht.

4. Analyse von Beleuchtung, Textur und Bewegung

Am Anfang dieses Kapitel werden sinnesphysiologische Aspekte der Textur, Beleuchtungs- und Bewegungswahrnehmung behandelt. Da der Aspekt der Texturwahrnehmung bereits sehr ausführlich im Kapitel 3 diskutiert wurde, soll hier nur eine Ergänzung der vorangegangenen Betrachtungen vorgenommen werden. Im Anschluß an die sinnesphysiologischen Gesichtspunkte werden algorithmische Möglichkeiten zur Erfassung von Textur, Beleuchtung und Bewegung dargestellt.

4.1 Wahrnehmungsaspekte

4.1.1 Helligkeit- und Kontrastsehen

Die vom Menschen empfundene Helligkeit läßt sich nicht allein durch die Anzahl der pro Zeiteinheit auf einen bestimmten Bereich der Retina einfallenden Lichtquanten beschreiben. Eine wesentliche Komponente ist der Adaptationszustand des Auges. Hierbei ist einerseits relevant, welche Lichtsituation kurz vor der Beobachtung bestand, und andererseits, welche Beleuchtungssituation in benachbarten Retinabereichen besteht. Neben der Leuchtdichte ist die Reflexionseigenschaft der beobachteten Objekte eine weitere wichtige Einflußgröße. So wird ein schräg beleuchtetes weißes Blatt Papier auf einer schwarzen Unterlage als gleichmäßig Weiß empfunden, obwohl, abhängig von der Entfernung zur Beleuchtungsquelle, die tatsächliche Helligkeit variiert [Kor82].

Allgemein läßt sich sagen, daß die Helligkeitsempfindung durch die Gestalt des Objektes, seine Leuchtdichte und die Leuchtdichte des Hintergrunds beeinflußt wird. Für eine Untersuchung der minimalen Helligkeitsdifferenz, bei welcher ein Beobachter ein Objekt vom Hintergrund trennen kann, wird der sogenannte *Schwellenkontrast* eingeführt. Dies ist der Quotient aus der Leuchtdichte des Reizes $L_H + \epsilon$ und der Leuchtdichte des Hintergrunds L_H. Dieser Schwellenkontrast variiert in Abhängigkeit von der Hintergrundleuchtdichte: So ist der Schwellwert, der für eine Unterscheidung von Objekt und Hintergrund überschritten werden muß, bezogen auf das Nachtsehen höher als für das Tagsehen. Weiterhin können größere Objekte bereits bei einem geringeren Kontrast wahrgenommen werden als kleinere.

Infolge der für verschiedene Leuchtdichten unterschiedlichen Aktivitäten von Zapfen und Stäbchen wird der gesamte wahrnehmbare Leuchtdichtenbereich in drei Intervalle unterteilt:

- Der *photopische Bereich* ist der obere Leuchtdichtebereich, in dem nur Zapfen für die Wahrnehmung verantwortlich sind; dieser liegt oberhalb von $10^2 cd/m^2$ (cd = Candela)[1].

- Der mittlere Leuchtdichtebereich zwischen etwa 10^{-2} und $10^2 cd/m^2$, in dem sowohl Zapfen als auch Stäbchen arbeiten, wird *mesopischer Bereich* genannt.

- Im *skotopischen* Bereich, der bei etwa $10^{-6} cd/m^2$, an der unteren Wahrnehmungsgrenze beginnt, arbeiten ausschließlich Stäbchen.

Somit läßt sich festhalten, daß das jeweilige Beleuchtungs- und Helligkeitsempfinden des Menschen keine absolute Größe ist, sondern von dem jeweiligen Adaptationszustand des Auges abhängig ist. Außerdem erfolgt offensichtlich eine Interpretation des Ist-Zustandes nicht aufgrund von lokalen Bildeigenschaften, sondern es wird über eine bestimmte Umgebung integriert.

Weiterhin spielt die Erfahrung eine wesentliche Rolle bei der Interpretation eines Schattens und der damit verbundenen Beleuchtungsverhältnisse. Da der Mensch im Laufe seiner Evolution zumeist Szenen betrachtete, in denen die Objekte von oben beleuchtet wurden, überträgt das visuelle System diese Annahme selbst auf Abbildungen in denen keine Beleuchtungsquelle sichtbar ist: Der Mensch geht implizit davon aus, daß die betrachtete Szene von oben bestrahlt wird. Somit werden Schatten in Relation zu Objekten gesehen, die über ihnen liegen (siehe Abbildung 4.1).

Diese Voraussetzung gilt für eine Vielzahl natürlicher Szenen und kann bei einer automatischen Bestimmung der Beleuchtungsrichtung zur Vereinfachung einer Startwertebestimmung genutzt werden.

4.1.2 Aspekte der Texturwahrnehmung

Aus der Sicht der Computer Graphik stellen die menschlichen Eigenschaften der Texturwahrnehmung einen wichtigen Gesichtspunkt dar, da hierdurch der erforderliche Modellierungsaufwand abgeschätzt werden kann. So zeigt sich, daß eine exakte Modellierung von feinen Details auf der Objektoberfläche in den meisten Fällen durch das Aufbringen von Textur ersetzt werden kann. In Hinblick auf die Bildanalyse sind Texturmerkmale vielfach die einzigen Entscheidungsmerkmale, die es erlauben eine Diskrimination

---

[1] Internationale Lichteinheit *Candela*, die Lichtstärke einer Strahlungsquelle in einer gegebenen Richtung, die eine Frequenz von $500 \cdot 10^{12} Hz$ aussendet und deren Strahlstärke $1/683 W$ je Steradiant in dieser Richtung beträgt.

Abb. 4.1. Wirkung des Schattens am Beispiel einer babylonischen Keilschrift. Rechts: Originalbild, Links: Um 180 Grad gedrehtes Originalbild

ein Bildes durchzuführen. Die menschlichen Eigenschaften der Texturwahrnehmung sind somit für beide Bereiche, Bildanalyse und Bildsynthese, ein wichtiger Gesichtspunkt. So führten sinnesphysiologische Untersuchungen von Julesz [JB83] zu dem Begriff des *Textons* oder auch *Texels* [Eng92] wodurch sich die Textur als hierarchisches Konstrukt betrachten läßt. Weiterhin betrachtete Julesz statistische Eigenschaften der Textur und konnte dabei die Grundlage für eine menschliche Texturdiskrimination liefern.

4.1.3 Bewegungswahrnehmung

Die Erfassung von Bewegung spielt eine zentrale Rolle für Menschen und Tiere. Schon bei einfachen Tieren findet man sehr ausgereifte Techniken zur Verfolgung von Objekten im Sichtfeld. Hubel und Wiesel [HW68], [HW79] [Mar82] entdeckten im Rahmen ihrer Untersuchungen spezielle Strukturen innerhalb der visuellen Kortex, die besonders intensiv auf eine sich im Sehfeld des Menschen in eine bestimmte Richtung bewegende Kontur reagieren. Das menschliche Vermögen Bewegungen wahrzunehmen, setzt sich aus mehreren Teilinformationen zusammen. Neben dem Winkel der Bewegungsparallaxe liefert der hervorgerufene Fluß der zeitlich variierenden Intensitäten auf der Netzhaut zusätzliche Informationen. Dieser sogenannte "optische Fluß" ist gleichzeitig eine im Bereich Computer Vision häufig verarbeitete Größe zur Bewegungsanalyse.

Der Begriff des *optischen Flusses*, zur Beschreibung lokal veränderter Intensitäten, wurde bereits in den 50er Jahren von Gibson [Gib50] geprägt und durch psychologische Untersuchungen an Menschen nachgewiesen. Die Bedeutung der Bewegung hinsichtlich der Verarbeitung des Netzhautbildes wird durch Experimente verdeutlicht, bei denen das Auge künstlich beim betrachten einer starren Szene fixiert wurde. In diesen Versuchen konnte festgestellt werden, daß das Netzhautbild verschwindet. Somit kann das Auge als ein Instrument zur Analyse von zeitlichen Änderungen im Lichtfluß betrachtet werden.

Weiterführende Untersuchungen haben gezeigt, daß der Mensch dazu
neigt den optischen Fluß in Bewegungskomponenten zu unterteilen. Das
visuelle System des Menschen versucht projektive Invarianzen zu extrahieren, um hieraus Bezugssysteme und Relativbewegungen bestimmen zu
können. Diese Mechanismen führen mitunter sogar zu Fehldeutungen des
Gesehenen [Gil75]. Diese Verarbeitungstendenzen finden sich ebenfalls in
der algorithmischen Bewegungsanalyse wieder. So wird mitunter ein struk-
tureller Zusammenhang zwischen einzelnen Linienelementen zur Verfolgung
von Objekten über eine Bildfolge ausgenutzt.

4.2 Rekonstruktion der Beleuchtungssituation

Ein weiteres Szenenattribut der Computer Graphik stellen die Parameter
des Beleuchtungsmodells dar. In diesem Abschnitt sollen analytische Methoden zur Bestimmung der Beleuchtungsrichtung betrachtet werden. Zunächst
werden hierzu Verfahren aus der Literatur vorgestellt, in denen eine monoskopische Bewertung der Beleuchtungsrichtung vorgenommen wird. Anschl-
ließend erfolgt eine eigene Erweiterung auf der Grundlage multiskopischer
Eingangsdaten. Diese ermöglicht, im Gegensatz zu den zuvor beschriebenen
Verfahren, eine Behandlung eines erweiterten Beleuchtungsmodells.

4.2.1 Monoskopische Verfahren

Eines der ersten Verfahren zur Bestimmung der Beleuchtungsrichtung geht
auf Pentland [Pen82] zurück. Grundlage der Betrachtungen Pentlands waren sinnesphysiologische Beobachtungen. Diese lieferten die Erkenntnis, daß
das Wahrnehmungssystem weniger sensitiv gegenüber der absoluten Bildintensität als gegenüber einer Intensitätsänderung ist. Weiterhin stellt er fest,
daß die relative Bildintensität bis auf eine Konstante (die mittlere Bildintensität), die gleiche Bildinformation trägt wie die absolute Intensität, dieser
konstante Term allerdings bei der Berechnung der Beleuchtungsrichtung keinen Einfluß besitzt. Durch die Beschränkung der Szene auf ideale Lambert-
Reflektoren und der Betrachtung einer orthographischen Projektion kann die
Bildintensität in Form von Gleichung 4.1 angegeben werden:

$$I = \rho f(\vec{n} \cdot \vec{l}). \tag{4.1}$$

I bezeichnet dabei die Bildintensität, f die Eingangsintensität, ρ den Al-
bedowert, $\vec{n} = (X_N, Y_N, Z_N)$ die Flächennormale und $\vec{l} = (X_L, Y_L, Z_L)$ die
Beleuchtungsrichtung.

Unter der weiteren Annahme eines zumindest lokal konstanten Albedo-
wertes und konstanter Beleuchtungsrichtung kann Gleichung 4.1 nach den

Koordinaten der Bildebene (x, y) wie folgt differenziert werden:

$$dI = \rho f(d\vec{n} \cdot \vec{l}). \tag{4.2}$$

und somit die Variation der Bildintensität in Abhängigkeit von der Änderung der Oberflächennormalen $d\vec{n}$ relativ zur Beleuchtungsrichtung angegeben werden.

Verwendet man zur Berechnung der Beleuchtungsrichtung ein einzelnes Intensitätsbild ohne dabei zusätzliches a priori Wissen einzubeziehen, so ist die Änderung der Oberflächennormalen zunächst unbestimmt. Somit müssen zusätzliche Heuristiken in die Berechnung mit einbezogen werden. Pentland verwendet hierzu die Nebenbedingung einer isotropen Verteilung der Ableitungen $d\vec{n}$. Diese Nebenbedingung gilt streng genommen nur für Kugeln und Ellipsoide, wird aber hier auf konvexe Objekte als Näherung übertragen:

$$E\left(\sum_{x,y,\phi} d\vec{n}\right) = 0. \tag{4.3}$$

Mit $\phi = \arctan(dy/dx)$ läßt sich somit die Intensitätsänderung dI in einer lokalen Nachbarschaft in ein Verhältnis zu der Beleuchtungsrichtung setzen. Durch Einführung des Differentials dr, setzt Pentland $\hat{x_L} = \rho f x_L$ und $\hat{y_L} = \rho f y_L$ und erhält somit unter der Voraussetzung aus Gleichung 4.3 ein lineares Regressionsmodell (siehe Gleichung 4.4) Aus den lokalen Intensitätsmittelwerten $\overline{dI_i}$ und den Richtungsableitungen dx_i, dy_i lassen sich die Unbekannten $\hat{x_L}, \hat{y_L}$ bestimmen.

$$\begin{pmatrix} \overline{dI_1} \\ \overline{dI_2} \\ \vdots \\ \overline{dI_n} \end{pmatrix} = \begin{pmatrix} dx_1 & dy_1 \\ dx_2 & dy_2 \\ \vdots & \vdots \\ dx_n & dy_n \end{pmatrix} \begin{pmatrix} \hat{x_L} \\ \hat{y_L} \end{pmatrix}. \tag{4.4}$$

Aus dem Verhältnis $\arctan \hat{y_L}/\hat{x_L}$ bestimmt sich anschließend der *tilt*-Winkel der Beleuchtungsrichtung

Unter erneuter Berücksichtigung von Gleichung 4.3 lassen sich unter der Voraussetzung eines Kugelmodells die Varianzen der Normalenänderung $Var(dx_N) = Var(dy_N) = Var(dz_N) = dr^2$ zu einem konstanten Term setzen. Somit kann die Orientierung der Beleuchtungsrichtung mit $k = \sqrt{E(dI^2) - E(dI)^2}$ wie folgt bestimmt werden[2]

$$x_L = \frac{\hat{x_L}}{k}, y_L = \frac{\hat{y_L}}{k}, z_L = \sqrt{1 - \frac{\hat{x_L^2} + \hat{y_L^2}}{k^2}}. \tag{4.5}$$

---

[2]Auf die Einzelheiten der Ableitung wurde hier verzichtet. Für eine vollständige Herleitung siehe [Pen82]

Neben der Einschränkung in bezug auf konvexe Objekte und den zusätzlichen Restriktionen aufgrund des Varianzmodells, welches eine Verteilung der Oberflächennormalen entsprechend einer Kugel voraussetzt, besitzt das Verfahren einige weitere Nachteile. Beispielsweise läßt sich für zylindrische Oberflächen (hier findet eine Krümmungsänderung nur in einer Richtung statt) keine Beleuchtungsrichtung bestimmen. Weiterhin läßt sich die Voraussetzung für das Verfahren, eine isotrope Verteilung der Normalenänderung, nicht generell erfüllen. Aufgrund von Eigenschatten ist diese Voraussetzung streng genommen nicht einmal für eine perfekte Kugel gegeben [ZC91].

Ähnliche Beschränkungen gelten für das Verfahren von Lee und Rosenfeld [LR85]; dieses arbeitet auf der Grundlage einer lokalen Oberflächenapproximation in Form einer Kugel und auf aus empirischen Untersuchungen gewonnenen Bildstatistiken. Mit Hilfe dieser Statistiken werden die Bildintensitäten zu der Oberflächennormalen in Beziehung gesetzt. Auch hier ergeben sich Nachteile aufgrund der Selbstabschattungen. Ausführliche Untersuchungen von Cheng und Chellappa [ZC91] haben insbesondere ein wenig robustes Verhalten in bezug auf reale Bilder gezeigt.

Cheng und Chellappa entwickelten ein Verfahren [ZC91], wiederum motiviert durch sinnesphysiologische Erkenntnisse, auf Basis der Bildintensitäten entlang der Objektkontur. Für die äußere Objektkontur kann ein konstanter *slant*-Winkel (Rotation um die horizontale Achse) vorausgesetzt werden und gleichzeitig entspricht hier der *tilt*-Winkel(Rotation um die nach hinten gerichtete Achse) am Objekt dem *tilt*-Winkel in der Bildebene. Somit kann die Objektnormale an der äußeren Objektbegrenzung sehr einfach anhand der Variation der Bildintensitäten bestimmt werden. Diese Diskontinuitäten lassen sich z.B. mittels eines Gradienten- oder Laplacefilters ermitteln.

Allen hier beschriebenen Verfahren gemeinsam ist die Beschränkung auf Lambert-Reflektoren mit konstantem Albedo. Weiterhin setzen diese Verfahren eine orthographische Projektion der Objektpunkte auf die Bildebene voraus. Beide Bedingungen limitieren einen flexiblen Einsatz dieser Verfahren. Die Einbeziehung zusätzlicher Bilder führt zu einer Vereinfachung der entsprechenden Ableitungsregeln. Somit kann ein komplexeres Beleuchtungsmodell den Betrachtungen zugrundegelegt werden. In dem nachfolgenden Abschnitt wird ein Verfahren von mir entwickelt, welches auf der Grundlage eines Bildverbundes die Bestimmung der Beleuchtungsparameter ermöglicht.

4.2.2   Multiskopische Verfahren

Das nachfolgend dargestellte Verfahren zur Berechnung der Beleuchtungsrichtung anhand eines Bildverbundes mit bekannter relativer Orientierung zwischen den Kamerakoordinatensystemen, ermöglicht eine Erweiterung des zugrundeliegenden Reflexionsmodells. Neben der in den vorangegangenen Abschnitten ausschließlich betrachteten diffusen Beleuchtung, wird hier zusätzlich ein spiegelnder Anteil berücksichtigt. Die Gleichung zur Beschreibung der entstehenden Intensität in einem Objektpunkt P lautet nunmehr

$$I = \sigma_0 + d \cdot \rho_d(P) \cdot (\vec{l} * \vec{n}(P)) + s \cdot (\vec{n}(P) * \vec{h}(P))^k, \qquad (4.6)$$

mit

d, s	globale Gewichtung des diffusen und spiegelnden Anteils der Reflexion mit $d + s = 1$
k	Modellierungsfaktor für den Grad des Abfalls des spiegelnden Anteils der Reflexion in Abhängigkeit der Materialoberfläche
$\vec{l}$	Richtung der Beleuchtung
σ_0	Ambienter Intensitätsanteil
$\rho_d(P)$	Ortsabhängiger diffuser Albedowert der Oberfläche
$\vec{v}(P)$	Beobachterrichtung, variiert von Objektpunkt zu Objektpunkt aufgrund der perspektivischen Projektion des Objektpunktes P auf die Bildebene
$\vec{n}(P)$	Oberflächenorientierung im Objektpunkt P, beschrieben über den (nach außen gerichteten) Normalenvektor der Tangentialebene in P
$\vec{h}(P)$	Winkelhalbierende zwischen der Beleuchtungsrichtung $\vec{l}$ und der Betrachterrichtung $\vec{v}(P)$

Dabei seien die Vektoren Einheitsvektoren in einem zum Oberflächenpunkt P lokalen Koordinatensystem. Voraussetzung für das nachfolgend beschriebene Verfahren ist ein Intensitätsabgleich der Eingabebilder, um somit gleiche Bildintensitäten für diffus reflektierende Bildbereiche zu gewährleisten (siehe Abschnitt 6.1.1).

Für die Berechnung der Parameter des Beleuchtungsmodells wird in diesem Ansatz insbesondere der spiegelnde Intensitätsanteil in einzelnen Bildpunkten berücksichtigt. Durch die Erweiterung des Eingangsmaterials auf einen Bildverbund, können auf der Grundlage des hier verwendeten Ansatzes die globalen Parameter des Beleuchtungsmodells: d, k, und $\vec{l}$ berechnet werden. Die Bestimmung eines bildbezogenen Glanzlichtes in einem Intensitätsbild, sowie die Zuordnung korrespondierender Bildpunkte in weiteren Bildern, liefert ausreichende Hinweise zur Berechnung der unbekannten Parameter des Beleuchtungsmodells. Auch hier lassen sich Parallelen zu der menschlichen Wahrnehmung aufzeigen. So zeigten Blake und Bülthoff [BB90] [Bül91], daß sich das menschliche Wahrnehmungssystem ebenfalls an der Disparität (siehe Abschnitt 3.1.8) von Glanzlichtern orientiert, um hieraus Gestaltinformationen abzuleiten.

Zwei Aspekte liegen den weiteren Betrachtungen zugrunde:

- Der diffuse Anteil der Radianz des zugehörigen Objektpunktes ist aufgrund des Lambert'schen Reflexionsverhaltens, unabhängig von der gewählten Betrachterrichtung, konstant bis auf die notwendige lineare

Transformation der Intensitätswerte zwischen den verschiedenen Bilderzeugungssystemen in Form eines linearen Abgleichs. Intensitätsänderungen zwischen verschiedenen Beobachtungsrichtungen beruhen somit allein auf den Änderungen des spiegelnden Intensitätsanteils (Abbildung 4.2).

- Die Oberflächennormale in einem Glanzlicht fällt mit der Winkelhalbierenden zwischen der (gesuchten) Beleuchtungsrichtung und der (bekannten) Beobachterrichtung zusammen. Die zu beobachtende Intensität läßt sich somit auch ohne Kenntnis der Oberflächenorientierung in Abhängigkeit zu der Beleuchtungsrichtung aus dem Beleuchtungsmodell bestimmen.

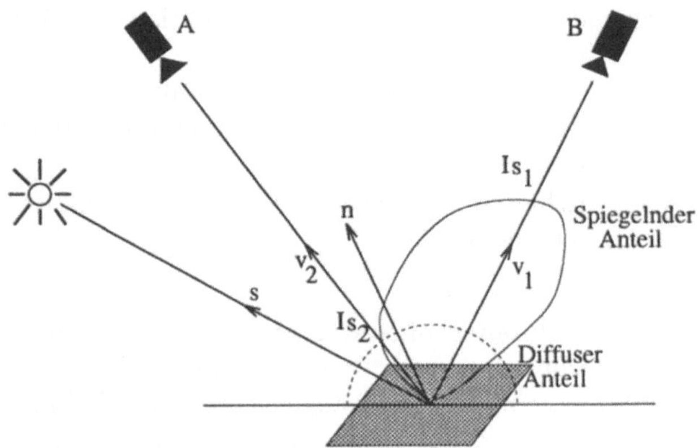

Abb. 4.2. Abhängig von der Betrachtungsrichtung ändert sich der spiegelnde Anteil an der Gesamtintensität, während der diffuse Anteil unabhängig von der Betrachtungsrichtung konstant bleibt

Auf der Grundlage der Intensitätsänderungen in den zu einem spiegelnden Glanzlicht korrespondierenden Punkten lassen sich die globalen Parameter $d, k, \vec{l}$ des Beleuchtungsmodells bestimmen. Als Voraussetzung seien m verschiedene Glanzlichter über N verschiedene Eingabebilder, sowie deren korrespondierende Bildpunkte gegeben. Für alle detektierten Punkte p in allen Bildern i können die Ortskoordinaten bezüglich eines fest gewählten Weltkoordinatensystems bestimmt werden. Des weiteren seien die Parameter der relativen Orientierung bekannt, welche die Transformation von Punkten zwischen einzelnen Koordinatensystemen festlegt (siehe Abschnitt 3.3.4.1). Weiterhin seien alle betrachteten Vektoren auf die Länge 1 normiert. Für ein Glanzlicht G, im Eingabebild $j, j \in [1..N]$ gilt:

$$I_j(G) = I_a + I_d(G) + (1-d)\cdot 1 \quad \text{da } \vec{n}_j(G) = \vec{h}_j(G) \text{ und damit} \vec{n}_j(G) * \vec{h}_j(G) = 1.$$
$$(4.7)$$

$I_j(G)$: Intensität des Glanzlichtes im Bild j
I_a: Ambienter Grundanteil der Intensität des Glanzlichtes
$I_d(G)$: Diffuse Intensität des Glanzlichtes im Bild j
$\vec{n}_j(G)$: Oberflächennormale des G zugeordneten Objektpunktes
$\vec{h}_j(G)$: Winkelhalbierende zwischen der Betrachterrichtung von Bild j und
der Beleuchtungsrichtung

Derselbe Objektpunkt G erzeugt in allen anderen Eingabebildern, in denen korrespondiere Punkte zu diesem Objektpunkt bestimmt werden konnten, aufgrund der Veränderung der Betrachterrichtung unterschiedliche Intensitäten, wobei der Intensitätsunterschied alleine durch den spiegelnden Intensitätsanteil verursacht wird:

$$
\begin{aligned}
I_{j'}(G) &= I_a + I_d(G) + (1-d) \cdot \left[\vec{n}_{j'}(G) * \vec{h}_{j'}(G)\right]^k \\
&\vdots \qquad \vdots \\
I_{j^n}(G) &= I_a + I_d(G) + (1-d) \cdot \left[\vec{n}_{j^n}(G) * \vec{h}_{j^n}(G)\right]^k .
\end{aligned}
\tag{4.8}
$$

Da der diffuse Intensitätsanteil betrachterunabhängig ist, ist dieser (bis auf die lineare Verschiebung) in allen korrespondierenden Bildpunkten gleich. Man kann Gleichung 4.7 nach der Summe des ambienten und diffusen Intensitätsanteils auflösen und in 4.8 einsetzen und so den diffusen und ambienten Anteil für die weitere Berechnung eliminieren. Es ergibt sich

$$
\begin{aligned}
I_{j'}(G) - I_j(G) &= (1-d) \cdot \left[\left[\vec{n}_{j'}(G) * \vec{h}_{j'}(G)\right]^k - 1\right] \\
&\vdots \qquad \vdots \\
I_{j^n}(G) - I_j(G) &= (1-d) \cdot \left[\left[\vec{n}_{j^n}(G) * \vec{h}_{j^n}(G)\right]^k - 1\right] .
\end{aligned}
\tag{4.9}
$$

Die Normalenvektoren $\vec{n}_{j'}(G), \cdots, \vec{n}_{j^n}(G)$ im Objektpunkt G fallen aber, wie gesehen, mit der Winkelhalbierenden $\vec{h}_j(G)$ zwischen Beobachterrichtung und Beleuchtungsrichtung des ersten Bildes j zusammen, also ersetzt man in allen Gleichungen aus 4.9 die $\vec{n}_{j^i}(G)$ mit $\vec{h}_j(G)$, woraus sich das Gleichungssystem 4.10 ergibt:

$$I_{j'}(G) - I_j(G) \;=\; (1-d) \cdot \left[\left[\vec{h}_j(G) * \vec{h}_{j'}(G) \right]^k - 1 \right]$$

$$\vdots \qquad \vdots \qquad\qquad\qquad (4.10)$$

$$I_{j^n}(G) - I_j(G) \;=\; (1-d) \cdot \left[\left[\vec{h}_j(G) * \vec{h}_{j^n}(G) \right]^k - 1 \right].$$

Das Gleichungssystem 4.10 weist den Vorteil auf, daß jede Gleichung den Intensitätsunterschied des korrespondierenden Punktpaares in Abhängigkeit zu den beiden gesuchten Größen d und k sowie den beiden Winkelhalbierenden zwischen den (bekannten) Betrachterrichtungen und der (gesuchten) Beleuchtungsrichtung beschreibt und nicht mehr in Abhängigkeit zu der Oberflächenorientierung im Objektpunkt von G in Form der Oberflächennormalen.

Für die beiden Winkelhalbierenden $\vec{h}_j(G)$ und $\vec{h}_{j^i}(G')$ gilt aufgrund ihrer Definition (siehe Abbildung 4.3)

$$\vec{h}_j(G) \;=\; \frac{1}{\|\vec{l} + \vec{v}_j(G)\|} \cdot \left(\vec{l} + \vec{v}_j(G) \right) \quad \text{und} \qquad (4.11)$$

$$\vec{h}_{j^i}(G) \;=\; \frac{1}{\|\vec{l} + \vec{v}_{j^i}(G)\|} \cdot \left(\vec{l} + \vec{v}_{j^i}(G) \right).$$

Die Betrachterrichtungen $\vec{v}_{j^i}(G)$ seien bezüglich eines beliebig, aber fest gewählten Kamerakoordinatensystems für alle Eingabebilder j^i eindeutig festgelegt.

Setzt man nun Gleichung 4.11 in Gleichung 4.10 ein, ergibt sich die endgültige Form zur Beschreibung des Intensitätsunterschiedes $\Delta I_i = I_{j^i}(G) - I_j(G)$ eines detektierten Glanzpunktes G in Abhängigkeit der Beleuchtungsrichtung $\vec{l}$ für alle korrespondierenden Punkte in den Bildern $i \in [1 \cdots n]$:

$$\Delta I_1 \;=\; (1-d) \cdot \left[\left(\frac{\vec{l} + \vec{v}_j(G)}{\|\vec{l} + \vec{v}_j(G)\|} * \frac{\vec{l} + \vec{v}_{j^1}(G)}{\|\vec{l} + \vec{v}_{j^1}(G)\|} \right)^k - 1 \right]$$

$$\vdots \qquad \vdots \qquad\qquad\qquad (4.12)$$

$$\Delta I_n \;=\; (1-d) \cdot \left[\left(\frac{\vec{l} + \vec{v}_j(G)}{\|\vec{l} + \vec{v}_j(G)\|} * \frac{\vec{l} + \vec{v}_{j^n}(G)}{\|\vec{l} + \vec{v}_{j^n}(G)\|} \right)^k - 1 \right].$$

Außerdem wird verlangt, daß die Länge des gesuchten Vektors $\vec{l}$ auf Eins normiert wird, also

$$\|\vec{l}\| = 1. \qquad (4.13)$$

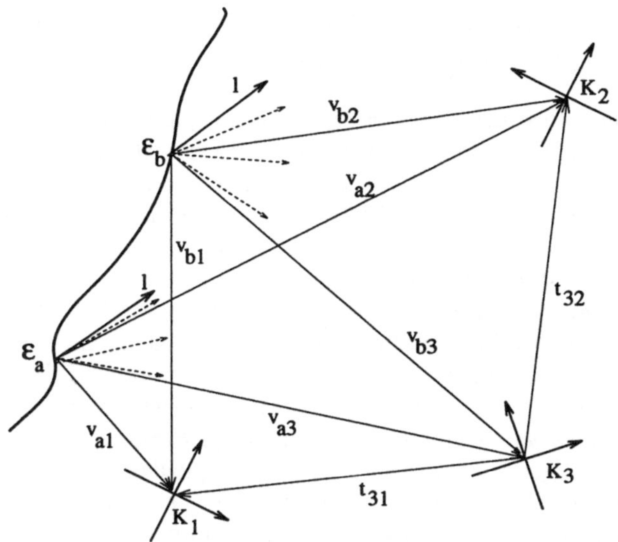

Abb. 4.3. Zugrundeliegende Geometrie für die Bestimmung der globalen Parameter. In der Abbildung stellt K_3 das Referenz-Kamerakoordinatensystem dar, bezüglich des die 3D-Kamerakoordinaten der Objektpunkte G_A und G_B, die Positionen der anderen KKSe K_1 und K_2, und damit auch die einzelnen Betrachterrichtungen $\vec{v}_{ij}, i \in [a \cdots b], j \in [1 \cdots 3]$ a-priori bekannt seien.

Es ergeben sich für ein Glanzlicht mit n korrespondierenden Bildpunkten somit $n + 1$ nichtlineare Gleichungen für die insgesamt fünf gesuchten Unbekannten, nämlich die globalen Parameter des Beleuchtungsmodells d, k und $\vec{l}$. Existiert beispielsweise nur ein einziges Glanzlicht in dem gesamten Bildverband, so werden vier Korrespondenzen benötigt, um das Gleichungssystem 4.12 zu lösen.

Man kann Gleichung 4.12 analog für alle Glanzlichter und alle korrespondierenden Bildpunkte erstellen und somit die Anzahl der zur Verfügung stehenden Gleichungen erhöhen. Das Ziel ist dabei, ein überbestimmtes, nichtlineares Gleichungssystem mit den gesuchten fünf unbekannten Parametern zu bilden, um den vorhandenen Fehler im Datenmaterial (z.B. durch Bildrauschen verursacht) über ein geeignetes Verfahren zu minimieren. Die Ergebnisse der Berechnung zur Bestimmung der Beleuchtungsrichtung lassen sich z.B. auch als Grundlage für die in Abschnitt 3.3.1 beschriebenen *Shape from Shading*-Verfahren verwenden.

4.2.3 Bewertung der Verfahren zur Bestimmung der Beleuchtungsparameter

Eine analytische Bestimmung der Beleuchtungsparameter aus den Intensitätswerten eines einzelnen Rasterbildes erweist sich als eine ausgesprochen schwierige Fragestellung. Selbst für sehr vereinfachte Beleuchtungsmodelle ist zusätzliches a priori Wissen erforderlich, das als Nebenbedingung in die Berechnungen einfließt. Außerdem kann bei einem monoskopischen Ansatz zumeist nur die Beleuchtungsrichtung ermittelt werden. Demgegenüber kann bei einer Verarbeitung eines multiskopischen Bildverbundes, die Redundanz der Bildinformation ausgenutzt werden, um somit auch erweiterte Beleuchtungsmodelle zu betrachten und hierdurch die Anzahl der unbekannten Parameter zu erhöhen. Allerdings erhält man hier ein nichtlineares Gleichungssystem mit fünf unbekannten Parameter, dessen Lösung geeignete Näherungswerte erfordert. Eine Möglichkeit besteht darin mittels eines vereinfachten Modells (z.B. nach [ZC91]) entsprechende Startwerte für das komplexere Beleuchtungsmodell zu bestimmen. Eine analytische Bestimmung der Beleuchtungsparameter wäre somit für ein Beleuchtungsmodell möglich, welches sowohl diffuse als auch spiegelnde Reflexionen beinhaltet.

4.3 Gewinnung einer Texturbeschreibung

In dem vorangehenden Abschnitt wurden Verfahren vorgestellt, welche eine Rekonstruktion der Beleuchtungsrichtung ermöglichen. Die Beschreibung einer Objektoberfläche allein auf der Grundlage seiner Reflexionseigenschaften und die Generierung der Oberflächenintensitäten unter Berücksichtigung der Beleuchtungsverhältnisse erfordert einen sehr hohen Modellierungsaufwand. Aus diesem Grund wird in der Computer Graphik häufig auf eine detaillierte Modellierung der Oberflächengeometrie verzichtet und statt dessen Texturen verwendet. In den meisten Fällen besteht diese aus einem Rasterbild welches entsprechend der relativen Orientierung zwischen dem Beobachter und dem Objekt auf die Oberfläche aufgebracht wird. Somit ist es möglich detailreiche Strukturen (z.B. Baumrinden, Haare, Krokodilhaut) zu berücksichtigen, ohne eine Beschreibung der geometrischen Struktur der Oberfläche vornehmen zu müssen. Neben dem klassischen *Texture Mapping*, existieren verschiedene Erweiterungen (*Bump Mapping, Displacement Mapping, Solid Texturen, Reflection Mapping*) [Fol90], die eine verfeinerte Modellierung der Objektoberfläche ermöglichen (siehe auch Abschnitt 2.3.2). Den nachfolgenden Betrachtungen liegt die Verwendung einer Textur, im "klassischen Sinne", in Form eines zweidimensionalen Rasterbildes zugrunde. Das Ziel dieses Abschnittes besteht darin Bildanalyseverfahren aufzuzeigen, mit deren Einsatz die Textur aus realen Aufnahmen extrahiert werden kann, um diese im Anschluß daran zur Generierung eines synthetischen Bildes einsetzen zu können.

Die Gewinnung von Textur zum Zwecke ihrer Wiederverwendung für die Bildgenerierung kann auf unterschiedlichen Abstraktionsebenen erfolgen (siehe Kapitel 2). Dabei sollen nachfolgend drei verschiedene Abstraktionsstufen untersucht werden.

Zunächst wird ein auf der ikonischen Ebene arbeitendes Verfahren vorgestellt. Dieses liefert eine verzerrungsfreie Darstellung der Textur aus einer oder mehreren perspektivischen Ansichten. Eine solche Darstellung liefert die Voraussetzung für eine qualitativ hochwertige Rückprojektion der Textur.

Durch die Betrachtung von Textur auf einer rein ikonischen Beschreibungsebene entstehen allerdings Probleme hinsichtlich der Aneinanderreihbarkeit und der Skalierung von Texturen bei der Bildgenerierung [ES89], [Eng92]. Somit erscheint es wünschenswert, die Textur auf einer höheren Beschreibungsebene zu bestimmen, welche eine Parameterisierung des Erscheinungsbildes ermöglicht. Hierzu sollen zwei Verfahren betrachtet werden. Zunächst wird eine Methode dargestellt, die auf Gagalowicz [Gag85] [Gag87] zurückgeht, aber in jüngerer Zeit erneut auf Interesse gestoßen ist [Loh94], [HB95]. Dieses Verfahren basiert auf einer statistischen Analyse der Textureigenschaften und ermöglicht somit eine kompakte Repräsentation der Textur. Gleichzeitig werden durch diese Darstellung der Textur die Nachteile bezüglich der Aneinanderreihbarkeit und Skalierung eliminiert. Darüber hinaus wäre es wünschenswert eine Repräsentation auf einer Beschreibungsebene zu besitzen, die sowohl statistische als auch strukturelle Parameter besitzt. Ein Ansatz zur analytischen Bestimmung einer solchen Beschreibungsform wird in Abschnitt 4.3.3 dargestellt.

4.3.1 Geometrische Entzerrung der Textur

Bei der Bildsynthese auf der Grundlage von photographisch gewonnenen Texturen konnte festgestellt werden, daß bei einer nicht direkt senkrecht gewonnenen Texturansicht es zu Verzerrungen und ungleichmäßigen Abbildungen beim Textur-*Mapping* kommt [Fle95]. Somit ist es erforderlich die gewonnene Textur zunächst zu entzerren, um diese im Anschluß daran auch auf beliebige Objektoberflächen aufbringen zu können.

Ausgangspunkt für den Entzerrungsvorgang ist ein Rasterbild mit einer perspektivisch verzerrten Texturfläche, welche durch die perspektivische Darstellung beim Photographieren dieser Fläche unter einem beliebigen, nicht senkrechten Aufnahmewinkel gewonnen wurde.

Weiterhin sei die räumliche Lage der Textur, in Form der 3D-Koordinaten des umschließenden Polygons bezogen auf das jeweilige Kamerakoordinatensystem bekannt. Zur Bestimmung der Lage des texturierten Polygons in der Ebene E werden die 3D Objektdaten durch Koordinatentransformation in das zugehörige Kamerakoordinatensystem ermittelt. Aus den Richtungsvektoren $\vec{r} = (P_{i+3} - P_i)$ und $\vec{s} = (P_{i+1} - P_i)$ wird die Flächennormale $\vec{n}$ bestimmt (s. Abb. 4.4).

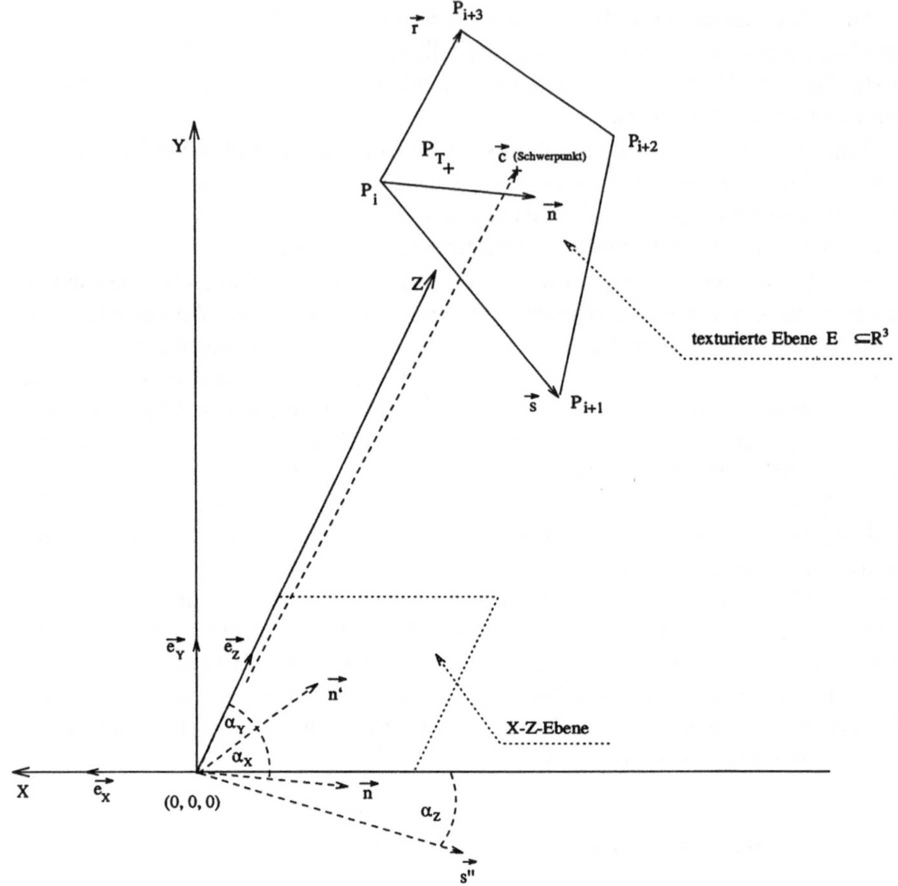

Abb. 4.4. Lage der texturierten Fläche im Raum bestimmt durch die Richtungsvektoren $\vec{r}$ und $\vec{s}$ bzw. der zugehörigen Flächennormalen $\vec{n}$

Im nächsten Schritt wird eine Matrix bestimmt, welche das so definierte
Polygon durch Rotation um seinen Flächenschwerpunkt $\vec{c}$ orthogonal zum
Betrachter ausrichtet, wobei die Richtung des Betrachters in Richtung der
z–Achse festgelegt sei.

Führt man die Gesamtrotation R_{ges} bzgl. des Schwerpunktes $\vec{c}$ der Texturfläche durch, so erhält man ein orthogonal zum Betrachter ausgerichtetes
Polygon (siehe Gleichung 4.15), für welches im weiteren noch die entsprechenden Texturfarbwerte aus der Quelltextur zugewiesen werden müssen.

$$R_{ges} = R_z(\alpha_Z)\, R_y(\alpha_Y)\, R_x(\alpha_X). \tag{4.14}$$

Um die Rotation R_{ges} bzgl. des Schwerpunktes durchzuführen, ist neben
der Berechnung eines Vektors $\vec{c}$ zum Schwerpunkt, auch eine Translation
der Polygonpunkte um $-\vec{c}$ vor der Gesamtrotation vorzunehmen. Im An-

schluß an die Rotation werden die Punkte erneut um den Betrag $\vec{c}$ transliert. Das Ergebnis ist in Abbildung 4.5 dargestellt. Dabei werden die Punkte des Original-Polygons mit $P_i = (x_i, y_i, z_i)$ bezeichnet und die Punkte des Orthopolygons mit j indiziert.

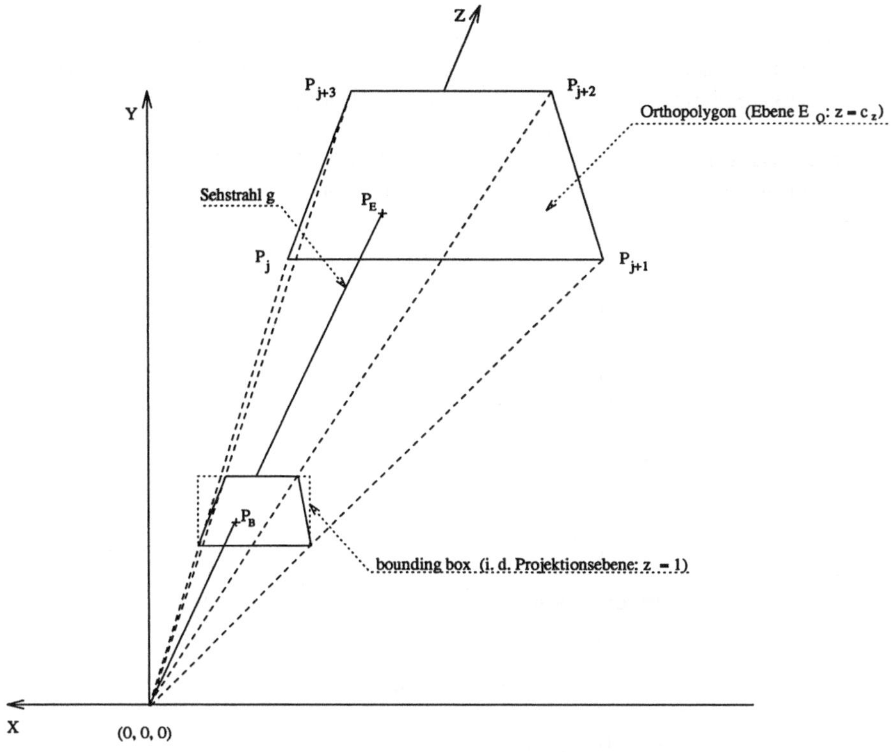

Abb. 4.5. Lage des texturierten Polygons nach der Rotation um den Flächenschwerpunkt orthogonal zum Betrachter (Z–Achse).

$$\begin{pmatrix} x_j \\ y_j \\ z_j \end{pmatrix} = \begin{pmatrix} r_{11} & r_{12} & r_{13} \\ r_{21} & r_{22} & r_{23} \\ r_{31} & r_{32} & r_{33} \end{pmatrix} \begin{pmatrix} x_i & - & c_x \\ y_i & - & c_y \\ z_i & - & c_z \end{pmatrix} + \begin{pmatrix} c_x \\ c_y \\ c_z \end{pmatrix}. \qquad (4.15)$$

Durch eine Zentralprojektion sowohl der Punkte des Orthopolygons als auch des zugehörigen Polygons der Quelltextur auf eine Projektionsebene $z = 1$ und anschließender Definition einer *bounding box* für beide Polygone, erhält man zwei Repräsentanten, einmal für das Rasterbild der Orthotextur, sowie für das Rasterbild der Quelltextur. Die *bounding box* des Orthopolygons ist in Abbildung 4.5 gestrichelt dargestellt.

Die nachfolgenden Schritte der Entzerrung können in zwei Phasen unterteilt werden:

mapping　　Jeder Pixelkoordinate im Orthobild wird eine Position im Quellbild zugeordnet. Dies wird in der Regel aufgrund der perspektivischen Rückprojektion keine (ganzzahlige) Pixelkoordinate sein.

resampling　　Abhängig von der Position im Quellbild und den umliegenden Farbwerten an dieser Stelle wird nach einem Interpolationsverfahren ein Texturfarbwert zu jedem Pixel im Zielbild (Orthotextur) ermittelt.

Für die Anwendung eines indirekte Entzerrungsverfahren [Bä85] sind die in Abbildung 4.6 dargestellten Teilschritte des *mappings* durchzuführen.

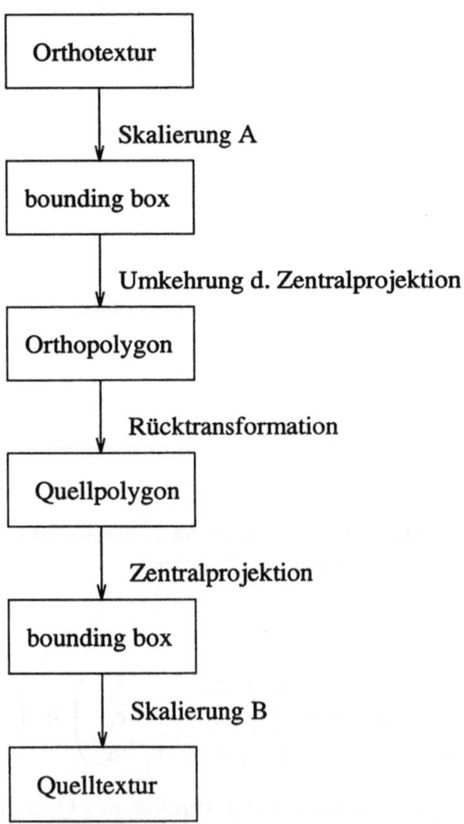

Abb. 4.6. Teilschritte des *mappings* beim indirekten Entzerrungsverfahren.

Die Größe des Rasterbildes ist durch die Anzahl der Pixel pro Zeile bzw. Spalte bestimmt. Die Größe der *bounding box* nach der Zentralprojektion ist abhängig von dem Maßstab in welchem die Polygone im Raum R^3 repräsentiert werden. Die Größenverhältnisse zwischen *bounding box* und zugehörigem Rasterbild sind durch entsprechende Skalierungsfaktoren festgelegt.

Die Schnittpunktberechnung, der durch den Sehstrahl definierten Gerade g mit der Orthoebene E_O (s. Abb. 4.5) kann durch Gleichsetzen der Geradengleichung mit der Ebenengleichung berechnet werden. Da in diesem Sonderfall jedoch die Ebene $E_O : z = c_z$ parallel zur Projektionsebene verläuft, kann der Punkt P_E auch durch die Umkehrung der Zentralprojektion errechnet werden:

$$P_E = c_z P_B. \tag{4.16}$$

Die Rücktransformation des Punktes $P_E = (x_E, y_E, z_E)$ innerhalb des Orthopolygons auf einen Punkt $P_T = (x_T, y_T, z_T)$ im Polygon der Quelltextur kann durch Invertieren der Gleichung 4.15 erzielt werden:

$$\begin{pmatrix} x_T \\ y_T \\ z_T \end{pmatrix} = R_{ges}{}^T \begin{pmatrix} x_E & - & c_x \\ y_E & - & c_y \\ z_E & - & c_z \end{pmatrix} + \begin{pmatrix} c_x \\ c_y \\ c_z \end{pmatrix}. \tag{4.17}$$

Nun müssen für die Koordinaten des Punktes P_T im Quellpolygon die zugehörigen Pixelkoordinaten im Rasterbild ermittelt werden. Dazu wird eine Zentralprojektion auf die Ebene $z = 1$ mit anschließender Skalierung B durchgeführt. Damit ist die Bestimmung der Position des Orthopixels im Quellbild (*mapping*) abgeschlossen.

Zur Bestimmung des Farbwertes des Orthopixels muß nun eine Methode ausgewählt werden, nach der ein Farbwert zwischen der durch *mapping* ermittelten Pixelposition und einer entsprechenden Umgebung interpoliert wird. [Bä85] stellt hierzu vier Methoden des *resampling* vor (Tabelle 4.1). Die Resamplingmethode über die nächste Nachbarschaft hat zwar den geringsten Aufwand, weist jedoch auch den höchsten Interpolationsfehler (15,7 %) auf. Die bilineare Interpolation wurde für diesen Entzerrungsalgorithmus ausgewählt, da sie mit ihrem verhältnismäßig geringen Aufwand von vier Additionen und vier Multiplikationen und einem relativ geringen Interpolationsfehler von 3.7 %, zufriedenstellende Ergebnisse liefert. Die beiden letzten Methoden liefern zwar einen sehr viel geringeren Fehler (0,3 %), sind jedoch auch bedeutend rechenaufwendiger.

In der Abbildung 4.7 wird anhand einer texturierten Fläche des Hausdaches eines Testobjekts das Ergebnis des Entzerrungsverfahrens demonstriert. Die so gewonnene Orthotextur (Abbildung 4.7 rechts) kann nun als Eingabeparameter für das Rendering, für beliebige Objekte und unter frei wählbaren Betrachtungswinkeln, verwendet werden. Die Verallgemeinerung dieses Verfahrens für triangulierte Oberflächen wird in dem in Kapitel 6 vorgestellten System eingesetzt.

Resamplingmethode	Interpolations–umgebung	Additionen/ Multiplikation	Fehler
Nächste Nachbarschaft	1 x 1	1	15,7 %
Bilineare Interpolation	2 x 2	8	3,7 %
Bikubische Splines	4 x 4	110	0,3 %
Lagrangepolynom	4 x 4	80	$\approx$ 0,3 %

Tabelle 4.1. Resamplingmethoden unterschiedlicher Interpolationsumgebungen

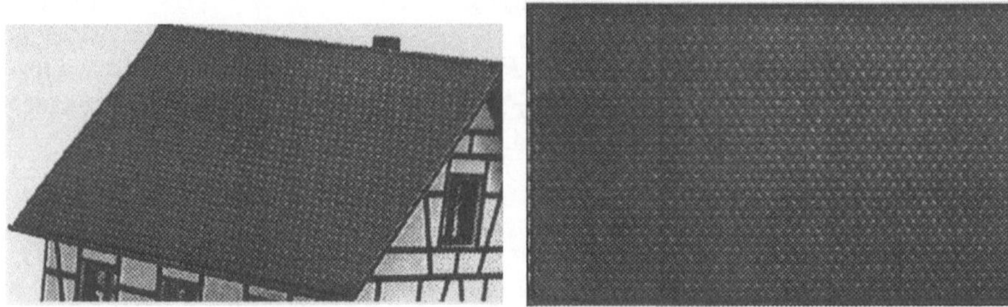

Abb. 4.7. Links: Durch perspektivische Darstellung verzerrte Quelltextur. Rechts: Mittels Entzerrungsalgorithmus bestimmte Orthotextur.

4.3.2 Rekonstruktion einer statistischen Texturbeschreibung

Die im vorangehenden Abschnitt beschriebene Methode zur Entzerrung einer Textur stellt die Grundlage für eine vielfältige Weiterverarbeitung dar. So kann die so gewonnene Textur direkt in ikonischer Form auf die Oberflächen von Objekten *gemappt* werden. Dieser Vorgang ist nur dann adäquat wenn die extrahierte Textur zur Texturierung desjenigen Objektes verwendet wird, von dem diese entnommen wurde. Außerdem sollte der Darstellungsmaßstab des synthetisch erzeugten Bildes in etwa dem der Aufnahme entsprechen. Möchte man allerdings die Textur universell für unterschiedliche Objekte verwenden, so ergeben sich im Zusammenhang mit einer ikonischen Beschreibungsform verschiedene Nachteile. So entstehen z.B. Artefakte bei der Skalierung bzw. bei der Aneinandereihung der Textur [Sam86], [Eng92]. Aus diesem Grund erscheint es wünschenswert, eine Beschreibung der Textur auf einer höheren Abstraktionsebene zu erhalten. Eine in der Bildanalyse häufig verwendete Repräsentationsform der Textur sind statistische Modelle. Diese finden insbesondere in den Bereichen der Satellitenbildauswertung [Abe82], [Hil92b] und im medizinischen Umfeld Anwendungen. Auf der anderen Seite hat sich eine stochastische Repräsentation ebenfalls für die synthetische Texturgenerierung bewährt. Somit stellt sich die Frage, inwieweit eine direkte Verbindung zwischen den analytisch ableitbaren und den für die Synthese erforderlichen Merkmalen gebildet werden kann. Eine Möglichkeit diese Beziehung herzustellen stellte Gagalowicz [Gag85], [Gag87] vor. Auf der Basis von analytisch abgeleiteten Merkmalen der Statistik zweiter Ordnung wird von ihm eine Bildrepräsentation in Form einer *Co-Occurrence*-Matrix aufgebaut [Har79]. Hierbei wird eine Häufigkeitsverteilung der Intensitäten von Punktpaaren, die in einer bestimmten räumlichen Beziehung zueinander stehen, aufgestellt. Vielfach werden hierbei horizontal, vertikal und diagonal benachbarte Punktpaare, jeweils für unterschiedliche Entfernungen, betrachtet. Somit ergibt sich für n verschiedene Intensitätswerte eine Matrix $C_{\alpha,d}(n,n)$, wobei α die relative Lage und d den Abstand zwischen den Bildpunkten beschreibt. In der normalisierten Form der *Co-Occurrence*-Matrix entspricht demnach ein Eintrag $P_{\alpha,d}(I_1, I_2)$ der relativen Häufigkeit für das Auftreten der Intensitätswerte I_1 und I_2 mit dem Abstand d und der relativen Lage α.

$$C_{\alpha,d}(I_i, I_j) = \left[\begin{array}{cccc} P_a(1,1) & P_a(1,2) & \cdots & P_a(1,n) \\ P_a(2,1) & P_a(2,2) & \cdots & P_a(2,n) \\ \multicolumn{4}{c}{\dotfill} \\ P_a(n,1) & P_a(n,2) & \cdots & P_a(n,n) \end{array} \right]. \qquad (4.18)$$

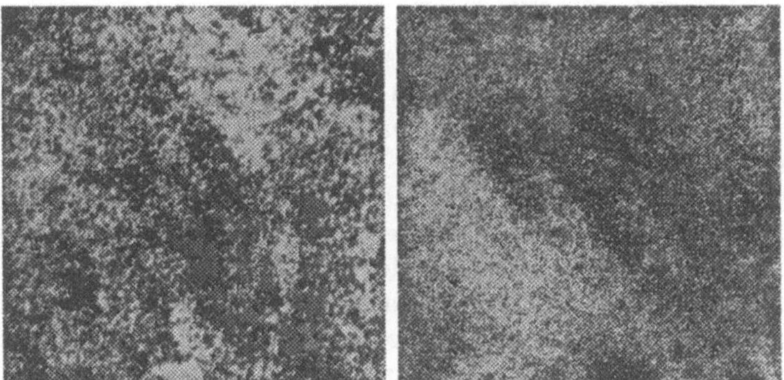

Abb. 4.8. Links die Originaltextur, rechts rekonstruierte Textur auf der Grundlage der *Co-Occurrence*-Matrix

Zum Zwecke der Bildanalyse werden aus dieser Matrix weitere Texturmerkmale abgeleitet (z.B. die Homogenität, der Kontrast, die Entropie) um somit eine Klassifikation durchführen zu können [Zam91], [HN93b]. Für den vorliegenden Anwendungsfall ist allerdings die Beschreibungsform der *Co-Occurrence*-Matrix, gemeinsam mit dem Histogramm, der im Bild vorkommenden Intensitäten hinreichend.

Für die Erzeugung einer Textur mit den gleichen Werten für die Statistik zweiter Ordnung ist es erforderlich ein Verfahren anzugeben, welches

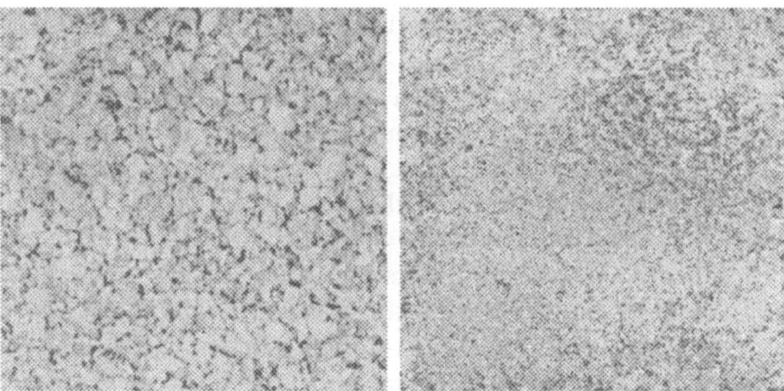

Abb. 4.9. Links die Originaltextur, rechts rekonstruierte Textur auf der Grundlage der *Co-Occurrence*-Matrix

eine Textur generiert, die sowohl das gleiche Intensitätshistogramm als auch die gleiche *Co-Occurrence*-Matrix der Originaltextur aufweist. Eine solche Repräsentation der Textur ist wesentlich kompakter als die zuvor beschriebene ikonische Form. Könnte die Originaltextur vollständig aus dieser Beschreibung rekonstruiert werden, so wäre ein großer Gewinn an Speicherplatz zu erzielen.

Eine direkte Bestimmung einer solchen Textur ist allerdings nicht möglich, somit muß ein heuristisches Verfahren angegeben werden, welches die statistischen Texturparameter rekonstruiert. Grundlage der von mir vorgenommenen Untersuchung ist eine Initialtextur mit einer der Ausgangstextur entsprechenden Intensitätsverteilung. Nachfolgend wird in einem iterativen Prozeß die *Co-Occurrence*-Matrix der synthetisch generierten Textur sukzessive an die Matrix der Ausgangstextur angepaßt. Hierzu werden nach einem Monte-Carlo Verfahren einzelne Bildintensitäten paarweise ausgetauscht und für das Ergebnis wird geprüft, inwieweit der Abstand zwischen der aktuellen *Co-Occurrence*-Matrix und der originalen *Co-Occurrence*-Matrix verkleinert wurde oder nicht. In Abhängigkeit von dem Ergebnis wird die Änderung beibehalten oder verworfen. Um eine Konvergenz des Verfahrens zu gewährleisten und gleichzeitig ein Terminieren in einem lokalen Minimum zu vermeiden, werden mit einer über ein *Simulated Annealing* Verfahren gesteuerten Wahrscheinlichkeit, Intensitätsänderungen, die zu einer Vergrößerung des Abstandes zwischen den *Co-Occurrence*-Matrizen führen, beibehalten [Loh94]. Die Güte des Verfahrens wurde von mir anhand von verschiedenen Brodatz-Texturen [Bro66] untersucht. Empirische Bewertungen zeigten, daß nach ca. 1 Millionen Iterationen die Verbesserung des relativen Fehlers signifikant[3] abnimmt. Die Abbildungen 4.8 und 4.9 zei-

---

[3]Im Mittel konnten im Intervall zwischen 1.000.000 und 10.000.000 Iterationen nur etwa 30% der Fehlerkorrektur bis zur Iteration 1.000.000 erreicht werden. Zur Rekonstruktion der hier gezeigten Texturen wurden 10 Millionen Iterationen verwendet

gen Texturen mit jeweils geringem strukturellen Anteil und das zugehörige Rekonstruktionsergebnis.

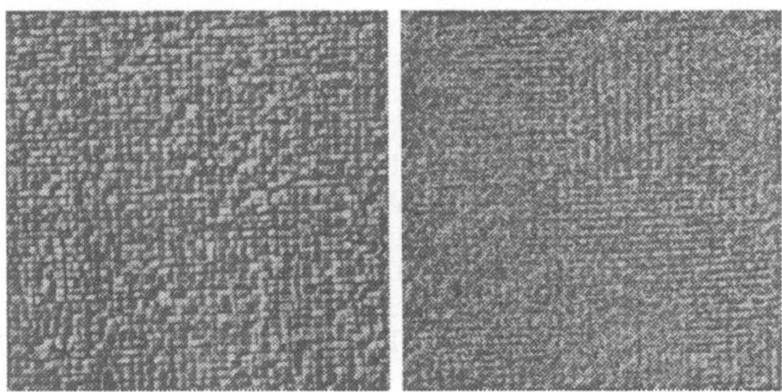

Abb. 4.10. Links die Originaltextur, rechts rekonstruierte Textur auf der Grundlage der *Co-Occurrence*-Matrix

Abb. 4.11. Links die Originaltextur, rechts rekonstruierte Textur auf der Grundlage der *Co-Occurrence*-Matrix

Die dargestellten Ergebnisse verdeutlichen, daß eine Rekonstruktion für Texturen mit geringen strukturellen Eigenschaften nur bedingt zufriedenstellende Resultate liefert. Um darüber hinaus auch die Güte hinsichtlich strukturierter Texturen beurteilen zu können wurden auch aus dieser Klasse verschiedene Texturen untersucht. Die Abbildungen 4.10 und 4.11 zeigen typische Ergebnisse für eine Rekonstruktion strukturierter Texturen. Insgesamt läßt sich feststellen, daß die Qualität des Verfahrens im wesentlichen von der Homogenität der Textur abhängig ist (siehe Abbildung 4.8). Besitzt die Textur signifikante Bildstrukturen, so nimmt die visuell beurteilte

Güte des Rekonstruktionsergebnisses deutlich ab (siehe Abbildung 4.10). Eine inhomogene und zugleich stark strukturierte Textur liefert die deutlich schlechtesten Ergebnisse (siehe Abbildung 4.11). Eine Verbesserung der hier dargestellten Ergebnisse konnte in neuerer Zeit von Heeger und Bergen [HB95] erzielt werden. Der Unterschied des von ihnen vorgestellten Verfahrens, gegenüber dem hier beschriebenen, besteht darin, daß sie zunächst nur statistische Werte der ersten Ordnung für die Generierung der synthetischen Textur betrachten. Den damit gegenüber der Verwendung von *Co-Occurrence*-Matrizen verbundenen Informationsverlust kompensieren sie durch die Verwendung von Auflösungshierarchien. Um auch nicht isotrope Texturen rekonstruieren zu können, betrachten sie für jede Hierarchiestufe eine Reihe von Richtungsableitungen. Durch den Abgleich der Histogramme auf den verschiedenen Auflösungsstufen konnte einerseits die Qualität der Ergebnisse und andererseits auch das Laufzeitverhalten deutlich verbessert werden. Allerdings bleiben die Defizite bei der Rekonstruktion von inhomogen strukturierten Texturen bestehen.

4.3.3 Rekonstruktion einer statistisch-strukturellen Texturbeschreibung

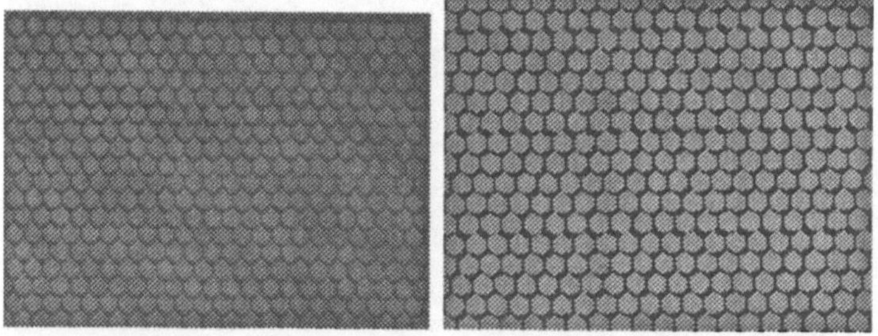

Abb. 4.12. Links die Originaltextur, rechts rekonstruierte strukturelle Textur mittels eines genetischen Algorithmus

Die Ergebnisse aus dem vorangehenden Abschnitt machen deutlich, daß eine Beschreibung der Textur auf einer rein statistischen Ebene in verschiedenen Fällen nicht hinreichend ist. Aufgrund der großen Variabilität hinsichtlich der Ausprägungen individueller Texturen ist eine kombinierte statistisch-strukturelle Repräsentation wünschenswert. Englert [Eng92] beschreibt in ihrer Arbeit eine hierarchische Texturbeschreibungssprache, die eine synthetische Generierung statistisch-struktureller Texturen ermöglicht. Somit wurde von mir exemplarisch untersucht inwieweit es möglich ist diese Beschreibungsregeln analytisch zu gewinnen. An dieser Stelle versagen rein datengesteuerte Verfahren, da für die Erzeugung einer hierarchischen Beschreibung Regeln bereitgestellt werden müssen, die die Topologie der Texturprimitive beschreiben. Diese Anforderung wird noch dadurch bekräftigt, daß in Abhängigkeit von der jeweiligen Sicht (z.B. makro- oder mikroskopische) auf eine Textur, eine vorgegebene Beschreibungsform zu unterschiedlichen Ergebnistexturen führt.

Läßt sich die Variabilität der möglichen Ausprägungen einer Textur auf eine endliche Menge begrenzen und lassen sich weiterhin die Verteilungsvorschriften der Texturprimitive geeignet darstellen, so kann ein Verfahren zur analytischen Gewinnung einer statistisch-strukturellen Repräsentationsform angegeben werden. Die Analyse setzt sich dabei aus mehreren Teilschritten zusammensetzen:

- Segmentierung der Texturprimitive

- Bestimmung der Verteilungsfunktion

- Parametrisierung der Verteilungsfunktion

Zur Segmentierung der Texturprimitive müssen entsprechende charakteristische Merkmale der einzelnen Texturelemente bestimmt werden. Die Bestimmung der Verteilungsfunktion kann beispielsweise mittels eines Klassifizierungsverfahren erreicht werden [Ulm94]. Aufgrund der häufig großen Anzahl an Parametern zur Charakterisierung der Verteilungsfunktion, die sich im allgemeinen nur sehr schwer analytisch bestimmen lassen, ist der Einsatz einer heuristischen Suche (welche z.B. mittels eines genetischen Algorithmus durchgeführt werden kann) erforderlich. Unter Verwendung eines Evolutionsverfahren wurde, anhand von a priori vorgegebenen Texturprimitiven und der zugehörigen Verteilungsregel, von mir der Versuch unternommen, die Parameter für strukturierte Texturen abzuleiten [Hil94a]. Ein Beispiel für die analytische Gewinnung der Parameter einer gitterförmigen Verteilung mittels eines genetischen Algorithmus und dem in einem ersten Verarbeitungsschritt segmentierten Texturprimitiv "Dachschindel" zeigt Abbildung 4.12.

4.3.4 Zusammenfassung der Methoden zur Texturgewinnung

Eine analytische Texturgewinnung kann auf unterschiedlichen Abstraktionsebenen erfolgen. Im einfachsten Fall ist eine ikonische Texturrepräsentation bereits hinreichend. Zur Erzeugung dieser Beschreibungsform ist im wesentlichen nur eine Entzerrung der, in dem Bildmaterial vorhandenen Texturen vorzunehmen. Ein Ausgleich unterschiedlicher Beleuchtungssituationen auf der Oberfläche kann z.B. unter Einbeziehung der Kenntnis über die Position der Beleuchtungsrichtung erfolgen. Da diese a priori aber zumeist unbekannt ist und eine analytische Bestimmung nur bedingt möglich ist (siehe

Abschnitt 4.2) kann dieser Schritt auch vereinfacht mittels eines Hellig-
keitsausgleichs auf der Grundlage der Intensitätswerte korrespondierender
Bildpunkte durchgeführt werden (siehe auch Kapitel 6).

Die Berechnung der entsprechenden Ortho-Textur ist sehr schnell erziel-
bar. Somit ist dieses Verfahren zur Gewinnung von Texturen aus Rasterbildern in solchen Fällen zu favorisieren, in denen die Textur anschließend für
eine synthetische Generierung derselben Szene verwendet werden soll.

Eine andere Situation ergibt sich, wenn die Textur einem Pool zugeführt
werden soll, um diese für die Visualisierung verschiedener Objekte zu verwenden. Hier entstehen die oben bereits aufgeführten Probleme der Skalierung und Aneinanderreihbarkeit. Somit ist es wünschenswert, eine Texturbeschreibung auf einem höheren Abstraktionsniveau zu gewinnen. Hierbei zeigt
sich, daß eine rein stochastische Texturrepräsentation nicht hinreichend ist.
Demgegenüber erweist sich eine analytische Bestimmung einer kombinierten
stochastisch-strukturellen Beschreibung von Textur als außerordentlich komplexe Fragestellung, welche aus heutiger Sicht nur durch die Einbeziehung
von zusätzlichem Modellwissen zu beantworten ist.

4.4   Erfassung von Bewegung

Die Erfassung dreidimensionaler Bewegungen stellt einen intensiv untersuchten Bereich im Gebiet Computer Vision dar. Insbesondere für industrielle
Prozeßüberwachungen und für die Steuerung autonomer Fahrzeuge wurden
eine Reihe von Verfahren und Anwendungen entwickelt [Nag85]. Die jeweiligen Verfahren hängen von spezifischen sensorischen und szenischen Voraussetzungen ab. Die wesentlichen Klassifikationsmerkmale, nach denen eine
Auswahl getroffen werden kann, sind:

- Sensorik

- Verformbarkeit der Objekte

- Beleuchtungseigenschaften

- Bildmerkmale

- Wissen

Hinsichtlich der Sensorik unterscheidet man zwischen Methoden, die direkt auf stereoskopischen Eingabedaten aufsetzen [Zha92] oder solchen, die
zunächst nur ein monoskopisches Kamerabild bearbeiten [Ekl94]. Die überwiegende Mehrheit, der in der Literatur vorgestellten Verfahren setzen eine
Starrheit der betrachteten Objekte voraus, allerdings stellt man in neuerer Zeit, insbesondere im Zusammenhang mit medizinischen Anwendungen,
eine zunehmenden Bedarf hinsichtlich der Verarbeitung verformbarer Objekte fest [HG95]. Eine weitere Grundvoraussetzung für eine Vielzahl von

Verfahren zur Bewegungsbestimmung sind bestimmte Beleuchtungsbedingungen und Reflexionseigenschaften der betrachteten Szene. So setzen z.B. nahezu alle entwickelten Algorithmen eine Opazität der Objektoberfläche voraus. Weiterhin lassen sich die Methoden hinsichtlich der bearbeiteten Merkmale in "globale-intensitätsbasierte" und "merkmalsbasierte" Verfahren unterteilen[4]. Darüber hinaus gibt es eine Vielzahl von Verfahren zur Bewegungsanalyse, die auf zusätzliches a priori Wissen zurückgreifen. Dieses Wissen wird sowohl in bezug auf die Form bzw. die Verformbarkeit der betrachteten Merkmale, als auch hinsichtlich der physikalischen Gesetzmäßigkeiten der Bewegungsdynamik eingebracht.

Aufgrund der Vielzahl an Verfahren zur Bewegungsanalyse, werden nachfolgend zwei repräsentative Ansätze dargestellt, um die Fragestellung hinsichtlich einer analytischen Gewinnung des semantischen Szenenattributs "Bewegung" beantworten zu können.

Zunächst soll hierzu ein globales Verfahren, ohne die Einbeziehung von Dynamikgesetzen untersucht werden. Bei dieser Technik wird die Beziehung zwischen der, in einer Bildfolge entstehenden Intensitätsänderung eines Pixels und der realen Bewegung innerhalb der Szene formal beschrieben. Dieses Verfahren erscheint deshalb besonders interessant, da für seine Verwendung keine explizite Lösung des Korrespondenzproblems erforderlich ist. Dieses Zuordnungsproblem stellt eine der zentralen Problemstellungen im Bereich Computer Vision dar und birgt eine potentielle Fehlerquelle bei der Bewegungsanalyse aufgrund von falsch oder ungenau zugeordneten Bildmerkmalen.

Als zweite Methode wird eine Technik beschrieben, die es erlaubt, Wissen hinsichtlich der spezifischen Applikation in das Verfahren einzubeziehen. Die dargestellte Methodik ermöglicht es, aufgrund einer entsprechenden Merkmalsbeschreibung, bestimmte Nebenbedingungen hinsichtlich der Variabilität der betrachteten Objektbewegung bei der Bewegungsanalyse zu berücksichtigen.

4.4.1 Optischer Fluß

Bewegt sich ein Objekt relativ zu einer Kamera, so resultiert hieraus ein Fließmuster in der erfaßten Bildsequenz. Diese Änderung der Bildintensitäten bezeichnet man als "optischen Fluß". Zu seiner Berechnung betrachten wir die Komponenten des optischen Flusses $u(x,y)$ und $v(x,y)$ in Form der Bewegungstrajektorien entlang der x und y Achsen des Intensitätsbildes und $I(x,y,t)$, die Bildintensität zum Zeitpunkt t. Eine Voraussetzung für

---

[4]Das in Abschnitt 3.3.4.1 beschriebene Verfahren zur 3D-Rekonstruktion stellt gleichzeitig ein *merkmalsbasiertes* Verfahren zur Bewegungsanalyse dar, da in einem ersten Schritt zur Bestimmung der Geometrie die Transformationscharakteristik der Kamera gegenüber einer starren Szene bestimmt werden muß. Dieser Vorgang ist dual zu der Fragestellung einer Bewegungsanalyse für eine feste Kamera und eine bewegte Szene.

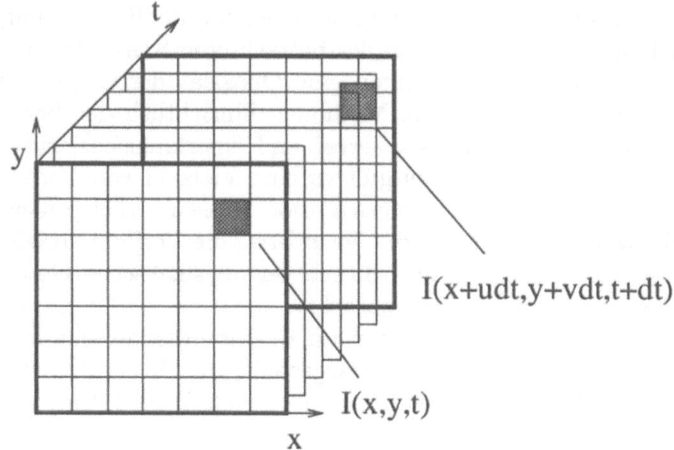

Abb. 4.13. Grundlage zur Berechnung des optischen Flusses ist die Gleichheit der Bildintensitäten $I(x, y, t)$ und $I(x + \delta x, y + \delta y, t + \delta t)$

die Berechnung des optischen Flusses ist eine konstante Bildintensität über ein kurzes Zeitintervall δt:

$$I(x, y, t) \quad = \quad I(x + \delta x, y + \delta y, t + \delta t), \tag{4.19}$$

mit $\delta x = u\delta t$ und $\delta y = v\delta t$ gilt somit:

$$I(x, y, t) \quad = \quad I(x + u\delta t, y + v\delta t, t + \delta t). \tag{4.20}$$

Geht man weiterhin von der Voraussetzung einer lokalen Differenzierbarkeit der Bildintensität aus, so kann $I(x, y, t)$ in Form einer Taylor-Erweiterung dargestellt werden:

$$I(x, y, t) \quad = \quad I(x, y, t) + \delta x \frac{\partial I}{\partial x} + \delta y \frac{\partial I}{\partial y} + \delta t \frac{\partial I}{\partial t} + \epsilon. \tag{4.21}$$

Das Lagrange-Restglied der Taylorentwicklung, das die Terme der zweiten und höherer Ordnung repräsentiert, wird dabei durch ϵ beschreiben. Für $\delta t \to 0$ läßt sich hieraus die sogenannte *Optical Flow Contraint Equation* bilden:

$$\frac{\partial I}{\partial x} u + \frac{\partial I}{\partial y} v + \frac{\partial I}{\partial t} \quad = \quad 0. \tag{4.22}$$

Diese Beziehung ist allerdings noch nicht hinreichend um den optischen Fluß eindeutig zu bestimmen. Betrachtet man nur die *Optical Flow Contraint Equation* so bilden die Lösungen für u und v eine Gerade[5]:

$$(I_x, I_y)(u, v) = -I_t. \tag{4.23}$$

Zur Festlegung der beiden unbekannten Bewegungsparameter u und v müssen noch zusätzliche Nebenbedingungen eingeführt werden.

Hierzu wird häufig eine Kontinuitätsbedingung hinsichtlich der Bewegung gefordert. Diese besagt, daß keine abrupten Änderungen des optischen Flusses existieren. Betrachtet man nun die *Optical Flow Contraint Equation* in einem gemeinsamen Funktional mit der Kontinuitätsbedingung, so führt dies zu einem Minimierungsproblem in Form des folgenden Integrals:

$$\int\int F(u,v,\delta u/\delta x,\delta u/\delta y,\delta v/\delta x,\delta v/\delta y). \tag{4.24}$$

Dieses Minimierungsproblem läßt sich mit Hilfe der Variationsrechnung lösen [Hor86], [Nie90]. Im Anschluß ist in einem weiteren Verarbeitungsschritt aus dem zweidimensionalen optischen Fluß die entsprechende dreidimensionale Trajektorie in bezug auf die Szene zu bestimmen [Fau93].

In Regionen gleicher Intensität läßt sich der optische Fluß nicht direkt bestimmen. An diesen Stellen müssen die jeweiligen Bewegungstrajektorien aus den Werten der Nachbarbildpunkte interpoliert werden.

Die oben vorgenommene Taylorentwicklung der *Optical Flow Contraint Equation* setzt eine lineare Änderung der Bildintensität bezüglich der Bildfolge voraus. Nagel schlägt eine alternative Vorgehensweise zur Bestimmung des Intensitätsgradienten unter Einbeziehung der lokalen Nachbarschaft vor [Ekl94].

Die *Optical Flow Contraint Equation* liefert eine signifikante Einschränkung hinsichtlich der zulässigen Beleuchtungsbedingungen. So wird eine nahezu konstante Beleuchtung gefordert, eine Berücksichtigung von Glanzlichtern ist somit ausgeschlossen. Eine genauere Untersuchung der *Optical Flow Contraint Equation* durch Schunk ergab, daß diese streng genommen nur für Lambertreflektoren bei einer reinen Translation und einer Parallelprojektion gilt [Har93] [Fau93].

Generell läßt sich feststellen, daß die Vorteile, die sich aufgrund des nicht explizit zu lösenden Korrespondenzproblems ergeben, mit deutlichen Einschränkungen hinsichtlich der Variabilität der betrachteten Szene verbunden sind.

4.4.2 Einbeziehung von Wissen in die Bewegungsanalyse

Neben dem im vorangehenden Abschnitt behandelten Fall einer globalen Bewegungsanalyse mit Hilfe des optischen Flusses kann eine Bewegung auch unter der Verwendung markanter lokaler Bildelemente ermittelt werden.

Eine Vielzahl der Verfahren zur Verfolgung von Bildprimitiven in Bildsequenzen läßt sich auf die Minimierung eines bestimmten Kriteriums zu einem bestimmten Zeitpunkt zurückführen. Das Kriterium hängt dabei sowohl von Messungen, die in der Vergangenheit bereits durchgeführt wurden, als auch von aktuellen Messungen ab. Die hierbei eingesetzten Verfahren sind häufig das rekursive Fehlerquadratverfahren oder das statistische Analogon des Kalman-Filters [Fau93].

Die Güte des Verfahrens hängt dabei sehr stark von dem a priori Wissen über das Bewegungsmodell und seine entsprechende Beschreibung ab. Mit Hilfe des Kalman-Filters kann der Zustand eines dynamischen Systems aus verrauschten Messungen optimal geschätzt werden. Voraussetzung ist dabei, daß sich das zeitliche Verhalten durch gewöhnliche Differentialgleichungen, oder Differenzengleichungen hinreichend genau beschreiben läßt [Sch77], [BS86].

Die Entwicklung des Filters wurde ursprünglich durch Fragestellungen aus dem Bereich der Regelungstechnik motiviert. Der Filter ermöglicht es dynamische Systeme, welche als Differenzialgleichungen vorliegen, in Form eines linearen Zustandsraums zur Meßwertschätzung zu betrachten.

Diese sogenannte Kalman-Filtertechnik, ist auf lineare, oder zumindest linearisierbare[6] dynamische Systeme aller Art anwendbar. Sie ermöglicht es, Lösungen von Differentialgleichungen unter den Bedingungen der Praxis auch für solche Fälle optimal zu schätzen, bei denen weder exakte Anfangswerte, noch eine exakte Übereinstimmung des Verhaltens von Modell und Wirklichkeit gegeben sind. Insofern kann diese Technik auch bei fehlerbehafteten Meßergebnissen eingesetzt werden.

In der Anwendung des Kalman-Filters auf die Fragestellung der Bewegungsanalyse muß eine geeignete Repräsentation des Bewegungsmodells bestimmt werden. Hierzu muß die Transitionsmatrix (diese transformiert den aktuellen Zustand in den Folgezustand) entsprechend eines zugrundeliegenden kinematischen Modells zur Beschreibung des dynamischen Verhaltens der betrachteten Merkmale bestimmt werden. Können diese Voraussetzungen gemeinsam mit den zugehörigen Kovarianzmatrizen für die Zustands- und die Meßgleichung geeignet dargestellt werden, so läßt sich der Kalman-Filter sehr gut für die Prädiktion in dynamischen Vorgängen einsetzen. Liegt demgegenüber kein a priori Wissen über das kinematische Modell vor, so muß zunächst das Modell geschätzt werden, um anschließend die Parameter zu bestimmen. Die Bestimmung eines geeigneten Modells, zur Repräsentation einer unbekannten Bewegung ist allerdings eine sehr komplexe Fragestellung und läßt sich teilweise selbst unter Verwendung empirischer Messungen nur schwer festlegen (siehe Kapitel 7). Aus diesem Grund wird zur Bewegungsanalyse, neben einer Modellierung der Kinematik, auch die Verformbarkeit eines zugrundeliegenden Merkmals als Modellwissen in die Berechnung mit einbezogen. Ein Verfahren zur Repräsentation verformbarer Merkmale wird im nachfolgenden Abschnitt dargestellt.

---

[6]in diesem Fall spricht man von dem Extended Kalman Filter

4.4.3 Bewegungsanalyse auf der Grundlage von deformierbaren Modellen

Eine alternative Möglichkeit a priori Wissen bei der Verfolgung von Objekten einzubeziehen besteht darin, Modellwissen über die Verformbarkeit bestimmter Merkmale bereitzustellen. Solche Veränderungen der Objektform können durch eine veränderte Perspektive oder bei der Bearbeitung nicht starrer Objekte entstehen (siehe auch Kapitel 7). Beide Gesichtspunkte lassen sich unter Verwendung sogenannter *Snakes* berücksichtigen.

Snakes [Kas87] sind deformierbare Kurven, die sich an die vorgegebenen Bildmerkmale (z.B. die Kontur eines Objektes in einem Bild) durch Minimierung einer durch ihre Form und Lage definierten Energie anpassen. Die Energieminimierung geht von einer initialen Kurve aus; somit ist es möglich mit Hilfe von *Snakes* eine direkte Punktkorrespondenz zwischen den Kurvenpunkten einer initialen und einer finalen Kurve herzustellen. Der Einsatz von Snakes ist sehr vielfältig. Eine Reihe von Anwendungen finden sich im medizinischen Bereich, beispielsweise werden Snakes für tomographische Daten [CTH94] zur Gewinnung von anatomischen Atlanten [SL92] oder auch für die Objektverfolgung in Bildsequenzen und zur Stereorekonstruktion eingesetzt [BD94] [HG95] [LGR95].

Analytisch läßt sich ein *Snake* durch eine parametrische Kurve $v(s) = (x(s), y(s)$ beschreiben. Zu dieser Kurve wird ein Energiefunktional definiert über das sich das Verhalten des Snakes steuern läßt. Im diskreten Fall erfolgt dies durch einen Punktvektor $\vec{v}(i)$ mit $i = \{0, 1, ..., n\}$. Die Energie wird durch die Summe aus zwei Energietermen definiert, welche in Abhängigkeit zu den Kurvenpunkten i ermittelt werden.

$$E = \sum_{i=0}^{n} E_{int}(i) + \lambda \sum_{i=0}^{n} E_{ext}(i). \tag{4.25}$$

Der erste Summand – die interne Energie E_{int} – ist ein Maß für die Form der Kurve. Dieser verhält sich antiproportional zur Glattheit der Kurve. Der zweite Summand – die externe Energie E_{ext} – wird in Abhängigkeit von charakteristischen Bildmerkmalen der Kurve bestimmt und liefert somit ein Gütekriterium für die Übereinstimmung der Lage der Kurve mit den entsprechenden Bildeigenschaften. λ entspricht einem Gewichtungsfaktor um das anteilige Verhältnis aus interner und externer Energie zu steuern. Die interne Energie eines Punktes definiert sich über die Quadrate der ersten und zweiten numerischen Ableitung der Koordinaten des Kurvenpunktes. Die zugehörigen diskreten Differenzgleichungen bilden sich aus der anteiligen Gewichtung benachbarter Kurvenpunkte.

$$E_{int}(i) = -\frac{1}{2}\alpha_i|\vec{v}_i - \vec{v}_{i-1}|^2 + \frac{1}{2}\beta_i| - 2\vec{v}_i + \vec{v}_{i-1} + \vec{v}_{i+1}|^2. \tag{4.26}$$

Die Parameter α_i und β_i bestimmen die Form der *Snake*. Der Koeffizient α_i (auch *velocity coefficient* genannt) steuert eine äquidistante Lage der

Konturpunkte während der Verarbeitung.

Mit Hilfe von β_i (*smoothness coefficient*) wird die Glattheit der Kurve kontrolliert, d.h. β_i ist proportional zur Glattheit der Kurve. Theoretisch lassen sich beiden Parameter für jeden Kurvenpunkt individuell festlegen. In der Mehrzahl von Anwendungen werden diese über die Kurve konstant gewählt.

Durch die Gleichung 4.26 ist die interne Energie der Endpunkte (für $i = 0$ und $i = n$) zunächst undefiniert. Bei einem geschlossenen Snake gilt $\vec{v}(0) = \vec{v}(n)$ und kann somit in Abhängigkeit von den umliegenden Konturpunkten bestimmt werden. Für ein offenes Snake können z.B. die Indizes an den Endpunkten gespiegelt werden.

Mit Hilfe der Variationsrechnung kann durch Bestimmung der zugehörigen Euler Gleichungen die Gesamtenergie minimiert werden. Die Minimierung erfolgt iterativ unter Verwendung der Gleichung 4.27.

$$\vec{x}^{t+1} = (A + \gamma I)^{-1}\left(\gamma\vec{x}^{t} - \frac{\partial E_{ext}}{\partial x}\right). \tag{4.27}$$

Dabei bezeichnet $\vec{x}$ einen $(n + 1)$-dimensionalen Vektor. Die x-Koordinaten der Kurvenpunkte bilden die Zeilen des Vektors. t ist der Laufparameter der Iterationen. I ist die Einheitsmatrix, γ ist eine Schrittweite für die Iterationen und $\frac{\partial E_{ext}}{\partial x}$ die partielle Ableitung der externen Energie in x-Richtung. Die pentadiagonale Matrix A ist für den Fall des geschlossenen Snake gegeben durch Gleichung 4.28.

$$A = \begin{pmatrix} 2\alpha + 6\beta & -\alpha - 4\beta & \beta & 0 & 0 & \cdots & \beta & -\alpha - 4\beta \\ -\alpha - 4\beta & 2\alpha + 6\beta & -\alpha - 4\beta & \beta & 0 & \cdots & 0 & \beta \\ \beta & -\alpha - 4\beta & 2\alpha + 6\beta & -\alpha - 4\beta & \beta & \cdots & 0 & 0 \\ \vdots & \vdots & \vdots & \vdots & \vdots & \vdots & \vdots & \vdots \\ \beta & 0 & 0 & \cdots & \beta & -\alpha - 4\beta & 2\alpha + 6\beta & -\alpha - 4\beta \\ -\alpha - 4\beta & \beta & 0 & \cdots & 0 & \beta & -\alpha - 4\beta & 2\alpha + 6\beta \end{pmatrix}. \tag{4.28}$$

Für den Fall eines offenen Snake ist A gegeben durch Gleichung 4.29.

$$A = \begin{pmatrix} 2\alpha + 6\beta & -2\alpha - 4\beta & 2\beta & 0 & 0 & \cdots & 0 & 0 \\ -\alpha - 4\beta & 2\alpha + 7\beta & -\alpha - 4\beta & \beta & 0 & \cdots & 0 & 0 \\ \beta & -\alpha - 4\beta & 2\alpha + 6\beta & -\alpha - 4\beta & \beta & \cdots & 0 & 0 \\ \vdots & \vdots & \vdots & \vdots & \vdots & \vdots & \vdots & \vdots \\ 0 & 0 & 0 & \cdots & \beta & -\alpha - 4\beta & 2\alpha + 7\beta & -\alpha - 4\beta \\ 0 & 0 & 0 & \cdots & 0 & 2\beta & -2\alpha - 8\beta & 2\alpha + 6\beta \end{pmatrix}. \tag{4.29}$$

Die partielle Ableitung der externen Energie E_{ext} in Gleichung 4.27 kann durch Gleichung 4.30 berechnet werden.

$$\frac{\partial E_{ext}}{\partial x} = E_{ext}(x, y) - E_{ext}(x - 1, y). \tag{4.30}$$

Die Gleichungen 4.27 und 4.30 gelten analog für die y-Koordinaten der Kurvenpunkte.

Der Minimierungsprozeß wird beim Erreichen eines Terminationskriteriums abgebrochen. Diese Terminationsbedingung kann z.B. dadurch bestimmt werden, indem überprüft wird, inwieweit die Energie des Snake durch die Neuberechnung ihrer Punktkoordinaten zunimmt. Das Problem besteht hierbei darin, daß die Minimierung bereits in einem lokalen Minimum terminiert. Andere Verfahren steuern die Konvergenz über eine Heuristik unter Betrachtung der jeweiligen Energieschwankungen bezogen auf die letzten Iterationen, oder über den Koeffizienten γ, der in Abhängigkeit von der aktuellen Energie und dem Abstand zwischen den Kurvenpunkten gesteuert wird:

$$\frac{\partial E}{\partial x} / \Delta x = \gamma. \tag{4.31}$$

Auf der Grundlage des *Snake*-Modells kann die Verformbarkeit einer Kontur gesteuert werden. Diese Technik läßt sich für Bildfolgen mit einer hinreichenden zeitlichen Abtastrate zum Verfolgen von Objekten verwenden. Hierzu wird die Lage der *Snake* des vorhergehenden Bildes als Startwert für einen Minimierungsprozeß im aktuellen Bild verwendet. Dieser Vorgang kann nun sukzessive über die gesamte Bildfolge fortgesetzt werden. Aus der jeweiligen Lagedifferenz läßt sich anschließend ein Bewegungsmodell empirisch bestimmen. Eine Anwendung dieser Technik zur Verfolgung eines verformbaren Merkmals wird in Kapitel 7 dargestellt.

4.4.4 Bewertung der Verfahren zur Bewegungsanalyse

Aufgrund der oben bereits erwähnten Einschränkungen hinsichtlich des Beleuchtungsmodells, der Reflexionseigenschaften und der Abbildungsvorschrift ist der Einsatz des optischen Flusses nur im Einzelfall möglich. Können diese Voraussetzungen allerdings gewährleistet werden, so besitzt diese Technik gegenüber anderen Verfahren den Vorteil, daß hierbei keine explizite Lösung des Korrespondenzproblems erforderlich ist. Aufgrund der genannten Voraussetzungen, sind die Ergebnisse des optischen Flusses in realen Applikationen, durch Abweichungen gegenüber dem Idealfall, vielfach stark gestört und können nur als grobe Näherung einer Bewegungsanalyse betrachtet werden.

Robustere Ergebnisse lassen sich durch die Verwendung von Bildmerkmalen erzielen. Liegt zudem a priori Wissen über das Bewegungsmodell vor, so hat sich die Kalmanfiltertechnik als unterstützende Methodik zur Bewegungsanalyse bereits vielfach bewährt [Dic94]. Schwierigkeiten entstehen wenn das Bewegungsmodell unbekannt ist. In diesem Fall muß das Modell zunächst geschätzt werden, um anschließend eine Voraussage der Modellparameter durchführen zu können. Die Kombination dieser Verfahren führt aufgrund der zahlreichen Freiheitsgrade, nur in Einzelfällen zu einer zufriedenstellenden Lösung.

Bei dem Einsatz von *Snake*-Techniken wird Modellwissen über die zeitliche Formveränderung der betrachteten Bildmerkmale a priori bereitgestellt. Somit lassen sich auch nicht-starre Objekte behandeln (siehe Kapitel 7)

[HG95], [LGR95]. Eine Hauptschwierigkeit besteht in der geeigneten Wahl der Parameter α, β und γ. Vielfach können diese Parameter nur empirisch gewonnen werden. Außerdem müssen entsprechende charakteristische Merkmale zur Beschreibung der externen Energie definiert werden. Trotz dieser Nachteile haben sich *Snakes* bereits in einer Reihe von Applikationen (z.B. Gestenerkennung, Personentracking, Segmentierung von medizinischen Daten, usw.) bewährt [CTH94], [Hil95c].

5. Das Visual Imaging Referenzmodell

Auf der Grundlage der vorangegangenen Untersuchungen hinsichtlich einer analytischen Gewinnung von Szenenbeschreibungsattributen, wird nachfolgend eine Verfeinerung des in Abschnitt 2.4 eingeführten Modells vorgenommen. Hierzu werden die verschiedenen Analyseverfahren den Schichten des Modells zugeordnet. Wie bereits Eingangs erwähnt, soll hier nur eine Detaillierung der visuellen Verarbeitungsebene des Referenzmodells erfolgen. Dieser Vorschlag für ein Referenzmodell zur Zusammenführung von Bildanalyse und Bildsynthese dient einer leichteren Zugänglichkeit verschiedener Abläufe. Gleichzeitig lassen sich somit auf den verschiedenen Repräsentationsebenen geräteunabhängige Schnittstellen definieren.

5.1 Die Verarbeitung visueller Information

Ein Nachteil einer Vielzahl derzeit existierender Systeme, sowohl zur Bildanalyse als auch zur Bildsynthese, ist die starke Abhängigkeit des zugrundeliegenden Datenmodells von dem gegenwärtigen Anwendungskontext. Ein generelles Referenzmodell muß demgegenüber für eine Vielzahl unterschiedlicher Anwendungsbereiche eine geeignete Datenmodellierung bereithalten. Eine primäre Anforderung besteht somit zunächst darin, verschiedene Datenrepräsentationen auf unterschiedlichen Abstraktionsstufen zur Verfügung zu stellen.

Mittels unterschiedlicher Abstraktionsstufen ist es möglich den verschiedenen Anforderungen an das Datenmodell, beginnend bei einer ikonischen Beschreibung bis hin zu einer symbolischen Repräsentation, gerecht zu werden. Die visuelle Ebene des VIRM (*Visual Imaging Reference Modell*) kann somit funktionell in verschiedene Repräsentationsschichten unterteilt werden. Hierdurch lassen sich Eingangsdaten auf unterschiedlichen Abstraktionsniveaus verarbeiten. Darüber hinaus unterstützt jede Schicht spezielle Dialogmechanismen. Die Einteilung des Modells in die nachfolgend angegebenen Repräsentationsschichten erfolgt unter Berücksichtigung von sowohl typischen Abstraktionsebenen der Bildanalyse sowie der Bildsynthese. Für die visuelle Ebene werden die folgenden Repräsentationsschichten unterschieden[1]

Ikonische Schicht: Die unterste Stufe der Repräsentationsschichten entspricht einem digitalen Bild. Eine sehr allgemeine Definition eines digitalen Bildes wird in [SeBC⁺92] gegeben:

---

[1] Der Vorgang der Gewinnung einer ikonischen Beschreibung, unter Einbeziehung des Abtasttheorems und des Kameramodells wird an dieser Stelle nicht in das Modell mit einbezogen

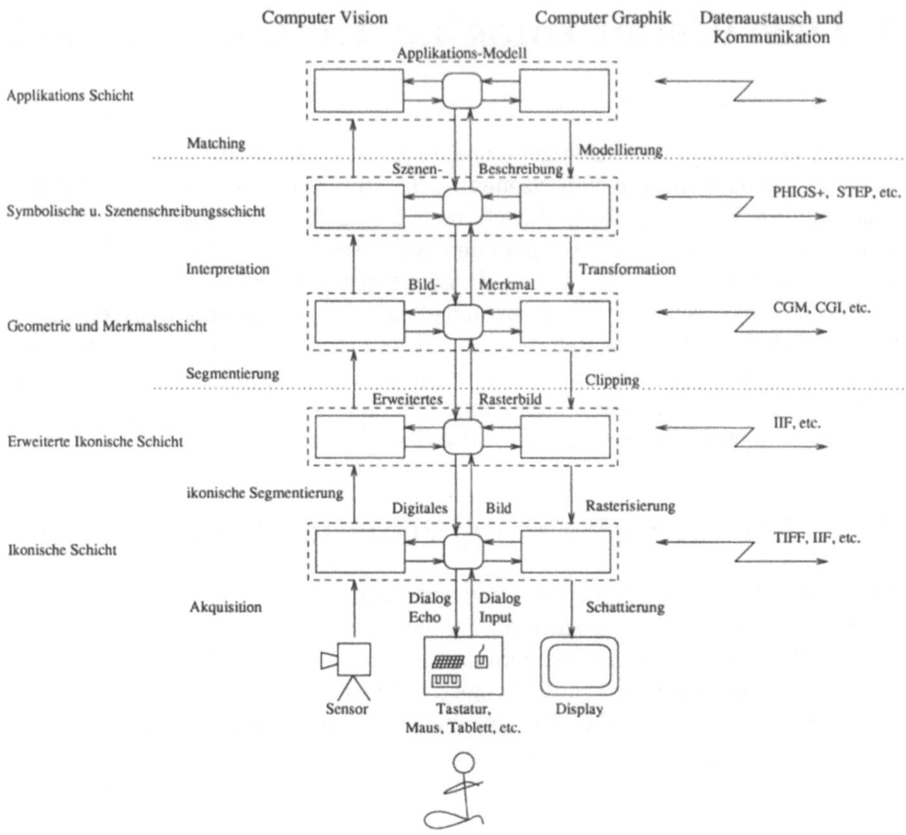

Abb. 5.1. Repräsentationsschichten der visuellen Beschreibungsebene

"Ein digitales Bild besteht aus Datenwerten (genauer einer Menge von Elementen) welche ein n–dimensionales regelmässiges Gitter beschreiben; dieses kann zur Visualisierung eingesetzt werden. Die Elemente beschreiben Pixel, welche für verschiedene Bilder eine grosse Bandbreite verschiedener Informationstypen darstellen. Die Information ist dabei nicht auf spektrale Bildinformation begrenzt". Tiefen-, Stereo- und zeitvariante Bilder sind ebenso in der Beschreibung enthalten. Zur Bearbeitung von Bildern wird diese sehr weit gefaßte Definition gemäß des derzeit entwickelten zweiten Teils des Bildverarbeitungs- und Bildaustauschstandards IPI *Image Processing and Interchange* [ISO92a], und dem *Programmer's Imaging Kernel System* (PIKS) [ISO92b] auf eine geeignete Untermenge beschränkt. Die Repräsentation eines Bildes erfolgt hierbei in Form einer fünfdimensionalen Datenstruktur (x, y, z, t, b). Dabei repräsentiert x die horizontale Achse, y die vertikale Achse, z die Achse zur Beschreibung der Tiefe, t die Zeitachse, und b Farbkanäle, Spektralkanäle oder generische Pixeltupel.

Auf der Bildanalyseseite werden auf dieser Schicht Bildvorverarbeitungsoperationen wie z.B. Filteroperationen zur Elimination von Rauschen, geometrischer Entzerrung oder Bildverbesserungen durchgeführt. Auf der Visualisierungsseite wird z.B. das Antialiasing auf dieser Schicht durchgeführt.

Erweiterte Ikonische Schicht: Ein erweitertes Bild besteht aus einer Menge von ikonischen Teilmengen des initialen digitalen Rasterbildes. Hierbei werden bildbezogene Strukturen erzeugt (Regionen, Merkmale, usw.), welche sich direkt aus den Pixelwerten ableiten lassen. Benachbarte Bildpunkte werden entsprechend eines lokalen Homogenitätskriteriums zusammengefaßt (auch *grouping* genannt) und beschreiben somit eine Region. Weiterhin werden Bildmerkmale wie Konturen und Texturkanten auf dieser Abstraktionsschicht beschrieben [Har93], [Shi87], [BB82]. Die Beschreibung ist somit in Hinblick auf die Bildanalyse vergleichbar mit dem von Marr entwickelten *primal sketch* [Mar82]. Die bildbezogene Datenstruktur steht im direkten Bezug zu dem n–dimensionalen Gitter (siehe oben). Dabei läßt sich das Datenmodell des *erweiterten Bildes* wiederum konform zu dem IPI Standard angeben.

Ein Bildmerkmal steht auf dieser Beschreibungsschicht nicht notwendigerweise in einem direkten Bezug zu geometrischen oder physikalischen Eigenschaften eines Objektes. Vielmehr werden in dieser Schicht auch vollständige Texturen, ohne diese in einzelne Texturelemente zu zerlegen bzw. den Entstehungsprozeß zu beschreiben, repräsentiert. Diese spezielle Beschreibungsform dient vor allem der Visualisierung [Krö92].

Geometrie- und Merkmalsschicht: Bildmerkmale werden auf einer höheren Abstraktionsschicht beschrieben. Dabei werden geometrische Primitive wie Punkte, Kanten, Kreise, Kurven und Regionen definiert. Somit werden bei der Analyse spezielle Eigenschaften der Pixelmengen berechnet und in Form eines symbolischen Namens repräsentiert. Die Auswahl der Bildprimitive erfolgt in Anlehnung an existierende graphische Standards (GKS [ISO85], PHIGS+ [ISO90]) welche allerdings um die analysespezifischen Beschreibungsformen (z.B. Bildkonturen) erweitert werden muß.

Symbolische- und Szenenbeschreibungsschicht: In dieser Schicht werden Objekte in Form einer abstrakten hierarchischen Struktur beschrieben. Diese Beschreibung beinhaltet sowohl geometrische als auch photometrische Attribute. Die Verwaltung der geometrischen Strukturen sollte auf dieser Ebene sowohl Volumenrepräsentationen als auch

Oberflächenmodelle beinhalten. Die bereits in Abschnitt 2.3.4 identifizierten gemeinsamen Repräsentationsformen, wie z.B. B-Rep sollten auf dieser Schicht zur Verfügung stehen.

Applikationsschicht: Die Applikationsschicht liefert anwendungsbezogene Bildbeschreibungen. In dieser Schicht wird somit auch applikationsspezifisches Wissen repräsentiert. Dieses Wissen wird insbesondere bei der Bildanalyse zur Interpretation von Szenen benötigt [LE89]. Diese Wissensrepräsentation kann entweder explizit in Form von semantischen Netzen, als Datenbank oder auch implizit mittels einer algorithmischen Beschreibung erfolgen. Die Datenrepräsentation auf der Applikationsebene unterstützt sowohl eine *top down* als auch eine *bottom up* Datenverarbeitung, d.h. hinsichtlich einer Bildanalyse werden die relevanten Informationen entweder unter Einbeziehung von a priori Wissen aus den Eingangsdaten abgeleitet (*top-down*) oder es erfolgt eine datengetriebene (*bottom-up*) Verarbeitung bei der kein a priori Wissen verwendet wird. Eine Transformation von einer Schicht in die darüberliegende Schicht kann in diesem Fall z.B. auch mittels einer Benutzerinteraktion erfolgen.

Die verschiedenen Repräsentationsschichten der visuellen Beschreibungsebene werden in Abbildung 5.1 dargestellt. Nachfolgend soll die Analysekette weiter verfeinert werden. Hierzu sollen die zuvor betrachteten Analyseverfahren zur Bestimmung von Szenenbeschreibungsattributen, den Schichten des Modells zugeordnet werden.

5.2 Die Verarbeitungsschichten der Bildanalyse

5.2.1 Betrachtungen hinsichtlich der Sensorik

In den vorangehenden Kapiteln wurden ausführlich Methoden diskutiert, welche eine analytische Bestimmung computer-graphischer Szenenbeschreibungsattribute ermöglichen. Auf der Grundlage dieser Evaluierung wird nun ein allgemeines Konzept zur Erfassung dreidimensionaler Objekte mittels einer Verarbeitung von Rasterbildern entwickelt. Das Ziel dieses Konzeptes besteht darin, auf spezielle Gerätetechnik oder Zusatzaufbauten zu verzichten und somit die Rekonstruktion der jeweiligen Szenenattribute, allein auf der Basis handelsüblicher Sensorik durchzuführen.

Betrachtet man demgegenüber die in Abschnitt 3.2 behandelten aktiven Verfahren zur Vermessung von 3D-Objekten, so bestehen vielfach bestimmte Restriktionen hinsichtlich der äußeren Bedingungen, die eine Erfassung erst ermöglichen. So wird bei einer Akquisition eines Objektes mit Hilfe der Moiré-Technik oder strukturiertem Licht, ein Muster auf die Objektoberfläche projiziert. Dies ist nur unter speziellen Lichtbedingungen möglich.

Generell gilt für die in Abschnitt 3.2 behandelte Gerätetechnik, daß die Erfassung von 3D-Daten nur unter bestimmten Voraussetzungen bezüglich der Beleuchtung, Größe, Gestalt und Oberfläche der Objekte möglich ist.

Ein flexibles System sollte somit passiv auf der Grundlage von photographisch gewonnenen Ansichten des zu erfassenden Objektes arbeiten. Für den Fall einer stereoskopischen Rekonstruktion sollte diese auch dann einsetzbar sein, wenn sowohl der Kamerastandort als auch die relative Orientierung der Aufnahmepositionen a priori unbekannt sind. Die zur Berechnung der 3D-Koordinaten relevanten Größen sollen aus den Aufnahmen automatisch ableitbar sein. Damit verringert sich der Aufwand für die Vororterfassung auf die Aufzeichnung einer Bildserie.

Die Untersuchungen aus Kapitel 3 zeigten, daß eine Geometrieerfassung auf der Basis von zweidimensionalen Rasterbildern in sehr verschiedener Form durchgeführt werden kann. Insbesondere zeigte sich in Abschnitt 3.3.3, daß durch den Einsatz der Stereoskopie die größte Variabilität der betrachteten Objekte möglich ist. Prinzipiell ergeben sich für eine stereoskopische Rekonstruktion mehrere Alternativen der Geometrierückgewinnung. Grundsätzlich kann entweder eine Menge ausgezeichneter Einzelaufnahmen oder eine kontinuierliche Bildsequenz verwendet werden.

Eine notwendige Voraussetzung besteht darin, daß jeder Teil der betrachteten Szene in mindestens zwei Ansichten sichtbar ist. Durch die Identifikation korrespondierender Bildmerkmale läßt sich eine dreidimensionale Rekonstruktion der Objektgeometrie erzielen.

Der Vorteil einer Anzahl von Einzelaufnahmen gegenüber einer kontinuierlichen Bildsequenz besteht in dem geringeren Datenaufkommen. Demgegenüber ist allerdings die Bestimmung von korrespondierenden Bildelementen im Falle von Einzelaufnahmen wesentlich schwieriger zu erzielen als bei einer kontinuierlichen Bildsequenz. Beide Varianten werden in den nachfolgenden Kapiteln (siehe 6 und 7) ausführlicher behandelt.

Generell zeigten die Betrachtungen der vorangehenden Kapiteln, daß mittels einer Folge von Rasterbildern die Möglichkeit besteht (wenn auch mit gewissen Einschränkungen), computer graphische Szenenbeschreibungsattribute abzuleiten.

Abbildung 5.2 zeigt die notwendigen Verarbeitungsschritte unter Berücksichtigung des Referenzmodells, zur Gewinnung von semantischen computergraphischen Szenenbeschreibungsattributen auf der Grundlage von Rasterbildern. Die einzelnen Szenenattribute werden nachfolgend noch einmal unter Berücksichtigung der Ergebnisse aus den Kapiteln 3 und 4 zusammenfassend bewertet.

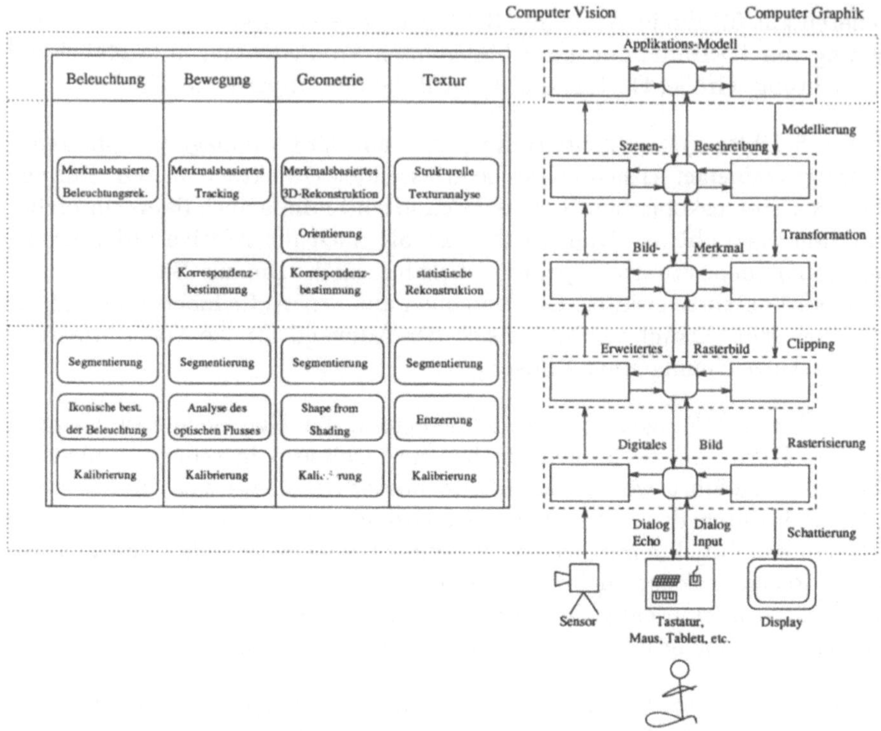

Abb. 5.2. Verarbeitungsschritte zur Gewinnung von semantischen computer-graphischen Szenenbeschreibungsattributen auf der Grundlage von Rasterbildern

5.2.2 Eingabepipeline der verschiedenen Szenenbeschreibungsattribute

5.2.2.1 Beleuchtung

Die Untersuchungen in Kapitel 4 zeigten, daß eine rein datengesteuerte Gewinnung der Beleuchtungsparameter zahlreiche Nebenbedingungen hinsichtlich der Form des Objektes und des zugrundeliegenden Beleuchtungsmodells erfordert. Diese heben sich zum Teil bei der Verwendung mehrerer Eingabebilder auf. Aufgrund der beobachteten Schwierigkeiten hinsichtlich der Bestimmung der Beleuchtungsparameter für lokale Beleuchtungsmodelle, erscheint eine datengesteuerte Rekonstruktion globaler Beleuchtungsparameter aus heutiger Sicht nicht möglich zu sein. Wie in Kapitel 4 dargestellt, läßt sich die Beleuchtungsrichtung entweder auf der ikonischen Ebene, durch die Beurteilung lokaler Intensitätsverläufe oder auf der Merkmalsebene, auf der Grundlage zunächst segmentierter Glanzlichter, ermitteln. Voraussetzung für die in Abschnitt 4.2.2 eingeführte multiskopische Rekonstruktion der Beleuchtungsrichtung ist eine photometrische Kalibrierung, um Differenzen bezüglich der Helligkeit und des Kontrastes auszugleichen.

Eine datengesteuerte Gewinnung der Beleuchtungsparameter einer computer-graphischen Szenenbeschreibung läßt sich nur für einfache lokale Beleuchtungsmodelle erreichen. Selbst unter der Voraussetzung einer bekannten Szenengeometrie, ist die Rückgewinnung globaler Beleuchtungsparameter ohne die Einbeziehung zusätzlichen Wissens bezüglich Anzahl und Art der Lichtquellen, nur über heuristische Verfahren möglich. Aufgrund der damit verbundenen hohen Komplexität des Analysevorgangs ist der Einsatz allerdings nicht praktikabel.

Aus Sicht einer computer-graphischen Nutzung der analysierten Beleuchtungsparameter ergeben sich verschiedene Anwendungen. Neben der Möglichkeit bestimmte Parameter zu verändern, lassen sich auch die Beleuchtungseffekte (etwa einer seitlich beleuchteten Fläche) neutralisieren und neu bestimmen. Somit kann bei einer Bildsynthese eines real erfaßten Objektes die Bildqualität verbessert werden, da die Beleuchtungsparameter entsprechend der gewünschten Szenenbeleuchtung angepaßt werden können.

5.2.2.2 Bewegung

In Analogie zu der im vorangehenden Abschnitt behandelten Bestimmung der Beleuchtungsparameter kann eine Bewegungsanalyse sowohl auf der ikonischen als auch auf der Merkmalsebene erfolgen (siehe Abschnitt 4.4). Spezielle Voraussetzungen sind auch hier, z.B. bei der Bewegungsanalyse auf der ikonischen Ebene in Form des optischen Flusses, erforderlich.

Die Verwendung der in Abschnitt 4.4 eingeführten *Optical Flow Contraint Equation* setzt diffus reflektierende Oberflächen voraus. Außerdem wird der optische Fluß des Bildes implizit als Funktion des 3D-Bewegungsfeldes der Szene betrachtet. Dies gilt allerdings nur mit Einschränkungen; beispielsweise läßt sich kein optischer Fluß für einen rotierenden diffus reflektierenden rotationssymmetrischen Körper bestimmen [Hor86]. Andererseits führen Veränderungen der Beleuchtungsituation zu einem optischen Fluß, ohne daß dieser durch ein Bewegungsfeld der Szene hervorgerufen wurde. Demgegenüber besteht ein wesentlicher Vorteil des optischen Flusses in dem implizit behandelten Korrespondenzproblem. Können die oben genannten Bedingungen erfüllt werden, so ist der optische Fluß eine sinnvolle Methode zur Bewegungsanalyse, da diese ohne eine zusätzliche Segmentierung direkt auf der ikonischen Repräsentationsebene durchgeführt werden kann.

Merkmalsbasierte Techniken lassen sich demgegenüber vielfach universeller einsetzen, da diese robuster gegenüber Bildstörungen sind. Generell ist es insbesondere für die Bewegungsanalyse sinnvoll, zusätzliches Modellwissen in die Berechnung einzubeziehen. Dieses kann einerseits mit Hilfe eines vorgegebenen Bewegungsmodells oder in Form bestimmter, an die Gestalt der betrachteten Merkmale gebundenen, Nebenbedingungen erfolgen.

Um eine metrische Bestimmung der Bewegung durchzuführen, ist zunächst eine Kalibrierung des Sensors erforderlich. Die weiteren Verarbeitungsschritte richten sich nach dem eingesetzten Verfahren. Wird eine Bewegungsanalyse auf der Merkmalsebene durchgeführt, so müssen die Merkmale zunächst in Form eines Segmentierungsschritts aus den Bildern extrahiert werden (siehe Abschnitt 7). Die Bewegungsinformation kann anschließend durch ein Verfolgen der Merkmale über die gesamte Bildsequenz bestimmt werden.

In einer computer-graphischen Anwendung wird die Bewegungsinformation jeweils in Beziehung zu einzelnen Objekten bzw. zu Teilobjekten gesetzt. Somit ist eine analysierte Trajektorie ohne die Koppelung an ein Objekt unzureichend. Bestimmt man neben der Bewegung gleichzeitig die Geometrie des Objektes, so können die punkt- oder merkmalsbezogenen Trajektorien anschließend auf das Objektmodell übertragen werden. Hierdurch ist es möglich die realen Bewegungen des Objektes aus der Bildsequenz abzuleiten und diese anschließend für eine Simulation der Bewegung einzusetzen (siehe Kapitel 7).

5.2.2.3   Geometrie

In bezug auf eine Geometrieerfassung besteht eine sehr große Variabilität möglicher Verfahren. Die Bewertungen aus Kapitel 3 zeigen, daß die Gewinnung von Geometrie auf der ikonischen Ebene, mittels einer Analyse der Bildintensitäten, eine Reihe von Einschränkungen an die zu betrachtende Szene knüpft. Aufgrund der Unterbestimmtheit des Modells müssen zur Lösung des *Shape from Shading*-Problems zusätzliche Nebenbedingungen eingeführt werden. Diese beschränken den Einsatz dieser Technik im wesentlichen auf glatte, diffus reflektierende Oberflächen. Ähnliche Ergebnisse lieferte die Bewertung der *Shape from Texture* Verfahren. Auch diese erfordern eine gewisse Regelmäßigkeit bzw. Linienartigkeit der zu analysierenden Textur um die Form der Szene mit hinreichender Genauigkeit bestimmen zu können. Eine mittels diesem Verfahren durchgeführte Geometrierekonstruktion erfordert zunächst eine Segmentierung einzelner Texturelemente, bzw. die Bestimmung von Vorzugsrichtungen innerhalb des Bildes und findet somit auf der Merkmalsebene des Modells statt. Die größte Flexibilität hinsichtlich der Eingangsdaten besitzen stereoskopische Verfahren (dies gilt sowohl für die in Abschnitt 3.3.3.1 beschriebene Standardkonfiguration, sowie für das in Abschnitt 3.3.4.1 dargestellte *Structure from Motion*-Verfahren). Diese erfordern allerdings die umfangreichste Vorverarbeitung der Daten. Neben der Segmentierung muß zusätzlich eine Zuordnung der extrahierten Bildmerkmale geschehen. Ist die Orientierung der Eingangsbilder a priori bekannt, so kann nach der Korrespondenzbestimmung eine dreidimensionale Rekonstruktion durchgeführt werden. Besitzen die Eingangsbilder allerdings eine unbekannte relative Orientierung, so muß diese zur Bestimmung der dreidimensionalen Geometrie zunächst ermittelt werden. Für eine euklidische Geometrierekonstruktion müssen darüber hinaus die inneren Kameraparameter bestimmt werden (siehe Abschnitt 6.1.1).

Die mit Hilfe der verschiedenen, in Kapitel 3 diskutierten, Verfahren gewonnene Tiefeninformation muß für eine computer-graphische Verwendung entsprechend aufgearbeitet werden. In vielen Fällen liefert die Rekonstruktion zunächst nur die 3D-Geometrie einzelner Bildpunkte. In Hinblick auf eine Visualisierung müssen diese zueinander in Beziehung gesetzt werden. Eine Möglichkeit zur Gewinnung eines Oberflächenmodells, basierend auf einer zunächst rekonstruierten Punktmenge, wird in Abschnitt 6.5.1 beschrieben. Eine alternative Form der Weiterverarbeitung besteht in der Übertragung der rekonstruierten Daten in eine Volumenbeschreibung. Die Transformation der rekonstruierten Ergebnisse in einen Volumendatensatz zum Zwecke eines Volumenrenderings wird in Kapitel 7 behandelt.

5.2.2.4 Textur

Die in Kapitel 4 beschriebenen Verfahren zur Texturrekonstruktion arbeiten auf unterschiedlichen Abstraktionsebenen. So läßt sich Textur z.B. auf der ikonischen Ebene in Form einer abgeschlossenen Menge von Bildpunkten beschreiben. Zur Erzeugung einer, gegenüber der jeweiligen Blickrichtung neutralen Beschreibungsform der Textur, muß diese entsprechend der jeweiligen Orientierung zwischen Beobachter und Objektoberfläche entzerrt werden (siehe Kapitel 4 und Abschnitt 6.5.1).

Alternativ dazu läßt sich eine Textur über statistische Größen beschreiben. Hierdurch kann eine wesentlich kompaktere Repräsentation der Textur erreicht werden. Allerdings lassen sich mittels dieses Verfahrens nur bestimmte Texturtypen in hinreichender Qualität rekonstruieren (siehe Kapitel 4).

Aus der Sicht einer computer-graphischen Weiterverarbeitung ist eine parametrisierbare, hierarchische Texturbeschreibung wünschenswert. Allerdings konnte eine rein datengesteuerte Rekonstruktion einer hierarchischen Texturbeschreibung, aufgrund der großen Variabilität von Texturerscheinungsformen, bisher nicht realisiert werden.

5.3 Implikationen des Referenzmodells

Das in den vorangehenden Abschnitten konzeptionierte Referenzmodell zielt auf eine Harmonisierung des Datenflusses und den damit im Zusammenhang stehenden Repräsentationsformen und Techniken hin. Das grundlegende Konzept basiert auf einer Definition von *Schichten* und *Ebenen* für verschiedene Informationsklassen und Repräsentationstypen. Die Aspekte einer Interaktion auf den verschiedenen Schichten und der Austausch zwischen unterschiedlichen Systemen sind Teil des Modells, sollen aber an dieser Stelle nicht weiter ausgeführt werden sondern sind Teil parallel entstandener Dissertationen (siehe hierzu [Str95], [SBD⁺94] und [Vää92]). Die Definition des Referenzmodells reicht über die visuelle Informationsverarbeitung hinaus und kann unter Berücksichtigung der Erweiterungen auf die Ebenen zur Verarbeitung von Audio und taktiler Information als ein multimediales Referenzmodell betrachtet werden. Die Vorteile eines solchen Referenzmodells sind vielfältig. Hierzu zählt beispielsweise die Einführung generischer Datenmodelle für spezielle Repräsentationstypen. Weiterhin ermöglicht das Referenzmodell ein Überspringen einzelner Schichten sowie den direkten Übergang von der Ein- zur Ausgabepipeline. Hierdurch können Benutzerinteraktionen optimiert werden und es wird somit eine abstrakte Schnittstelle für gegenwärtige und zukünftige Eingabegeräte geschaffen, die in Abhängigkeit von der Applikation und ihrer speziellen Funktionalität auf unterschiedliche Schichten des Referenzmodells zugreifen.

Für eine Erfassung realer Objekte und eine Überführung in eine computer-graphische Beschreibungsform, lassen sich die in den vorangegangenen Abschnitten beschriebenen Verfahren einsetzen. Die endgültige Auswahl einzelner Techniken wird von dem jeweiligen Anwendungsfall bestimmt. In den nachfolgenden beiden Kapiteln sollen hierzu zwei Szenarien beschrieben werden, die auf unterschiedlichen Ebenen der in Abbildung 5.2 dargestellten Analyse-Pipelines arbeiten. Ein wesentlicher Gesichtspunkt der Entwicklung und Implementierung der beiden Anwendungen war, in Anlehnung an die Allgemeinheit des Referenzmodells, die Gewährleistung einer möglichst einfachen Übertragbarkeit der Methodik auf andere Szenarien. Um dieses zu erreichen wurden die folgenden Anforderungen an die Entwicklungen gestellt:

- Verzicht auf spezielle Gerätetechnik

- Verzicht auf die Einbeziehung zusätzlicher 3D-Koordinaten während der Objekterfassung

- Einfache graphisch-interaktive Unterstützung des Rekonstruktionsvorgangs

- Einfacher Datenaustausch mit Visualisierungssystemen.

Im Gegensatz zu der Vielzahl anderer Verfahren, welche zumeist zunächst nur ein Bildpaar zur Gewinnung der geometrischen Information betrachten und die Gesamtgeometrie erst im Anschluß durch ein sukzessives Zusammensetzen der Teilansichten gewinnen, wurde hier ein holistischer Ansatz entwickelt. Dieser ermöglicht eine 3D-Rekonstruktion unter gleichzeitiger Einbeziehung aller Bilder des Bildverbundes. In den nachfolgenden Kapiteln wird zunächst ein Szenario für eine Erfassung der Geometrie und Textur dreidimensionaler Objekte auf der Grundlage von Einzelaufnahmen entwickelt. Anschließend wird eine Methodik zur Gewinnung der dreidimensionalen Geometrie unter Verwendung einer kontinuierlichen Bildsequenz dargestellt.

6. Erfassung realer 3D-Objekte aus Einzelbildern

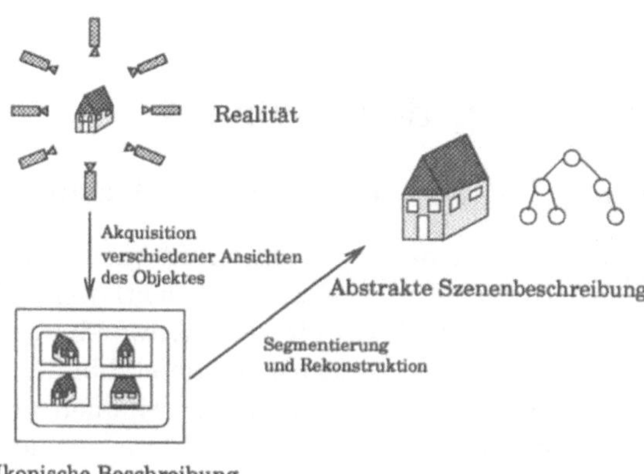

Abb. 6.1. Erfassung eines realen 3D-Objektes auf der Grundlage von Einzelbildern

Nachfolgend wird ein Verfahren zur 3D-Erfassung realer Objekte auf der Grundlage von Einzelaufnahmen dargestellt. Im Unterschied zu anderen Verfahren, bei denen eine direkte stereoskopische Erfassung der Geometrie vorgenommen wird, wie z.B. bei [Koc93], [Lud92] und [Sha89], geschieht die Datenakquisition hier zunächst rein monoskopisch. Dies ermöglicht den Einsatz einer handelsüblichen Kamera zur Bilddatengewinnung.

Die erreichbare Genauigkeit einer stereoskopischen Rekonstruktion hängt, neben anderen Faktoren, von dem Parallaxewinkel und somit von den zur Rekonstruktion verwendeten Kamerastandorten ab. Diese sogenannte Basislänge läßt sich aus Gründen der Praktikabilität, bei einer direkten stereoskopischen Erfassung nicht beliebig vergrößern. Aus diesem Grund ist die Erfassung einer Sequenz von Einzelaufnahmen vorzuziehen. Diese Technik erfordert allerdings zunächst die Ermittelung der relativen Orientierung zwischen den einzelnen Aufnahmen (siehe Abschnitt 3.3.4).

Neben der Verwendung monoskopischer Aufnahmen ist ein weiterer Vorteil des entwickelten Rekonstruktionsverfahrens, daß keine zusätzlichen 3D-Koordinaten (sogenannte Voll-Paßpunkte) benötigt werden, welche in der Photogrammetrie [Wro87a] häufig erforderlich sind.

Für eine vollständige Objektbeschreibung wird außerdem die Objekttextur aus den einzelnen Aufnahmen entnommen und diese anschließend, gemeinsam mit der gewonnenen Geometrie, in eine computer-graphische Beschreibungsform überführt. Im Gegensatz zu den von Hofmann [Hof92] beschriebenen, rein manuellen Verfahren zur Verbindung von Geometrie und Textur, werden hier zusätzliche Automatismen bzw. graphisch-interaktive Verfahren zur Verfügung gestellt.

Stellvertretend für eine Vielzahl von Anwendungsmöglichkeiten einer dreidimensionalen Rekonstruktion der Objektgeometrie auf der Grundlage von Einzelaufnahmen sollen nachfolgend die Akquisitionsschritte anhand eines Modellhauses dargestellt werden.

6.1 Kalibrierung des Sensors

6.1.1 Bestimmung der intrinsischen Kameraparameter

In dem nachfolgend beschriebenen Rekonstruktionsverfahren (siehe Abschnitt 6.2 und 6.3) wird eine idealisierte perspektivische Projektion vorausgesetzt. Diese Vorbedingung kann für reale Anwendungen vielfach nicht gewährleistet werden. Somit sind zunächst die den Abbildungsprozeß beeinflussenden kamera-spezifischen Parameter zu bestimmen (*innere Orientierung*). Diese Kalibrierung des Sensors wird *Off-Line* vor der Erfassung des Objektes durchgeführt.

Als weitere Voraussetzung für das entwickelte Verfahren gilt, daß die Parameter der inneren Orientierung während des Aufnahmevorgangs unverändert bleiben. Außerdem werden in dem hier verwendeten und nachfolgend beschriebenen Kalibrierungsverfahren [FT86] keine Linsenverzerrungen einbezogen.[1]

Unter Ausschluß der häufig nicht-linearen Linsenverzerrungen, ist es möglich, die Beziehung zwischen dem Weltkoordinatensystem und der Bildebene mittels homogener Koordinaten in Form einer linearen Abbildung zu beschreiben. Abbildung 6.2 zeigt die bei der Kalibrierung betrachteten Koordinatensysteme. Die in dem Modell berücksichtigten Parameter der inneren Orientierung setzen sich aus dem Bildhauptpunkt (u_0, v_0) (an dieser Stelle schneidet die optische Achse die Bildebene), den Skalierungsfaktoren der Bildebenenachsen k_u und k_v und der Kamerabrennweite f zusammen. Diese sind invariant bezüglich des aktuellen Kameraortes und müssen somit, sofern keine Änderungen an der Optik während der Aufnahme vorgenommen wird, nur einmal vor der Gewinnung der Bildfolge bestimmt werden.

Das Kamerakoordinatensystem wird durch die Parameter O_k, X_k, Y_k, Z_k spezifiziert; O_k gibt dabei das optische Zentrum der Kamera an, X_k, Y_k, Z_k sind die das Koordinatensystem aufspannenden Ortsvektoren. Die Bildebene wird durch die Größen O_b, X_b, Y_b beschrieben; O_b entspricht dem Ursprung und X_b, Y_b spannen das Koordinatensystem der Bildebene auf. Mit der Kamerabrennweite f läßt sich die idealisierte perspektivische Transformation

---

[1]diese Annahme gilt in guter Näherung für den hier betrachteten Sensor einer S-VHS-Kamera

entsprechend der Gleichung 6.1 angeben:

$$\frac{f}{Z_k} = \frac{X_b}{X_k} = \frac{Y_b}{Y_k}.$$ (6.1)

Tatsächlich werden die Koordinaten der x- und y-Achse der Bildebene, während des Aufnahmevorgangs, in Abhängigkeit von der jeweiligen Sensorik skaliert (mitunter auch mit unterschiedlichen Faktoren (k_u, k_v)) und transliert (u_0, v_0). Die gemessenen Pixelkoordinaten (u, v) lassen sich somit unter Verwendung der Parameter $\alpha_u = k_u f$ und $\alpha_v = k_v f$ mittels einer Transformationsmatrix[2] aus den Kamerakoordinaten (X_k, Y_k, Z_k) bestimmen:

$$\begin{pmatrix} s\,u \\ s\,v \\ s \end{pmatrix} = \begin{pmatrix} \alpha_u & 0 & u_0 & 0 \\ 0 & \alpha_v & v_0 & 0 \\ 0 & 0 & 1 & 0 \end{pmatrix} \begin{pmatrix} X_k \\ Y_k \\ Z_k \\ 1 \end{pmatrix}.$$ (6.2)

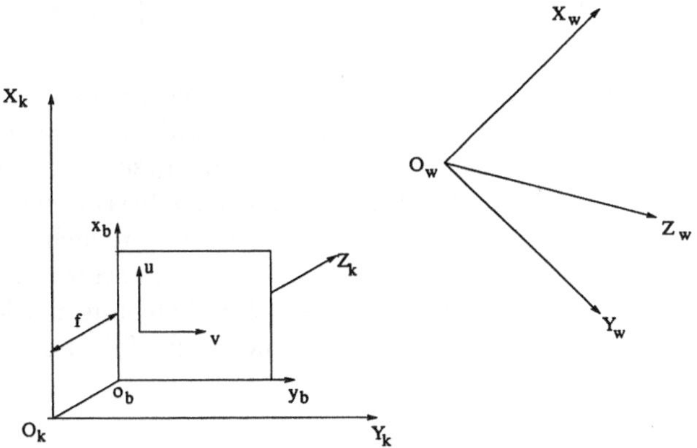

Abb. 6.2. Beziehung zwischen Weltkoordinaten (X_w, Y_w, Z_w), Kamerakoordinaten (X_k, Y_k, Z_k) und Koordinaten der Bildebene (u, v)

Die zu ermittelnden Parameter der inneren Orientierung sind somit der Perspektivenhauptpunkt u_0, v_0 und die Skalierungsfaktoren der Bildebene α_u und α_v.

Nachfolgend wird ein Verfahren beschrieben, das auf der Grundlage einer Zuordnung von 3D-Punkten bezogen auf das Weltkoordinatensystem und den zugehörigen 2D-Punkten der Bildebene, die Bestimmung sowohl der inneren als auch der äußeren Kameraorientierung ermöglicht [FT86].

---

[2]Diese Matrix ist an dieser Stelle bis auf den Skalierungsfaktor s definiert, die Einführung des Faktors $s = Z_k$ ermöglicht die Darstellung der Projektion als lineare Beziehung.

Die Parameter der *äußeren Orientierung* bestimmen die relative Lage des Kamerakoordinatensystems bezüglich des Weltkoordinatensystems. Diese Beziehung läßt sich in Form zweier aufeinanderfolgender Tranformationen angeben. Zunächst werden die, das Weltkoordinatensystem aufspannenden Vektoren X_w, Y_w, Z_w rotiert, so daß diese die Orientierung der Vektoren des Kamerakoordinatensystems erhalten. Anschließend wird der Ursprung des Weltkoordinatensystems auf den Ursprung des Kamerakoordinatensystems transliert.

$$P_K = R \cdot P_W + t. \tag{6.3}$$

Kennt man die Komponenten r_{ij} und t_i sowohl der Rotationsmatrix R als auch des Translationsvektors t, so sind die Parameter der äußeren Orientierung festgelegt. Setzt man nun Gleichung 6.3 in Gleichung 6.2 ein, so erhält man die Transformationsmatrix, die einen Punkt des Weltkoordinatensystems auf einen Punkt der Bildebene abbildet:

$$\begin{pmatrix} s_u \\ s_v \\ s \end{pmatrix} = \begin{pmatrix} a_u r_{11} + u_0 r_{31} & a_v r_{21} + v_0 r_{31} & r_{31} \\ a_u r_{12} + u_0 r_{32} & a_v r_{22} + v_0 r_{32} & r_{32} \\ a_u r_{13} + u_0 r_{33} & a_v r_{23} + v_0 r_{33} & r_{33} \\ a_u t_1 + u_0 t_3 & a_v t_2 + v_0 t_3 & t_3 \end{pmatrix}^T \begin{pmatrix} X_w \\ Y_w \\ Z_w \\ 1 \end{pmatrix}. \tag{6.4}$$

Faugeras und Toscani geben ein Verfahren an, welches es ermöglicht auf der Grundlage von N ($N \geq 6$) Objektpunkten und den zugehörigen 2D-Bildkoordinaten, die 12 Unbekannten der zusammengesetzten Matrix (diese sei im folgenden M genannt) aus Gleichung 6.4 zu bestimmen. Da jeder Bildpunkt zwei Gleichungen liefert, sind mindestens 6 nicht komplanare Objektpunkte mit den entsprechenden Bildkoordinaten erforderlich, um das Gleichungssystem zu lösen. Durch Auflösen der Gleichung 6.4 kann aus n Objektpunkten und den zugehörigen Bildpunkten das folgende Gleichungssystem gebildet werden:

$$A\vec{m} = 0. \tag{6.5}$$

Die Zeilenvektoren der $(2n \times 12)$ Matrix A ergeben sich durch Umformung der Gleichungen 6.4 und bilden sich gemäß der Vorschrift aus 6.6. Die Variable $\vec{m}$ entspricht einem 12-dimensionalen Vektor bestehend aus den Zeilenvektoren der Matrix M ($\vec{m} = (m_{11}, m_{12}, \cdots, m_{33}, m_{34})$).

$$a_{2i} = \begin{pmatrix} X_i & Y_i & Z_i & 1 & 0 & 0 & 0 & 0 & -u_i X_i & -u_i Y_i & -u_i Z_i & -u_i \end{pmatrix} \tag{6.6}$$

$$a_{2i+1} = \begin{pmatrix} 0 & 0 & 0 & 0 & X_i & Y_i & Z_i & 1 & -v_i X_i & -v_i Y_i & -v_i Z_i & -v_i \end{pmatrix}. \tag{6.7}$$

Zur Erhöhung der Robustheit des Verfahrens gegenüber Abbildungsfehlern ist die Verwendung eines Fehlerquadratverfahrens, unter der Definition des folgenden Minimierungsproblems, gegenüber einer direkten Lösung vorzuziehen:

$$\varepsilon^2 = \min_{\vec{m}} \|A\vec{m}\|^2. \tag{6.8}$$

Hierdurch lassen sich die Parameter der Transformationsmatrix M bestimmen. Anschließend muß die Matrix in die Komponenten der inneren und der äußeren Orientierung zerlegt werden. Hierzu wird unter Ausnutzung der Orthogonalität der Rotationsmatrix der Vektor $\vec{m}$ in zwei Teilvektoren, bestehend aus den ersten drei Spaltenvektoren der Matrix M $(m_{11}, m_{12}, m_{13}, m_{21}, m_{22}, m_{23}, m_{31}, m_{32}, m_{33})$ und dem vierten Spaltenvektor (m_{14}, m_{24}, m_{34}), zerlegt. Anschließend kann das Minimierungsproblem auf ein Eigenwertproblem zurückgeführt werden[3]. Hieraus folgt schließlich für die Parameter der inneren Orientierung:

$$u_0 = \begin{pmatrix} m_{11} \\ m_{12} \\ m_{13} \end{pmatrix} \begin{pmatrix} m_{31} \\ m_{32} \\ m_{33} \end{pmatrix}$$

$$v_0 = \begin{pmatrix} m_{21} \\ m_{22} \\ m_{23} \end{pmatrix} \begin{pmatrix} m_{31} \\ m_{32} \\ m_{33} \end{pmatrix}$$

$$\alpha_u = \sqrt{\begin{pmatrix} m_{11} \\ m_{12} \\ m_{13} \end{pmatrix} \begin{pmatrix} m_{11} \\ m_{12} \\ m_{13} \end{pmatrix} - u_0{}^2}$$

$$\alpha_v = \sqrt{\begin{pmatrix} m_{21} \\ m_{22} \\ m_{23} \end{pmatrix} \begin{pmatrix} m_{21} \\ m_{22} \\ m_{23} \end{pmatrix} - v_0{}^2}.$$

Der Vorteil dieses Verfahrens besteht darin, daß zur Bestimmung der inneren Kamerakalibrierung einzig die Abmaße eines Kalibrierungskörpers bekannt sein müssen. Da der obige Formalismus die äußere Orientierung mit einschließt, kann der Kalibrierungskörper beliebig im Raum positioniert werden. Die Geometrie des zur Kalibrierung verwendeten Objektes ist gegenüber anderen Verfahren, die eine Kalibrierung auf der Grundlage von 3D-Referenzpunkten durchführen (z.B. [Tsa86], hier ist die Verwendung eines planaren Kalibrierungscharts erforderlich), frei bestimmbar. Die einzige Voraussetzung besteht darin, daß der Kalibrierungskörper sechs markante und nicht komplanare Merkmale besitzt. Verwendet man deutlich mehr als die mindestens erforderlichen sechs Punkte, so läßt sich aufgrund der Überbestimmung des Systems der Gesamtfehler minimieren. Ein weiterer Vorteil des Verfahrens besteht in der geringen Laufzeit, die zur Lösung des Gleichungssystems erforderlich ist. Sicherlich ermöglichen Kalibrierungsverfahren, die zusätzlich auch radiale und tangentiale Verzerrungen mit in den Formalismus einbeziehen, eine genauere Bestimmung der Transformationsmatrix [YN92]. Allerdings war dies für die verwendete Sensorik nicht erforderlich. Verschiedene Untersuchungen wurden zur Bestimmung der Robustheit des Verfahrens gegenüber gestörten Meßdaten durchgeführt. Hierzu

---

[3]Für die ausführliche Herleitung sei auf [FT86] verwiesen

wurde den gemessenen Bildkoordinaten ein Gauß'sches Rauschen mit einer Varianz $\sigma^2 \in \{1.0, 2.0, 3.0, 5.0\}$ überlagert. Die entsprechenden Kalibrierungsresultate für $u_0, v_0, \alpha_u, \alpha_v$ sind im Anhang B dargestellt. Die Ergebnisse zeigen, daß selbst für eine Störung von $\sigma^2 = 5.0$ der prozentuale Fehler kleiner als 4% gegenüber den tatsächlichen Kalibrierungsgrößen ist. Die weiteren Untersuchungen in bezug auf den Einfluß dieser Abweichung für die Geometrierekonstruktion (siehe Abschnitt 6.3 und Anhang B) zeigen, daß ein Fehler in dieser Größenordnung die Rekonstruktionsergebnisse nur geringfügig beeinträchtigt. Durch die Einbeziehung der Kalibrierungswerte in den Formalismus zur Orientierung des Bildverbundes (siehe Abschnitt 6.3) konnte der initiale Fehler der Kalibrierung nahezu vollständig aufgehoben werden.

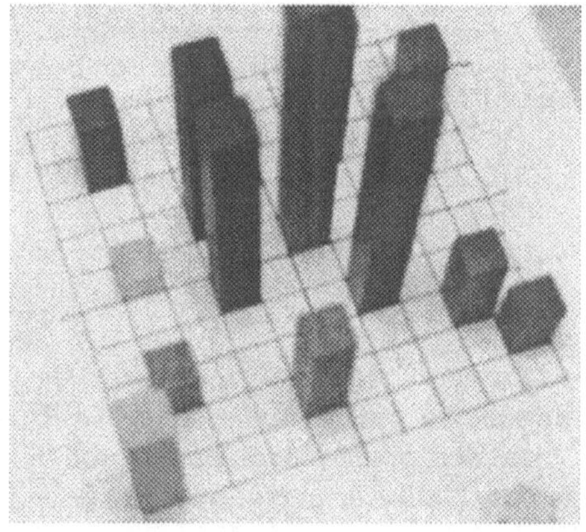

Abb. 6.3. Beispiel einer Kalibrierungsszene zur Bestimmung der inneren Kameraparameter

Zur Bildakquisition wurde in der vorliegenden Anwendung eine handelsübliche S-VHS-C Videokamera verwendet. Die Kalibrierung wurde anhand einer Aufnahme einer Kalibrierungsszene (siehe Abbildung 6.3) durchgeführt. Das Gitter hatte einen Abstand von $1cm$, die einzelnen Quader eine Grundfläche von $1cm^2$ und die Höhe variiert zwischen $1cm$ und $9cm$. Der Ursprung des Weltkoordinatensystems wurde willkürlich in den linken unteren Eckpunkt gelegt. Somit konnten die 3D-Koordinaten der jeweiligen Quaderecken relativ zu dem Koordinatenursprung angegeben werden. Für die anschließende Akquisition des Objektes blieben die Einstellungen der Kamera unverändert.

6.1.2 Photometrische Kalibrierung

Neben der im vorangehenden Abschnitt beschriebenen geometrischen Kalibrierung zur Bestimmung der inneren Kameraorientierung, ist eine gleichmäßige Helligkeit und ein einheitlicher Kontrast der gewonnenen Bilddaten wünschenswert. Da neben der Geometrie auch die Textur des Objektes aus verschiedenen Ansichten gewonnen wird, ist für eine anschließende einheitliche Darstellung eine photometrische Kalibrierung erforderlich.

Voraussetzung für das hier beschriebene Verfahren ist eine unveränderte Beleuchtungsrichtung während der Bilderfassung. Die Idee des Verfahrens basiert auf dem diffusen Reflexionsverhalten einzelner Bereiche des erfaßten Objektes. Für Punkte, die diese Voraussetzung erfüllen, gilt, daß die meßbare Intensität betrachterunabhängig ist und nur durch den diffusen Intensitätsanteil der Objektradianz bestimmt wird. Daher gilt aufgrund des Lambert'schen Reflexionsmodells, daß die Differenz der Intensitätswerte zweier korrespondierender Punkte, nach Durchführung der photometrischen Kalibrierung Null betragen sollte.

Gewöhnlich ist hierzu eine lineare Transformation ausreichend, um die Unterschiede in Helligkeit und Kontrast zweier Bilder auszugleichen. Gleichung 6.9 beschreibt die lineare Transformation zum Abgleich der Intensitäten eines Bildes j in Bezug auf ein Bild i:

$$I_i = a_{ji} \cdot I_j + b_{ji}. \tag{6.9}$$

Gleichung 6.9 läßt sich als eine Ausgleichs- oder Regressionsgerade mit Steigung a_{ji} und Achsenabschnitt b_{ji} betrachten. Die Umkehrabbildung zum Intensitätsabgleich von i bezüglich j lautet:

$$I_j = a_{ij} \cdot I_i + b_{ij} \;,. \tag{6.10}$$

wobei die Koeffizienten in Gleichung 6.9 und 6.10 über die Beziehung

$$a_{ij} = \frac{1}{a_{ji}} \text{ und } b_{ij} = -\frac{b_{ji}}{a_{ji}}. \tag{6.11}$$

miteinander verknüpft sind.

Für jedes Bildpaar sind zwei unbekannte Parameter a_{ji} und b_{ji} zu bestimmen. Wählt man eine hinreichende Anzahl (≥ 2) korrespondierender Punktpaare, welche die Voraussetzung erfüllen, daß der gemessene Intensitätswert zum überwiegenden Teil aus dem diffusen Intensitätsanteil bestimmt wird, so lassen sich beide Parameter a_{ji} und b_{ji} bestimmen. Theoretisch sind hierzu bereits zwei ausgewählte Punktpaare ausreichend.

Da aufgrund von Meßfehlern davon auszugehen ist, daß sich die meßbare Intensität in den gewählten Punkten nicht ausschließlich aus einem diffusen Anteil zusammensetzt, wird eine größere Anzahl $n > 2$ von korrespondierenden Punktpaaren verwendet, um mit Hilfe der Gauß'schen Methode der kleinsten Fehlerquadrate eine Ausgleichsgerade zu berechnen, die sich aus den n vorgegebenen Meßpunkten $P_k = ((I_{i_1}, I_{j_1}), \cdots, (I_{i_n}, I_{j_n}))$ bestimmt. Aus den Parametern der Lösungsgerade werden die gesuchten Größen aus Gleichung 6.9 ermittelt.

Führt man dieses Verfahren sukzessive für alle Bilder des Bildverbundes durch, so können sensorbedingte Kontrast- und Helligkeitsschwankungen eliminiert werden.

6.2 Orientierung der Einzelbilder

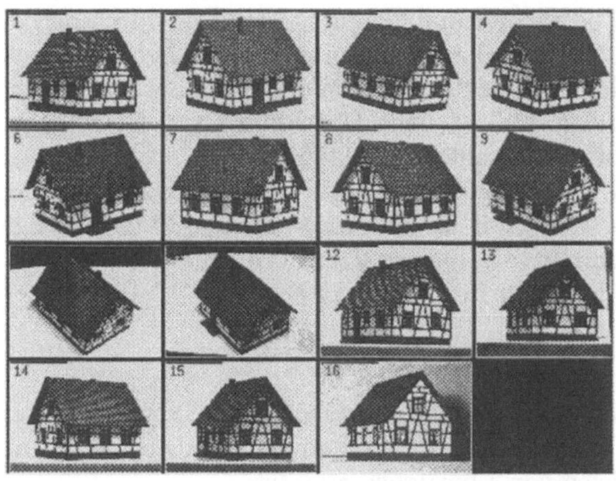

Abb. 6.4. Beispiel eines Bildverbundes als Eingangsdaten für eine 3D-Rekonstruktion

Abbildung 6.4 zeigt eine gewonnene Sequenz von Einzelaufnahmen, die zur Erläuterung der weiteren Rekonstruktionsschritte verwendet werden soll. Eine notwendige Voraussetzung zur Gewinnung eines vollständigen dreidimensionalen Modells ist, daß jeder Teil des Objektes in mindestens zwei Ansichten der Bildsequenz sichtbar ist. Die Mindestanzahl der erforderlichen Aufnahmen zur Rekonstruktion der Objektgeometrie wird durch die gewünschte Genauigkeit und somit durch den jeweils gewählten Ausschnitt bestimmt. Außerdem entscheidet die Topologie des Objektes über die Anzahl der notwendigen Kamerastandorte. Für das vorliegende, topologisch einfache Objekt, wären bereits 4 Aufnahmen für eine Rekonstruktion ausreichend gewesen. Tatsächlich wurden zur Erhöhung der Robustheit des Verfahrens im vorliegenden Beispiel die Bilder $1, 2, 3, 4, 6, 7, 8$ und 9 (siehe Abbildung 6.4) verwendet.

Da die jeweilige Position der einzelnen Aufnahmeorte a priori unbekannt ist, muß für eine geometrische Rekonstruktion der dreidimensionalen Geometrie zunächst die relative Kameraorientierung bestimmt werden. Die

Bestimmung der Orientierung (siehe auch Abschnitt 3.3.4.1) für die Einzelaufnahmen erfolgt zunächst paarweise, gemäß des nachfolgend beschriebenen Verfahrens.

Das in Abschnitt 3.3.4.1 eingeführte Verfahren zur Bestimmung der relativen Kameraorientierung basiert auf einer nicht-linearen Beziehung zwischen den unbekannten Orientierungsgrößen und den bekannten Bildpunkten der einzelnen Ansichten des Objektes. Die Lösung eines nicht-linearen Gleichungssystems erfordert allerdings zunächst die Bestimmung von Näherungswerten. Sind diese in hinreichender Genauigkeit bekannt, so kann anschließend die relative Kameraorientierung ermittelt werden.

Gemäß der in Abschnitt 5.3 gestellten Anforderungen soll allerdings während des Erfassungsvorgangs auf die Vermessung zusätzlicher 3D-Koordinaten verzichtet werden. Da die Positionen der Aufnahmeorte a priori unbekannt sind, kann somit das in Abschnitt 3.3.4.1 angegebene Verfahren nicht direkt eingesetzt werden. Gesucht ist ein Verfahren welches es ermöglicht, die relative Orientierung mittels einer linearen Beziehung auszudrücken, um hierdurch eine direkte Lösung ermitteln zu können.

6.2.1 Direkte Orientierung mit acht korrespondierenden Punkten

Longuet-Higgins [LH81] beschreibt ein Verfahren, das die Bestimmung der relativen Orientierung allein durch Lösung eines linearen Gleichungssystems ermöglicht. Die Grundlage seiner Methodik liefert eine geometrische Betrachtung der Projektionsstrahlen $\vec{w_1}$ *und* $\vec{w_2}$, welche die Abbildung eines 3D-Punktes auf die beiden Bildebenen beschreiben, und des die beiden Kameraursprünge zueinander in Beziehung setzenden Translationsvektors $\vec{t}$.

Gemäß Abbildung 6.5 sind diese Vektoren komplanar. Hieraus folgt für das Spatprodukt der Vektoren (wobei R die Rotationsmatrix bezeichnet, welche die Orientierung von $\vec{w_2}$ mit $\vec{w_1}$ gleichsetzt):

$$\vec{w_1}\left(\vec{t} \times R\vec{w_2}\right) = 0 \tag{6.12}$$

Definiert man nun die schiefsymmetrische Matrix T

$$T = \begin{pmatrix} 0 & -t_3 & t_2 \\ t_3 & 0 & -t_1 \\ -t_2 & t_1 & 0 \end{pmatrix}. \tag{6.13}$$

so kann die Transformation eines Punktes, dessen Koordinaten bezüglich des Koordinatensystems K_1 angegeben sind, in eine Beschreibung der Punktkoordinaten im Koordinatensystem K_2 mit Hilfe der Matrix E angegeben werden:

$$E = T\,R. \tag{6.14}$$

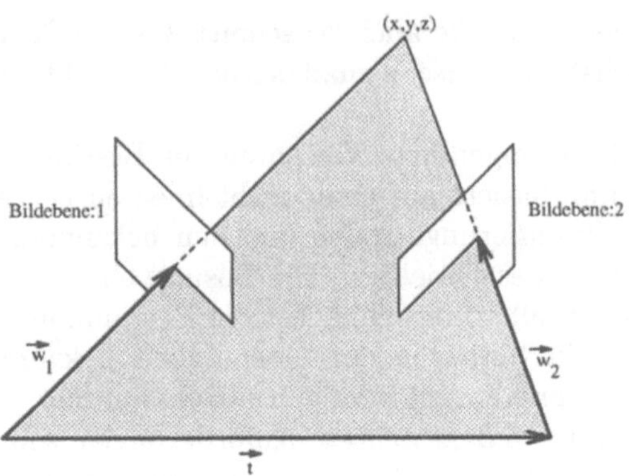

Abb. 6.5. Komplanarität der Ortsvektoren $\vec{w}_1, \vec{w}_2$ und des Translationsvektors $\vec{t}$

Setzt man E in Gleichung 6.12 ein, so läßt sich aus $\vec{w}_1^{\,T} = (x_{b1}, y_{b1}, 1)$ und $\vec{w}_2^{\,T} = (x_{b2}, y_{b2}, 1)$ der folgende Zusammenhang bilden:

$$\vec{w}_1^{\,T} E \vec{w}_2 = 0. \tag{6.15}$$

Man erhält somit für jedes kalibrierte Bildpunktepaar (x_{b1}, y_{b1}) und (x_{b2}, y_{b2}) die folgende Beziehung:

$$\begin{aligned}
x_{b1} x_{b2} e_{11} + x_{b1} y_{b2} e_{12} + x_{b1} e_{13} + \\
y_{b1} x_{b2} e_{21} + y_{b1} y_{b2} e_{22} + y_{b1} e_{23} + \\
x_{b2} e_{31} + y_{b2} e_{32} + e_{33} = 0.
\end{aligned} \tag{6.16}$$

Auf der Grundlage von 8 Gleichungen der Form 6.16 läßt sich das Verhältnis der 9 Unbekannten e_{ij} bestimmen. Da sich die relative Orientierung bis auf eine unbekannte Skalierungsgröße bestimmen läßt[4], wird zur Begrenzung der Mehrdeutigkeit der Translationsvektor t auf 1 normiert. Hieraus folgt gleichzeitig:

$$\|E\|^2 = 2. \tag{6.17}$$

Unter Ausnutzung der Orthogonalität der Rotationsmatrix können anschließend aus den normalisierten Elementen der Matrix E der Translationsvektor t bis auf eine unbekannte Skalierung bestimmt werden.

An dieser Stelle sind die Vorzeichen des Translationsvektors noch unbestimmt; diese lassen sich durch einen späteren Plausibilitätstest eindeutig

---

[4]Es kann keine Unterscheidung zwischen einem nahe der Kamera befindlichen kleinen Objekt und einem weit entfernten und entsprechend dem Abstand vergrößerten Objekt getroffen werden

ermitteln. Anschließend ergeben sich die Zeilenvektoren R_i der Matrix R aus der Matrix E und dem Vektor $\vec{t}$:

$$R_1 = (E_1 \times t) + (E_2 \times t) \times (E_3 \times t) \qquad (6.18)$$
$$R_2 = (E_2 \times t) + (E_3 \times t) \times (E_1 \times t)$$
$$R_3 = (E_3 \times t) + (E_1 \times t) \times (E_2 \times t).$$

Sind R und $\vec{t}$ bestimmt, so ergeben sich nach mehreren algebraischen Umformungen [LH81] die Kamerakoordinaten x_{k1}, y_{k1} und z_{k1} wie folgt:

$$z_{k1} = \frac{(R_1{}^T - x_{b2}R_3{}^T)t}{(R_1{}^T - x_{b2}R_3{}^T)(x_{b1}, y_{b1}, 1)^T} \qquad (6.19)$$

$$x_{k1} = x_{b1}z_{k1} \qquad (6.20)$$

$$y_{k1} = y_{b1}z_{k1}. \qquad (6.21)$$

Die Variablen R_i entsprechen den i-ten Zeilenvektoren der Rotationsmatrix. Somit können, unter Kenntnis der inneren Kameraorientierung, die dreidimensionalen Koordinaten in Bezug auf jedes der beiden zugrundeliegenden Kamerasysteme bestimmt werden.

6.2.2   Direkte Orientierung mit Überbestimmung

Da sich in realen Bilddaten die Bildkoordinaten nicht mit absoluter Genauigkeit angeben lassen, wurde eine Verbesserung des Verfahrens von Longuet-Higgins durch Faugeras, Lustman und Toscani vorgeschlagen [Fau87]. Dabei wird das exakte Lösungsverfahren des Gleichungssystems zur Erhöhung der Robustheit des Algorithmus durch ein Fehlerquadratverfahren ersetzt. Hierzu wird eine Matrix A betrachtet, deren i.-ter Zeilenvektor sich aus dem i-ten Punktpaar bildet:

$$a_i = (x_{b1i}x_{b2i}, x_{b1i}y_{b2i}, x_{b1i}, y_{b1i}x_{b2i}, y_{b1i}y_{b2i}, y_{b1i}, x_{b2i}, y_{b2i}, 1). \qquad (6.22)$$

Außerdem wird der 9-dimensionale Zeilenvektor $\vec{x}$ durch das Hintereinanderfügen der Komponenten der Matrix E gebildet:

$$\vec{x} = (e_{11}, e_{12}, e_{13}, e_{21}, e_{22}, e_{23}, e_{31}, e_{32}, e_{33}). \qquad (6.23)$$

Im Gegensatz zur direkten Lösung mit Hilfe von 8 Punktpaaren wird hier die Bestimmung der Matrix E über das folgende Minimierungsproblem definiert:

$$\min_{\vec{x}} \|A\vec{x}\|^2 \; mit \; \|\vec{x}\|^2 = 2. \qquad (6.24)$$

Die Matrix E ergibt sich somit aus dem zum betragsmäßig kleinsten Eigenwert gehörenden und auf $\sqrt{2}$ normierten Eigenvektor der Matrix $A^T A$.

Zur Bestimmung von R und T muß E anschließend in diese beiden Komponenten zerlegt werden. Dies kann wiederum mit Hilfe des Gauß'schen Fehlerquadratverfahrens erfolgen.

Aufgrund der schiefsymmetrischen Eigenschaften der Matrix T gilt $\vec{t}^T T = 0$ und somit auch $\vec{t}^T E = 0$. Somit kann der Translationsvektor über das folgende Minimierungsproblem bestimmt werden:

$$\min_{\vec{t}} \|E^T \vec{t}\|^2 \, mit \, \|\vec{t}\|^2 = 1. \tag{6.25}$$

Die Lösung ist der zum betragsmäßig kleinsten Eigenwert gehörende, normierte Eigenvektor der Matrix EE^T. Auch für diesen Ansatz ist das Vorzeichen des Translationsvektors zunächst unbestimmt, dieses kann erst im Anschluß an die Bestimmung der Rotationsmatrix ermittelt werden. Aus diesem Grund werden die nachfolgenden Betrachtungen sowohl für den Vektor $\vec{t}$ als auch für den Vektor $-\vec{t}$ durchgeführt.

Auch die Rotationsmatrix läßt sich über eine Minimierungsaufgabe ermitteln. Seien E_i und T_i die Zeilenvektoren der Matrizen E und T, so bestimmt sich R durch die Minimierung des nachfolgenden Ausdrucks:

$$\sum_{i=1}^{3} \|R^T T_i - E_i\|^2. \tag{6.26}$$

Dieses Minimierungsproblem läßt sich durch die Einführung von Quaternionen [HN93a] auf ein einfaches Eigenwertproblem zurückführen. Mit Hilfe von Quaternionen kann eine Rotation um einen Winkel α um die Achse $\vec{l} = (l_x.l_y, l_z)$ in Form eines 4-Tupels q beschrieben werden:

$$q = (\cos(\alpha/2), \sin(\alpha/2)\vec{l}) \, mit \, |q|^2 = 1. \tag{6.27}$$

Eine Rotation um die Matrix R kann nun wie folgt mittels Quaternionen angegeben werden[5]:

$$Rx = q * x * \bar{q} \quad bzw. \quad R^T x = \bar{q} * x * q. \tag{6.28}$$

Nach Einführung der Quaternionen läßt sich Gleichung 6.26 wie folgt umschreiben:

$$\sum_{i=1}^{3} \|\bar{q} * T_i * q - \bar{q} * q * E_i\|^2. \tag{6.29}$$

Durch Multiplikation mit $\|\bar{q}^{-1}\| = 1$ folgt:

$$\sum_{i=1}^{3} \|T_i * q - q * E_i\|^2. \tag{6.30}$$

---

[5]Die konjugierte Form eines Quaternions ist durch $\bar{q} = (q_1, -q_2, -q_3, -q_4)$ definiert

Betrachtet man nun T_i und E_i ebenfalls als 4-Tupel $(0, T_x, T_y, T_z)$ bzw. $(0, E_x, E_y, E_z)$, so können die beiden Quaternionenprodukte in Form einer linearen Funktion angegeben werden:

$$T_i * q - q * E_i = \begin{pmatrix} q_1 \\ q_2 \\ q_3 \\ q_4 \end{pmatrix}^T \begin{pmatrix} 0 & T_x - E_x & T_y - E_y & T_z - E_z \\ -T_x + E_x & 0 & T_z + E_z & -T_y - E_y \\ -T_y + E_y & -T_z - E_z & 0 & T_x + E_x \\ -T_z + E_z & T_y + E_y & -T_x - E_x & 0 \end{pmatrix} \tag{6.31}$$

Sei B die $(4,4)$-Matrix aus Gleichung 6.31 so läßt sich die Gleichung 6.30 wie folgt umschreiben:

$$\sum_{i=1}^{3} q B_i B_i^T q^T. \tag{6.32}$$

Weiterhin läßt sich nun mit Hilfe der Quaternionen für:

$$C = \sum_{i=1}^{3} B_i B_i^T, \tag{6.33}$$

das Minimierungsproblem wie folgt beschreiben:

$$\min_q |q C q^T|, \text{ mit } |q| = 1. \tag{6.34}$$

Das zugehörige Quaternion bestimmt sich aus dem zum betragsmäßig kleinsten Eigenwert zugehörigen und auf 1 normierten Eigenvektor der Matrix C. Aus diesem Quaternion kann nun die zugehörige Rotationsmatrix nach [Sho85] bestimmt werden:

$$R = \begin{pmatrix} 1 - 2(q_3^2 + q_4^2) & 2(q_2 q_3 + q_1 q_4) & 2(q_2 q_4 - q_1 q_3) \\ 2(q_2 q_3 - q_1 q_4) & 1 - 2(q_2^2 + q_4^2) & 2(q_3 q_4 + q_1 q_2) \\ 2(q_2 q_4 + q_1 q_3) & 2(q_3 q_4 - q_1 q_2) & 1 - 2(q_2^2 + q_3^2) \end{pmatrix}. \tag{6.35}$$

Mit der somit bestimmten relativen Orientierung zwischen den beiden Kamerakoordinatensystemen, bestehend aus der Matrix R und dem Vektor $\vec{t}$, lassen sich die Kamerakoordinaten entsprechend Gleichung 6.19 bestimmen. Neben der bereits erwähnten Skalierungsinvarianz der Rekonstruktion, welche durch die Normierung des Translationsvektors zu einer eindeutigen Lösung geführt werden kann, existiert eine weitere Mehrdeutigkeit. Rotiert man eine der beiden Kameras um 180 Grad um den Translationsvektor t, so bleibt die Beziehung der Punktkorrespondenzen erhalten, allerdings ändert sich hierbei die rekonstruierte Geometrie des Objektes (siehe z.B. auch [May93]). Diese Mehrdeutigkeit läßt sich unter Berücksichtigung der Nebenbedingung, daß alle sichtbaren Objektpunkte jeweils bezogen auf die einzelnen Kamerakoordinatensysteme eine positive z-Koordinate besitzen müssen, aufheben. Erhält man im Anschluß an die Rekonstruktion, z-Werte die kleiner oder gleich Null sind, so müssen die Rotationsmatrix R und der Translationsvektor $\vec{t}$ erneut für die negierte Matrix $-E$ berechnet werden.

Die Bestimmung der erforderlichen korrespondierenden Punkte erfolgt graphisch-interaktiv. Sie werden durch den Benutzer in den jeweiligen Ansichten des Objekts mit der Maus markiert (siehe Abbildung 6.6).

Abb. 6.6. Graphisch-interaktive Bestimmung korrespondierender Bildpunkte

Neben der Zuordnung korrespondierender Punkte lassen sich zum Zwecke der Visualisierung auch polygonale Beziehung graphisch-interaktiv bestimmen. Auf der Grundlage von mindestens 8 gemeinsamen Punkten können nun die relative Orientierung und die zu den markierten Punkten gehörigen dreidimensionalen Koordinaten bestimmt werden.

Für bestimmte Konfigurationen korrespondierender Bildpunkte kann keine Rekonstruktion durchgeführt werden. Dies ist der Fall, wenn die Punkte gemeinsam mit den Kamerastandorten auf einer Fläche zweiter Ordnung liegen. Diese in der Photogrammetrie ausführlich untersuchten sogenannten *kritischen Flächen* [May93], [Buc93] lassen sich nicht direkt anhand der 2D-Bildkoordinaten bestimmen. Tritt eine solche Situation auf, so müssen die gesetzten Punktkorrespondenzen geändert werden[6].

In gleicher Weise werden sukzessive weitere Bildpaare bearbeitet, um somit schrittweise die Gesamtgeometrie zu gewinnen (siehe Abbildung 6.8).

---

[6]In der Praxis zeigte sich, daß diese Konstellationen nur in seltenen Fällen vorkommen

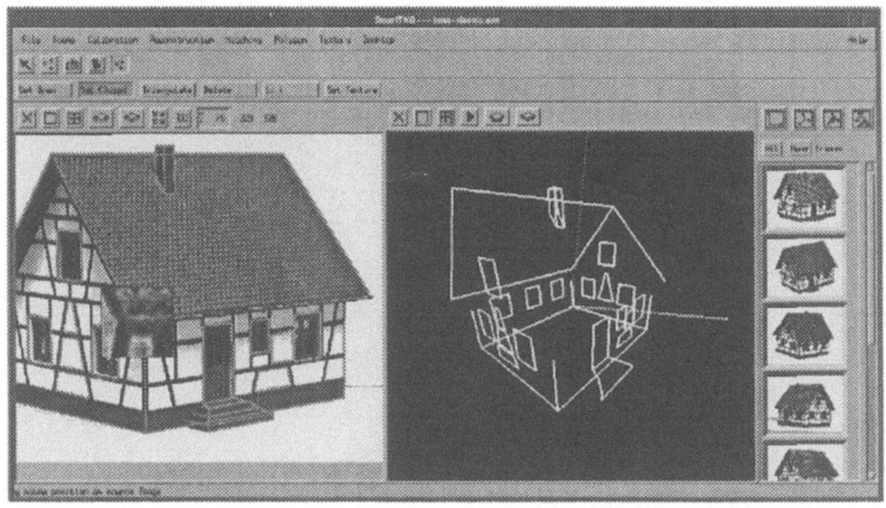

Abb. 6.7. Graphisch-interaktive Bestimmung von Polygonen

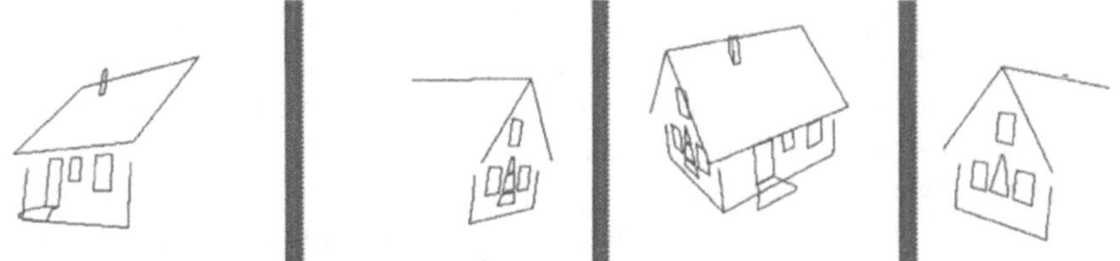

Abb. 6.8. Aus einzelnen Bildpaaren rekonstruierte Teilansichten

6.2.3 Transformation der rekonstruierten Teilansichten in ein gemeinsames Koordinatensystem

Das im vorangehenden Abschnitt beschriebene Verfahren zur paarweisen Rekonstruktion liefert die 3D-Koordinaten eines Objektes jeweils nur für die gemeinsamen Punkte eines Bildpaares, d.h. es wird jeweils nur eine Teilansicht des Objektes erfaßt und diese bezogen auf die entsprechenden Koordinatensysteme des Bildpaares rekonstruiert.

Für eine vollständige Bestimmung der 3D-Geometrie eines Objektes müssen die rekonstruierten Teilansichten untereinander verbunden und in ein gemeinsames Koordinatensystem überführt werden (siehe Abb. 6.9). Hierzu ist die äußere Orientierung (siehe auch 6.1.1), welche die Beziehung zwischen Kamera- und Weltkoordinatensystem beschreibt zu bestimmen.

Eine paarweise Rekonstruktion der Objektgeometrie (z.B. unter Verwendung der Kamerasysteme K_1 und K_2 aus Abbildung 6.9), welche aus der

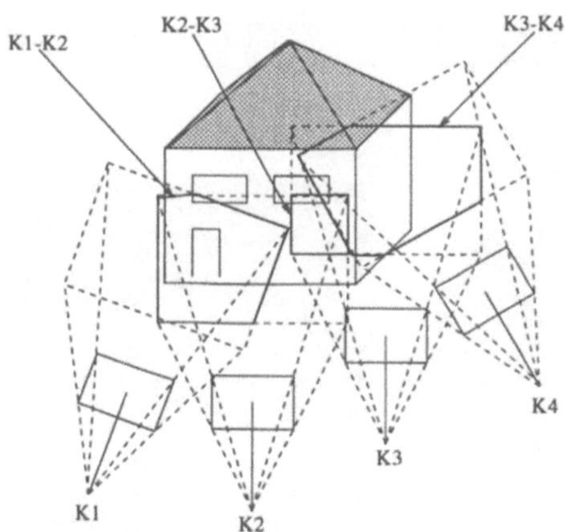

Abb. 6.9. Paarweise rekonstruierte Teilgeometrien des Objektes

Zuordnung korrespondierender Bildpunkte für Bildpaare mit bekannter relativer Orientierung gewonnen werden kann, liefert die 3D-Koordinaten des Objektes zunächst nur bezüglich eines der beiden zugrundeliegenden Kamerakoordinatensysteme. Führt man nun eine weitere Stereorekonstruktion unter Verwendung der Kamerakoordinatensysteme K_2 und K_3 durch, so können die hierbei ermittelten Koordinaten auf das Koordinatensystem K_1 zurückgerechnet werden. Dies geschieht, indem man die relative Orientierung zwischen K_3, K_2 und K_1 berücksichtigt. Lassen sich alle Kamerakoordinatensysteme der erfaßten Einzelbilder in dieser Form zueinander in Beziehung setzen, so können die durch paarweise Auswertung gewonnenen Teilansichten des Objektes sukzessive in das Koordinatensystem K_1 transformiert werden.

Überlappen sich die, bezüglich der verschiedenen Koordinatensysteme rekonstruierten Objektteile in mindestens zwei Objektpunkten, so kann der für jedes Bildpaar zunächst willkürlich festgelegte Skalierungsfaktor (aufgrund der Normierung des Translationsvektors) mit Hilfe des jeweiligen Abstandes zwischen diesen beiden Punkten in einen gemeinsamen Maßstab überführt werden. Verknüpft man die Rekonstruktionsergebnisse aller Bildpaare in dieser Form, so können damit die 3D-Koordinaten der betrachteten Objektpunkte in ein gemeinsames Koordinatensystem transformiert werden. Die Gesamtheit aller für eine Stereorekonstruktion herangezogenen Bilder einer Bildfolge läßt sich dabei in Form eines *Rekonstruktionsgraphen* darstellen (siehe Abbildung 6.10).

Die Knoten des Graphen repräsentieren die Bilder des Bildverbundes. Eine Kante beschreibt ein zur Rekonstruktion herangezogenes Bildpaar. Die Gewichtung der Kante gibt die Anzahl der rekonstruierten Bildpunkte an. In der Praxis werden normalerweise nicht alle Bildpaare für die Gewinnung der dreidimensionalen Geometrie verwendet. Vielmehr ist man, insbesondere bei

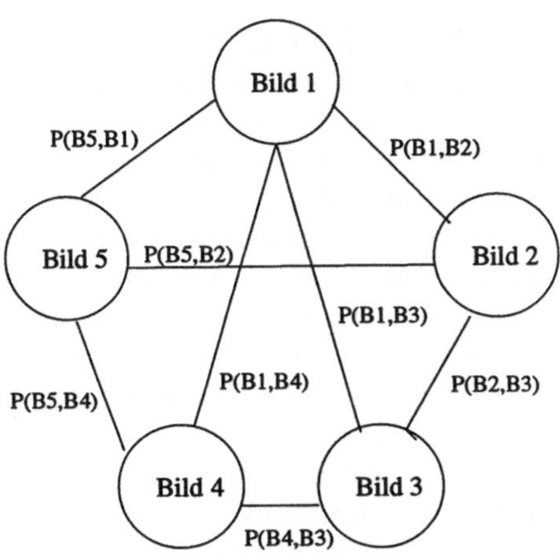

Abb. 6.10. Beispiel eines Rekonstruktionsgraphen

einer interaktiven Angabe korrespondierender Bildpunkte, daran interessiert, eine geringst mögliche Anzahl von Aufnahmen zu verwenden.

Dabei zeigt sich im Rahmen der genaueren Untersuchung des Verfahrens (siehe Anhang C), daß die Güte der Rekonstruktionsergebnisse bei gestörten Eingangsdaten durch eine Vergrößerung der Anzahl der rekonstruierten Bildpunkte verbessert werden konnte. Außerdem führt eine Erhöhung der Redundanz hinsichtlich der Rekonstruktion einzelner Objektpunkte zu einer Verbesserung der Ergebnisse.

Da eine Rekonstruktion zwischen allen n Bildern des Bildverbundes zu maximal $n(n-1)$ möglichen Kombinationen führt und dies gegenüber der notwendigen Mindestanzahl zu einer Quadratur der Rechenzeit führt, wird der Rekonstruktionsgraph auf einen Teilgraph reduziert. Dieser enthält Bildpaare mit einer möglichst großen Anzahl an *homologen* (gemeinsamen) Punkten.

Der Teilgraph muß zusammenhängend sein, damit die rekonstruierten Teilbilder zueinander in Beziehung gesetzt werden können. Um gleichzeitig die Anzahl der durchzuführenden Stereorekonstruktionen auf ein Minimum zu beschränken, wird der Rekonstruktionsgraph auf einen Baum reduziert. Dieser Baum sollte nun möglichst viele *geeignete* Rekonstruktionen besitzen. Zur Erhöhung der Robustheit des Verfahrens werden hierbei Bildpaare mit einer möglichst großen Anzahl homologer Punkte verwendet. Da trotz der Reduzierung des Rekonstruktionsgraphen auf einen Rekonstruktionsbaum der Zusammenhang zwischen allen Teilansichten erhalten bleibt, läßt sich die relative Orientierung zwischen jedem beliebigen Bildpaar des Bildverbundes ermitteln. Zur Bestimmung des Rekonstruktionsbaumes wird das *Maximalgerüst* [Jun90] des Graphen bestimmt. Der resultierende Baum beschreibt anschließend diejenigen Bildpaare, die zu einer Rekonstruktion herangezogen werden. Im Anschluß an die Ermittlung des *Maximalgerüstes* wird zusätzlich dasjenige Kamerakoordinatensystem bestimmt, welches zur Verbindung der jeweils rekonstruierten Teilansichten des Objektes als Basiskoordinatensystem betrachtet wird. Der zugehörige Knoten des Basiskoordinatensystems wird zur Wurzel des Rekonstruktionsbaumes. Die Anzahl der Kanten zwischen einem beliebigen Knoten und der Wurzel entspricht der Anzahl der durchzuführenden Transformationsschritte, die einen Punkt des jeweiligen Kamerakoordinatensystems in das gemeinsame Koordinatensystem überführen. Jeder der Transformationsschritte besteht aus einer Rotation und einer nachfolgenden Translation. Da sich der Fehler bei der Rückrechnung in ein gemeinsames Koordinatensystem infolge mehrfacher Transformationen akkumuliert, muß die Anzahl der Schritte minimiert werden. Um dies zu erreichen, wird dasjenige Kamerakoordinatensystem zur Wurzel des Baumes gewählt, welches eine minimale Gesamtzahl von Transformationsschritten erfordert. Als Ergebnis erhält man einen gerichteten Rekonstruktionsbaum, wobei die Kanten jeweils in Richtung des Zielkoordinatensystems weisen (siehe Abbildung 6.11).

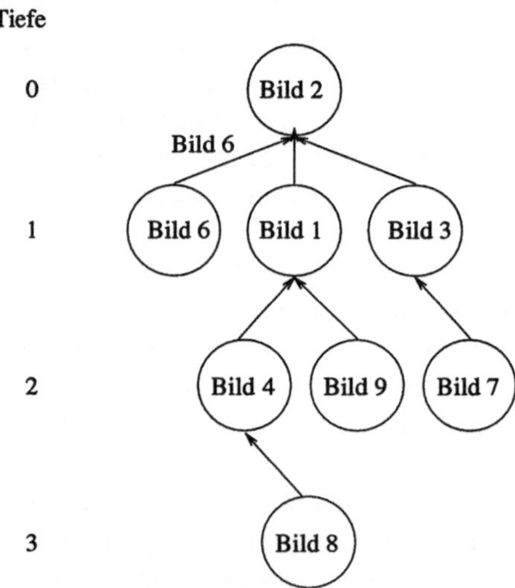

Abb. 6.11. Beispiel eines Rekonstruktionsbaumes

Auf der Grundlage dieses gerichteten Rekonstruktionsbaumes können nun die entsprechenden paarweisen Rekonstruktionen durchgeführt werden. Liefert eine der durch den Baum vorgegebenen Stereorekonstruktionen ungültige Ergebnisse (siehe Abschnitt 6.2.2), so wird die zugehörige Kante im ursprünglichen Graphen mit Null bewertet und das Minimalgerüst des veränderten Graphen erneut bestimmt. Anschließend wird wiederum die Wurzel des gerichteten Baumes ermittelt.

Vor der eigentlichen Transformation in ein gemeinsames Koordinatensystem müssen zunächst alle Einzelergebnisse in einen einheitlichen Maßstab gebracht werden. Dies ist erforderlich, da bei jeder Stereorekonstruktion der Abstand zwischen den beiden Kamerapositionen normiert wurde (siehe 3.3.4.1). Als Referenzsystem wird das Kamerakoordinatensystem der Wurzel des Rekonstruktionsbaumes betrachtet. Unter der Voraussetzung konstanter Abstände zwischen den rekonstruierten 3D-Koordinaten gleicher Objektpunkte können die unterschiedlichen Skalierungsfaktoren der einzelnen Rekonstruktionsergebnisse bestimmt werden. Um sicherzustellen, daß zwei Rekonstruktionen auch tatsächlich mindestens zwei gemeinsame Objektpunkte aufweisen, werden die Skalierungsfaktoren sukzessive für die einzelnen Ebenen des Baumes bestimmt. Beginnend mit den 3D-Koordinaten und dem Translationvektor der Knoten der Tiefe 1 werden schrittweise die Rekonstruktionsergebnisse mit zunehmender Tiefe skaliert. Die Suche nach zwei gemeinsamen Objektpunkten und anschließender Skalierung erfolgt bei Kanten der Tiefe n, $n \geq 2$, jeweils bezogen auf die darüberliegende Kante der Tiefe $(n - 1)$. Im Anschluß an die Skalierung liegen alle Rekonstruktionsergebnisse im gleichen Maßstab vor. Nun kann die Rücktransformation der Einzelergebnisse erfolgen. Hierzu werden die einzelnen Translationsvektoren t_i und Rotationsmatrizen R_i in das Kamerakoordinatensystem der Wurzel umgerechnet. Dies erfolgt wiederum sukzessive für die einzelnen Ebenen, beginnend bei den Knoten der Tiefe 2. Die Transformation der Parameter der äußeren Orientierung erfolgt dabei gemäß:

$$R_d = R_{d-1}R \tag{6.36}$$
$$t_d = R_{d-1}t + t_{d-1}.$$

R_d und t_d bezeichnen die skalierten, äußeren Parameter, die bei der Stereorekonstruktion ermittelt wurden, d.h. sie beschreiben die relative Orientierung zwischen dem Anfangs- und dem Endknoten einer Kante. Der Index d bezeichnet die Tiefe des Graphen und die zugehörigen Transformationen R_d und t_d beschreiben die relative Orientierung des aktuellen Kamerakoordinatensystems zum Kamerakoordinatensystem der Wurzel. Nachdem die Parameter der äußeren Orientierung in das Kamerakoordinatensystem der Wurzel umgerechnet wurden, können die rekonstruierten 3D-Punkte $p_k = (X_k, Y_k, Z_k)$, die zunächst bezüglich der einzelnen Kamerakoordinatensysteme vorliegen, in einem Schritt in das Kamerakoordinatensystem der Wurzel $(p_w = (X_w, Y_w, Z_w))$ transformiert werden:

$$p_w = R_d p_k + t_d. \tag{6.37}$$

Anschließend liegen alle rekonstruierten 3D-Koordinaten und die Parameter der äußeren Orientierung in einem einheitlichen Koordinatensystem vor. Wird ein Objektpunkt aus mehreren Bildpaaren rekonstruiert so wird die dreidimensionale Koordinate aus dem arithmetischen Mittel der Einzelergebnisse gewonnen.

Eine sukzessive Rekonstruktion verschiedener Teile des Objektes und die anschließende Transformation in ein gemeinsames Kamerakoordinatensystem erweist sich allerdings aus Sicht der erreichbaren Genauigkeit als nicht hinreichend. Die Ursachen hierfür liegen darin, daß die einzelnen Ansichten des Objektes jeweils bezogen auf ein Kamerakoordinatensystem rekonstruiert wurden und die Ergebnisse somit in verschiedenen Maßstäben vorliegen. Aus diesem Grund mußte, zur Überführung der Daten in ein gemeinsames Koordinatensystem, die oben beschriebene Anpassung des Skalierungsfaktors vorgenommen werden. Die anschließende Transformation, die teilweise aus mehrfach akkumulierten Rotation- und Translationsmatrizen besteht, erzeugt zusätzliche Ungenauigkeiten (siehe Abbildung 6.12).

Abb. 6.12. Rekonstruktionsfehler bei einer jeweils paarweise gewonnenen Teilgeometrie

Zur Reduzierung des Rekonstruktionsfehlers sollte deshalb ein Verfahren eingesetzt werden, welches bei der Rekonstruktion nicht jeweils paarweise vorgeht, sondern es erlaubt, die Beziehungen, welche durch einzelne mehrfachbestimmte Punkte hervorgerufen werden, auszunutzen. Außerdem sollten die Orientierungsparameter nicht allein aus einer paarweisen Betrachtung ermittelt werden, sondern es sollte die Beziehung zwischen mehreren Kamerasystemen gleichzeitig in die Berechnung einfließen und sich gegenseitig beeinflussen. Eine solche Anpassung zwischen den gemessenen Bildkoordinaten und den daraus abgeleiteten Orientierungsparametern kann mittels numerischer Ausgleichsverfahren erreicht werden.

Als Eingangsdaten dieser, in der Photogrammetrie auch als Bündelblockausgleich bezeichneten Verfahren [Wro87b], werden grobe Näherungen sowohl für die Kamerastandorte als auch für die Objektkoordinaten benötigt. Im Gegensatz zur Photogrammetrie, bei der üblicherweise zusätzliche Punkte mit bekannten dreidimensionalen Koordinaten mit in die Berechnung einbezogen werden, kann bei der hier entwickelten Vorgehensweise, aufgrund der mittels einer linearen Rekonstruktion gewonnenen Näherungslösungen, auf diese Zusatzinformation verzichtet werden.

Auf der Grundlage der mittels paarweiser Rekonstruktion und anschließender Zusammenführung in ein gemeinsames Koordinatensystem erzielten Näherungen wird eine Ausgleichsrechnung durchgeführt. Hierbei werden in einem iterativen Verfahren mittels der nachfolgend beschriebenen Newton-Gauß-Iteration die anfänglichen Näherungswerte der Objektkoordinaten verbessert. Der Prozeß wird beendet, sobald die Ausgleichsdaten einen a priori festgelegten Schwellwert unterschritten haben. Die Übertragung des Verfahrens des Bündelblockausgleichs auf die hier vorliegenden Startwerte wird im nachfolgenden Abschnitt betrachtet.

6.3   Orientierung des Bildverbundes

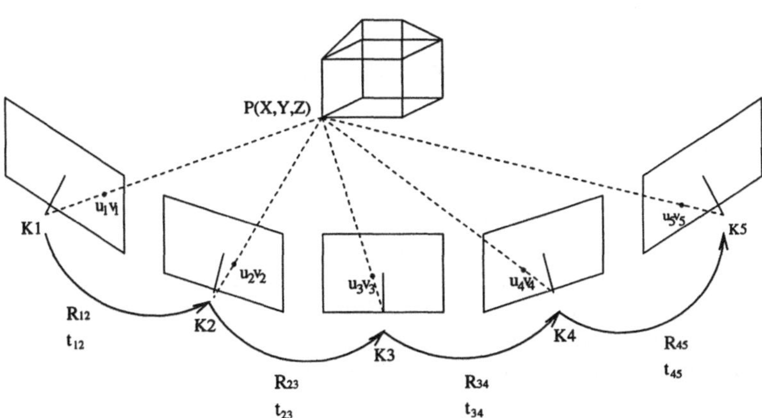

Abb. 6.13. Zusammenhang zwischen einem Objektpunkt und den Pixelpositionen in den jeweiligen Bildebenen verschiedener zueinander orientierter Kamerasysteme

Um die Genauigkeit der Rekonstruktionsergebnisse zu erhöhen, werden nun in einem Folgeschritt, auf der Grundlage eines ganzheitlichen Ansatzes, die relativen Orientierungen aller zur Rekonstruktion verwendeten Teilansichten, einschließlich der Näherungswerte der dreidimensionalen Koordinaten und den zugehörigen Pixelpositionen, betrachtet (siehe Abbildung 6.13).

Als Eingangsdaten für eine Ausgleichsrechnung, wie diese z.B. auch in der Photogrammetrie in Form des Bündelblockausgleichs eingesetzt wird [Kra84], müssen von den zu rekonstruierenden Objektpunkten die Bildkoordinaten in den verschiedenen Bildern und grobe Näherungen für ihre Lage im Weltkoordinatensystem zur Verfügung stehen. Außerdem müssen die Kameraorientierungen der verschiedenen Bilder näherungsweise bekannt

sein. In einem Iterationsprozeß werden dann diese Näherungen schrittweise
verbessert, bis die exakten Weltkoordinaten der Objektpunkte und die Kameraorientierungen ermittelt sind. Im Gegensatz zur Photogrammetrie werden
diese Näherungswerte hier allerdings nicht durch zusätzlich vermessene 3D-
Punkte geliefert, sondern es werden die Ergebnisse aus der im vorangehenden
Abschnitt beschriebenen linearisierten Form der Rekonstruktion verwendet.
Durch diese Kombination ist es möglich auf die Einbeziehung zusätzlicher
3D-Punkte während der Erfassung zu verzichten.

Die hier zur Anwendung kommende S-VHS-Kamera erzeugt Bilder, die
mit hinreichender Genauigkeit als Zentralprojektion des erfaßten Objektes
angesehen werden können. Der Zusammenhang zwischen den Bildkoordinaten (u, v) eines Bildpunktes und den Weltkoordinaten eines Objektpunktes
(X, Y, Z) läßt sich durch die folgende Gleichungen formulieren:

$$
\begin{aligned}
u &= u_0 - \alpha_u \frac{r_{11}(X - t_x) + r_{21}(Y - t_y) + r_{31}(Z - t_z)}{r_{13}(X - t_x) + r_{23}(Y - t_y) + r_{33}(Z - t_z)} \\
v &= v_0 - \alpha_v \frac{r_{12}(X - t_x) + r_{22}(Y - t_y) + r_{32}(Z - t_z)}{r_{13}(X - t_x) + r_{23}(Y - t_y) + r_{33}(Z - t_z)}.
\end{aligned}
\tag{6.38}
$$

Die Kamera befindet sich dabei an der Position (t_x, t_y, t_z) im Welt- bzw.
Bezugskoordinatensystem. Die Bildkoordinaten des Bildhauptpunktes werden durch die Parameter u_0 und v_0 beschrieben. Die Parameter r_{1k} sind
die Elemente der Rotationsmatrix R, welche die räumliche Orientierung
des Kamerakoordinatensystems in bezug zum Weltkoordinatensystem be-
schreibt. Sind bei der Rotation die drei Drehwinkel ω_X, ω_Y und ω_Z um die
drei Koordinatenachsen bekannt (Rotation um mitbewegte Achsen) und ist
die Hierarchie der Achsen X als Primärachse, Y als Sekundärachse und Z
als Tertiärachse gegeben, so ist der Aufbau der Rotationsmatrix R eindeutig
festgelegt.

Für die Durchführung der Ausgleichsrechnung müssen die gemessenen
Bildkoordinaten (u_{ij}, v_{ij}) $((i = 1 \cdots m)$ bezeichnet die Punktnummer und
$(j = 1 \cdots n)$ die Bildnummer) einer Reihe von korrespondierende Objektpunkten (sogenannte *Verknüpfungspunkten*) $P_i = (X_{N,i}, Y_{N,i}, Z_{N,i})$ zur
Verfügung stehen. Dabei entspricht m der Anzahl der Objektpunkte und n
der Anzahl von Bildern. Ist die exakte Lage des Verknüpfungspunktes im
Weltkoordinatensystem unbekannt, so handelt es sich um einen sogenannten
Neupunkt. Bei einem *Paßpunkt* hingegen sind die genauen Weltkoordinaten
a priori bestimmt.

Zur Anwendung des Verfahrens muß für die Neupunkte eine grobe Näherung, d.h. zumindest der Quadrant, in dem sich der Punkt befindet, zuvor bekannt sein. Außerdem müssen für die Bilder des zur Rekonstruktion
verwendeten Verbundes, die Parameter der äußeren Orientierung näherungsweise vorliegen.

Sind insgesamt r Bildpunkte und m Objektpunkte (davon p Paßpunkte
und q Neupunkte, d.h. $m = p + q$) in n Bildern gegeben, so muß folgende Un-

gleichung erfüllt sein, damit das Gleichungssystem der Ausgleichsrechnung nicht unterbestimmt ist:

$$2r + 3p > 6n + 3m. \tag{6.39}$$

Steht somit eine ausreichende Anzahl an Bildkoordinaten zur Verfügung, so benötigt das Verfahren theoretisch keine Paßpunkte. Es zeigte sich allerdings, daß ohne die Verwendung dieser das Gleichungssystem stabilisierenden Paßpunkte, eine Konvergenz des Verfahrens für die hier vorliegenden Meßdaten des Kamerasystems, vielfach nicht zu erreichen war. Da allerdings keine zusätzlichen Messungen von 3D-Koordinaten vorgenommen wurden, konnten hier nur sogenannte *Pseudo-Paßpunkte* verwendet werden. Diese werden aus den Punkten mit den geringsten quadratischen Restfehlern der linearen Näherungslösung gebildet.

Die idealen Bildkoordinaten u und v berechnen sich gemäß der nichtlinearen Gleichungen 6.38 aus den zugehörigen Weltkoordinaten. Durch Translation des mittels der Kamerakalibrierung (siehe Abschnitt 6.1.1) bestimmten Bildhauptpunktes in den Ursprung des Koordinatensystems, lassen sich die Gleichungen 6.38 folgendermaßen darstellen:

$$u_{ij} = -\alpha_u \frac{r_{11}(X_i - t_{xj}) + r_{21}(Y_i - t_{yj}) + r_{31}(Z_i - t_{zj})}{r_{13}(X_i - t_{xj}) + r_{23}(Y_i - t_{yj}) + r_{33}(Z_i - t_{zj})} \tag{6.40}$$

$$v_{ij} = -\alpha_v \frac{r_{12}(X_i - t_{xj}) + r_{22}(Y_i - t_{yj}) + r_{32}(Z_i - t_{zj})}{r_{13}(X_i - t_{xj}) + r_{23}(Y_i - t_{yj}) + r_{33}(Z_i - t_{zj})}, \tag{6.41}$$

mit $i = 1, .., m$ und $j = 1, .., n$. Die Anzahl der Objektpunkte wird dabei durch die Größe m angegeben und n steht für die Anzahl der Bilder.

Aufgrund der in Abschnitt 6.2 beschriebenen Rekonstruktion konnten die Parameter der äußeren Orientierung, sowie die 3D-Koordinaten des Objektes nur näherungsweise ($\tilde{t}_x, \tilde{t}_y, \tilde{t}_z, \cdots, \widetilde{\omega_X}, \widetilde{\omega_Y}, \widetilde{\omega_Z}, \cdots, \widetilde{X}_i, \tilde{Y}_i, \widetilde{Z}_i$) bestimmt werden. Gleichzeitig werden die intrinsischen Koordinaten in den Formalismus aufgenommen, um eventuelle Störungen der Kamerakalibrierung ausgleichen zu können. Die tatsächlichen Werte differieren von dieser Näherungslösung und ergeben sich wie folgt: /newpage

$$\begin{aligned}
X_i &= \widetilde{X}_i + \Delta X_i \\
Y_i &= \tilde{Y}_i + \Delta Y_i \\
Z_i &= \widetilde{Z}_i + \Delta Z_i \\
t_{xj} &= \widetilde{t_{xj}} + \Delta t_{xj} \\
t_{yj} &= \widetilde{t_{yj}} + \Delta t_{yj} \\
t_{zj} &= \widetilde{t_{zj}} + \Delta t_{zj} \\
\omega_{Xj} &= \widetilde{\omega_{Xj}} + \Delta\omega_{Xj} \\
\omega_{Yj} &= \widetilde{\omega_{Yj}} + \Delta\omega_{Yj} \\
\omega_{Zj} &= \widetilde{\omega_{Zj}} + \Delta\omega_{Zj}
\end{aligned}$$

$$u_0 = \widetilde{u_0} + \Delta u_0$$
$$v_0 = \widetilde{v_0} + \Delta v_0$$
$$\alpha_u = \widetilde{\alpha_u} + \Delta\alpha_u$$
$$\alpha_v = \widetilde{\alpha_v} + \Delta\alpha_v.$$

Darüber hinaus sind auch die gemessenen Bildkoordinaten $\tilde{u}$ und $\tilde{v}$ mit einem Meßfehlern behaftet. Dieser Meßfehler läßt sich folgendermaßen in die Betrachtungen mit einbeziehen:

$$u = \tilde{u} + c_u$$
$$v = \tilde{v} + c_v.$$

Hierbei geben c_u und c_v die Korrekturen der gemessenen Koordinaten an. Der Zusammenhang zwischen den gemessenen Bildpunkten und den nur näherungsweise bekannten Koordinaten der Neupunkte läßt sich für jeden Bildpunkt $(\widetilde{u_{ij}}, \widetilde{u_{ij}})$ durch die folgende Korrekturgleichung beschreiben:

$$\widetilde{u_{ij}} + c_{uij} = -\alpha_u * \frac{\begin{pmatrix} r_{11} \\ r_{21} \\ r_{31} \end{pmatrix} \begin{pmatrix} (\widetilde{X_i} + \Delta X_i) - (\widetilde{t_{xj}} + \Delta t_{xj}) \\ (\widetilde{Y_i} + \Delta Y_i) - (\widetilde{t_{yj}} + \Delta t_{yj}) \\ (\widetilde{Z_i} + \Delta Z_i) - (\widetilde{t_{zj}} + \Delta t_{zj}) \end{pmatrix}}{\begin{pmatrix} r_{13} \\ r_{23} \\ r_{33} \end{pmatrix} \begin{pmatrix} (\widetilde{X_i} + \Delta X_i) - (\widetilde{t_{xj}} + \Delta t_{xj}) \\ (\widetilde{Y_i} + \Delta Y_i) - (\widetilde{t_{yj}} + \Delta t_{yj}) \\ (\widetilde{Z_i} + \Delta Z_i) - (\widetilde{t_{zj}} + \Delta t_{zj}) \end{pmatrix}} \qquad (6.42)$$

$$\widetilde{v_{ij}} + c_{vij} = -\alpha_v * \frac{\begin{pmatrix} r_{12} \\ r_{22} \\ r_{32} \end{pmatrix} \begin{pmatrix} (\widetilde{X_i} + \Delta X_i) - (\widetilde{t_{xj}} + \Delta t_{xj}) \\ (\widetilde{Y_i} + \Delta Y_i) - (\widetilde{t_{yj}} + \Delta t_{yj}) \\ (\widetilde{Z_i} + \Delta Z_i) - (\widetilde{t_{zj}} + \Delta t_{zj}) \end{pmatrix}}{\begin{pmatrix} r_{13} \\ r_{23} \\ r_{33} \end{pmatrix} \begin{pmatrix} (\widetilde{X_i} + \Delta X_i) - (\widetilde{t_{xj}} + \Delta t_{xj}) \\ (\widetilde{Y_i} + \Delta Y_i) - (\widetilde{t_{yj}} + \Delta t_{yj}) \\ (\widetilde{Z_i} + \Delta Z_i) - (\widetilde{t_{zj}} + \Delta t_{zj}) \end{pmatrix}}. \qquad (6.43)$$

Diese Korrekturgleichungen sind nicht-linear und lassen sich somit nicht direkt lösen. Um lineare Korrekturgleichungen zu erhalten, wird an der Stelle der Näherungswerte der Parameter eine Taylorreihe entwickelt, die nach den Gliedern erster Ordnung abgebrochen wird. Für gemessene Bildkoordinaten $\widetilde{u_{ij}}$ und $\widetilde{v_{ij}}$ eines Objektpunktes P_i $(i = 1,..,m)$ im Bild j $(j = 1,..,n)$ gilt dann (die Funktion f_0 und g_0 beschreiben die Abbildungsvorschriften für u und v aus Gleichung 6.38):

$$c_{uij} = \frac{\partial f_0}{\partial X_i}\Delta X_i + \frac{\partial f_0}{\partial Y_i}\Delta Y_i + \frac{\partial f_0}{\partial Z_i}\Delta Z_i +$$
$$\frac{\partial f_0}{\partial t_{xj}}\Delta t_{xj} + \frac{\partial f_0}{\partial t_{yj}}\Delta t_{yj} + \frac{\partial f_0}{\partial t_{zj}}\Delta t_{zj} +$$

$$
\begin{aligned}
& \frac{\partial f_0}{\partial \omega_{Xj}}\Delta\omega_{Xj} + \frac{\partial f_0}{\partial \omega_{Yj}}\Delta\omega_{Yj} + \frac{\partial f_0}{\partial \omega_{Zj}}\Delta\omega_{Zj} + \\
& \frac{\partial f_0}{\partial u_0}\Delta u_0 + \frac{\partial f_0}{\partial \alpha_u}\Delta\alpha_u + \\
& f_{0ij}(\widetilde{X_i}, \widetilde{Y_i}, \widetilde{Z_i}, \widetilde{t_{xj}}, \widetilde{t_{yj}}, \widetilde{t_{zj}}, \widetilde{\omega_{Xj}}, \widetilde{\omega_{Yj}}, \widetilde{\omega_{Zj}}, \widetilde{u_0}, \widetilde{\alpha_u}) - \widetilde{u_{ij}} \\
c_{vij} =\ & \frac{\partial g_0}{\partial X_i}\Delta X_i + \frac{\partial g_0}{\partial Y_i}\Delta Y_i + \frac{\partial g_0}{\partial Z_i}\Delta Z_i + \\
& \frac{\partial g_0}{\partial t_{xj}}\Delta t_{xj} + \frac{\partial g_0}{\partial t_{yj}}\Delta t_{yj} + \frac{\partial g_0}{\partial t_{zj}}\Delta t_{zj} + \\
& \frac{\partial g_0}{\partial \omega_{Xj}}\Delta\omega_{Xj} + \frac{\partial g_0}{\partial \omega_{Yj}}\Delta\omega_{Yj} + \frac{\partial g_0}{\partial \omega_{Zj}}\Delta\omega_{Zj} + \\
& \frac{\partial g_0}{\partial v_0}\Delta v_0 + \frac{\partial g_0}{\partial \alpha_v}\Delta\alpha_v + \\
& g_{0ij}(\widetilde{X_i}, \widetilde{Y_i}, \widetilde{Z_i}, \widetilde{t_{xj}}, \widetilde{t_{yj}}, \widetilde{t_{zj}}, \widetilde{\omega_{Xj}}, \widetilde{\omega_{Yj}}, \widetilde{\omega_{Zj}}, \widetilde{v_0}, \widetilde{\alpha_v}) - \widetilde{v_{ij}}.
\end{aligned}
$$

Die Berechnung der partiellen Ableitungen sind in Anhang D angegeben. Da die hier verwendeten Pseudo-Paßpunkte (X_i, Y_i, Z_i) ebenfalls nur als Näherungswert vorliegen, werden zusätzlich noch folgende Verbesserungsgleichungen definiert:

$$
\begin{aligned}
X_i + c_{Xi} &= \widetilde{X_i} + \Delta X_i \\
Y_i + c_{Yi} &= \widetilde{Y_i} + \Delta Y_i \\
Z_i + c_{Zi} &= \widetilde{Z_i} + \Delta Z_i.
\end{aligned}
$$

Umgeformt wird der Korrekturwert folgendermaßen berechnet:

$$
\begin{aligned}
c_{Xi} &= \Delta X_i - (X_i - \widetilde{X_i}) \\
c_{Yi} &= \Delta Y_i - (Y_i - \widetilde{Y_i}) \\
c_{Zi} &= \Delta Z_i - (Z_i - \widetilde{Z_i}).
\end{aligned}
\tag{6.44}
$$

Da diese Gleichungen bereits linear sind können sie direkt in das System der Korrekturgleichungen einbezogen werden:

$$
\vec{v} = B\vec{x} - \vec{l}.
\tag{6.45}
$$

Stehen p Paßpunkte und r Bildpunkte, diese ergeben sich aus den Projektionen von m Objektpunkten, zur Verfügung, so ist $\vec{v}$ ein Vektor der Dimension $2r + 3p$ mit den Verbesserungen der Koordinaten und Paßpunkte:

$$
\vec{v} = (c_{uij}, c_{vij}, .., c_{Xi}, c_{Yi}, c_{Zi}, ...)^T.
\tag{6.46}
$$

Der Vektor $\vec{x}$ besteht aus $3m + 6n + 4$ Komponenten und enthält die Unbekannten der Verbesserungsgleichungen:

$$
\begin{aligned}
\vec{x} = \ & [\Delta X_i, \Delta Y_i, \Delta Z_i, ..., \Delta t_{xi}, \Delta t_{yi}, \Delta t_{zi}, \Delta\omega_{Xi}, \Delta\omega_{Yi}, \Delta\omega_{Zi}, \\
& ..., \Delta u_0, \Delta v_0, \Delta\alpha_u, \Delta\alpha_v]^T.
\end{aligned}
\tag{6.47}
$$

Der Vektor $\vec{l}$ enthält die Absolutglieder an der Stelle der Näherungslösungen. Die $(2r+3p \times 3m+6n+4)$-Matrix B entspricht der Jacobi-Matrix mit den im Anhang D angegebenen partiellen Ableitungen. Für eine variable Gewichtung werden die Gleichungen 6.44 mit einer diagonalen Gewichtsmatrix P in die Ausgleichung eingeführt. Die Gewichte für die Gleichungen 6.44 ergeben sich dabei aus:

$$P_{uij} = \frac{1}{\sigma_{uij}^2} \quad P_{vij} = \frac{1}{\sigma_{vij}^2}. \tag{6.48}$$

σ bezeichnet die Standardabweichung bei der Messung der Bildkoordinaten. Für interaktiv bestimmte Bildpunkte wurde $\sigma = 1$ gesetzt. Werden die Punktkorrespondenzen automatisch bestimmt, so kann die Genauigkeit des jeweiligen Verfahrens an dieser Stelle in die Berechnung mit einbezogen werden. Entsprechend berechnen sich die Gewichte für die Pseudo-Paßpunkte nach:

$$P_{Xij} = \frac{1}{\sigma_{Xij}^2} \quad P_{Yij} = \frac{1}{\sigma_{Yij}^2} \quad P_{Zij} = \frac{1}{\sigma_{Zij}^2}. \tag{6.49}$$

Da im vorliegenden Fall die Paßpunkte nur als Näherung vorliegen, wird σ^2 gemäß der Residuen der linearen Näherungslösung gewählt.

Basierend auf den Verbesserungsgleichungen 6.45 kann nun das Prinzip der Ausgleichsmethode als Minimierungsproblem formuliert werden:

$$\min_{\vec{v}} \vec{v}^T P \vec{v} = \min_{\vec{v}} \left(B\vec{x} - \vec{l}\right)^T P(B\vec{x} - \vec{l}). \tag{6.50}$$

Somit gilt:

$$\frac{d(\vec{v}^T P \vec{v})}{d\vec{x}} = 2(B^T P B \vec{x} - B^T P \vec{l})^T = 0. \tag{6.51}$$

Die Lösung lautet:

$$\vec{x} = (B^T P B)^{-1} B^T P \vec{l}. \tag{6.52}$$

Mit Hilfe des Lösungsvektors $\vec{x}$ werden die ursprünglichen Näherungen $\vec{n}$ korrigiert:

$$\vec{n}' = \vec{n} + \vec{x}. \tag{6.53}$$

Mit den so verbesserten Näherungslösungen $\vec{n}'$ werden die Differentiationen der Linearform und alle folgenden Rechenschritte erneut durchgeführt.

6.4 Bewertung des Rekonstruktionsverfahrens

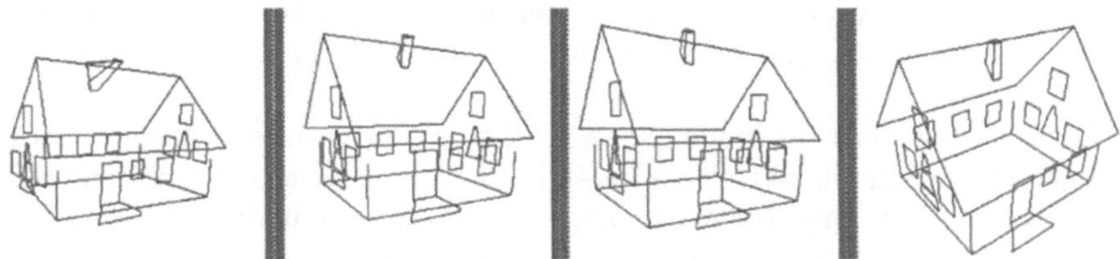

Abb. 6.14. Iterative Verbesserung der Rekonstruktionsergebnisse

Mittels des im vorangehenden Abschnitt vorgestellten nicht-linearen Minimierungsverfahren werden nach einem iterativen Prinzip die relativen Orientierungen sowie die dreidimensionalen Punktkoordinaten schrittweise verbessert (siehe Abbildung 6.14).

In Abhängigkeit von der Güte der Näherungswerte bestimmt sich die Konvergenz und die Zahl der Iterationen der Newton-Gauß-Methode (siehe Anhang C). Die Iteration endet, wenn die Korrekturen sämtlicher Parameter hinreichend klein geworden sind. Ein häufig gewähltes Abbruchkriterium stellt das Unterschreiten des Korrekturvektors der Standardabweichungen des Lösungsvektors dar. Um ein nicht-terminieren des Verfahrens auszuschließen wurde außerdem eine Maximalzahl an Iterationen festgelegt. Die korrigierten Näherungen nach der letzten Iterationen liefern die verbesserten Neupunkte und die Parameter der äußeren Orientierung.

Durch die Betrachtung des gesamten Bildverbundes zur Bestimmung der unbekannten Größen konnte die Qualität der Ergebnisse verbessert werden. Ein Nachteil besteht in der erhöhten Rechenzeit. Nachdem die Bilder des Bildverbundes einmal mit hoher Genauigkeit zueinander orientiert wurden, ist die Verwendung der Ausgleichsrechnung zur Ergänzung der rekonstruierten Geometrie nicht mehr erforderlich. Die Rekonstruktion zusätzlicher Punkte läßt sich dann durch die Berechnung der Strahlenschnittpunkte, ausgehend von den jeweiligen Bildkoordinaten und Orientierungsparametern bestimmen.

Eine quantitative Evaluierung des entwickelten kombinierten Verfahrens wurde anhand von synthetischen Daten durchgeführt. Dazu wurden die Parameter der Kamerakalibrierung, sowie die der gemessenen Bildpunkte mit einem Gauß'schen Rauschen überlagert. Anschließend wurde eine Rekonstruktion der 3D-Geometrie mit einer unterschiedlichen Anzahl an Bildern durchgeführt. Die gewonnenen Ergebnisse wurden auf die jeweiligen Bildebenen zurückprojiziert und mit den idealen Bildkoordinaten verglichen. Das hierdurch gewonnene Gütemaß in Pixeleinheiten, ermöglicht eine Bewertung des Verfahrens unabhängig von der Größe und Entfernung des Objektes. Generell konnte festgestellt werden, daß zur Stabilisierung des Iterationsverfahrens eine Einbeziehung von Paßpunkten erforderlich ist. Hierzu wurden solche Punkte verwendet, die bei der linearen Orientierung den geringsten quadratischen Restfehler, bezogen auf die paarweise durchgeführte Rekonstruktion, lieferten und gleichzeitig in einer möglichst großen Anzahl verschiedener Aufnahmen rekonstruiert wurden. Eine Darstellung der Testergebnisse erfolgt in Anhang C.

Generell läßt sich feststellen, daß die lineare paarweise Rekonstruktion eine geringere Genauigkeit[7] liefert als die nicht-lineare, gesamtheitliche Rekonstruktion. Für ungestörte Eingangsdaten können mit dem linearen Rekonstruktionsverfahren maximale Genauigkeiten von $0.5 - 1.0$ Pixel erreicht werden. Mit der nicht-linearen Rekonstruktion hingegen lassen sich für den gleichen Fall Genauigkeiten von bis zu $0.2 - 0.5$ Pixel erzielen.

Werden die Kalibrierungsdaten der linearen Rekonstruktion gestört, so führt dies zu einer Verschlechterung der Rekonstruktionsergebnisse. Weder durch eine Zunahme an Bildpunkten, noch durch Erhöhung der Bildanzahl kann eine Verbesserung der Ergebnisse erzielt werden. Demgegenüber kann mit der nicht-linearen Rekonstruktion der Kalibrierungsfehler fast vollständig kompensiert werden.

Aufgrund des relativ hohen Rechenaufwandes des Ausgleichsverfahrens, wird die Orientierung des Bildverbundes zunächst auf der Grundlage einer geringen Punktzahl durchgeführt. Unter Verwendung der hieraus resultierenden verbesserten Werte für die relative Orientierung kann anschließend, zur Erweiterung der geometrischen Beschreibung des Objektes, das im nachfolgenden Abschnitt beschriebene Verfahren einer kombinierten 2D-3D Konturbestimmung verwendet werden.

6.5   Interaktive Konturbestimmung

Die im vorangehenden Abschnitt beschriebene Rekonstruktion der 3D-Geometrie basierte auf einer Menge von korrespondierenden Punkten des Bildverbundes. Zum Zwecke der Visualisierung der Objektgeometrie ist eine Repräsentation in Form einer Punktmenge unzureichend. Zur Darstellung des Objektes ist es zunächst erforderlich, topologisch höherwertige Geometrien zu bilden. Eine in der Computer Graphik häufig gewählte Form der Oberflächendarstellung ist die sogenannte *Boundary*-Repräsentation (siehe auch Abschnitt 2.3.4). Hierbei wird ein Objekt in Form seiner Punkte, Kanten und Flächen dargestellt [Fol90].

Eine *Boundary*-Repräsentation läßt sich automatisch mittels einer Triangulation der 3D-Punkte bestimmen (siehe Abschnitt 6.5.1). Wird das

---

[7]Die angegebenen Genauigkeitswerte wurden mittels einer Auswertung synthetischer Bilddaten gewonnen und bilden somit eine obere Grenze der erreichbaren Rekonstruktionsgüte.

Oberflächenmodell allein auf der Grundlage der rekonstruierten 3D-Punkte bestimmt, so besteht nur ein Zusammenhang zwischen dem Modell und der Geometrie des Objektes. Nicht berücksichtigt werden dabei semantische Einheiten des Objektes. Eine Bestimmung dieser zusammengehörigen Objektteile ist allerdings für eine flexible Weiterverarbeitung mitunter erwünscht. Durch die Angabe dieser Einheiten lassen sich beispielsweise bestimmte Attribute für Teile des Objektes gezielt modifizieren. Diese Semantik findet sich, in Abhängigkeit von dem gewählten Aufnahmeobjekt, in einem gewissen Umfang in der Bildinformation wieder. So werden einzelne Einheiten, insbesondere von künstlich geschaffenen Objekten, häufig durch Konturen im Bild begrenzt.

Für eine automatische Gewinnung dieser Einheiten muß Modellwissen in die Bildsegmentierung einbezogen werden. Zur Gewährleistung eines zuverlässigen Verfahrens muß häufig gleichzeitig die Objektvielfalt eingeschränkt werden. Eine Alternative gegenüber einer automatischen Segmentierung besteht darin, einzelne Objektteile graphisch interaktiv zu gewinnen und somit das semantische Wissen durch den Benutzer bereitzustellen. In vielen Fällen zeichnen sich Grenzflächen zwischen semantischen Einheiten durch eine Intensitätsdiskontinuität der Pixelwerte im Rasterbild aus. Somit ist es wünschenswert, einen Mechanismus zu besitzen, der eine graphisch-interaktive Bestimmung des Konturverlaufs ermöglicht.

Die überwiegende Zahl an Konturextraktionsverfahren arbeiten auf einem zweidimensionalen Bild. Die Grundlagen zur Detektion des Konturverlaufs bilden zumeist, mittels Gradienten oder Laplaceoperatoren ermittelte Diskontinuitäten des Bildintensitätsverlaufs. Andere Verfahren bestimmen einen Konturverlauf unter Verwendung eines Kantenmodells [BB89], [Har93], [Fau93]. Diese lokalen Verfahren besitzen den Nachteil, daß sie sehr störanfällig sind und somit entweder Lücken im Konturverlauf oder auch, neben der eigentlich gewünschten Kontur, zusätzliche Kanten im Bild hervorrufen.

Aus diesem Grund sind globale Verfahren, die nicht einen einzelnen Konturpunkt betrachten, sondern die Güte der Gesamtkontur bewerten, lokalen Verfahren gegenüber zumeist überlegen.

Die Bestimmung der *optimalen Kontur* läßt sich hierbei auf die Frage eines *optimalen Pfads* zwischen dem Start- und Endpunkt einer Kontur zurückführen. Ein einzelner Bildpunkt verursacht bei dieser Betrachtungsweise spezifische Kosten und somit kann eine Konturbestimmung auf ein Minimierungsproblem zurückgeführt werden, welches sich als Graphsuche formulieren läßt. Morten und Barret [Bar95] verwenden hierzu Techniken der zweidimensionalen dynamischen Programmierung, Vosselmann und Sagerer [Vos92] [Sag90] nutzen für die Definition des Suchverfahrens den A^*-Algorithmus, dieser wurde von Neugebauer [Neu95] auf die Fragestellung der Kantensuche in Höhenbildern übertragen.

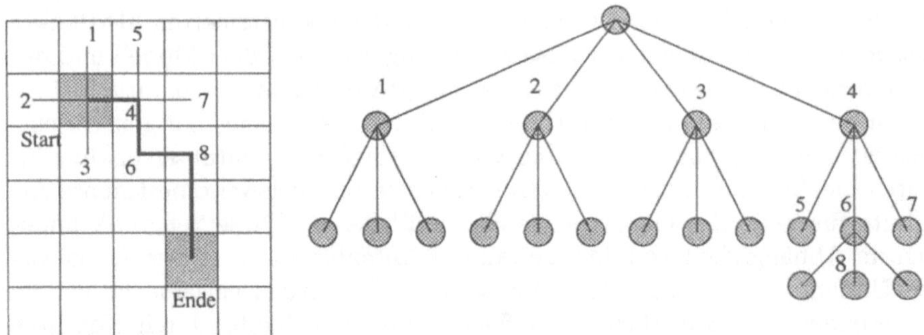

Abb. 6.15. Darstellung des Suchraums für die Bestimmung des 2D-Konturverlaufs zwischen zwei Markierungspunkten als Baumstruktur

Der Suchraum für einen Weg zwischen zwei Punkten in einem Rasterbild kann als Baumstruktur dargestellt werden. Die Wurzel des Baumes wird durch das Pixel des Startpunktes definiert. Rekursiv lassen sich die Nachbar-Pixel[8] als Unterknoten aufgetragen (Abbildung 6.15). Wird der Pixel des Endpunktes erreicht, so entspricht der zugeordnete Knoten einem Blatt. Die Zweige des Baumes repräsentieren Wege im Rasterbild, entlang derer eine Kostenfunktion definiert wird. Die Kosten werden auf der Grundlage der Weglänge und lokaler Bildeigenschaften berechnet. Der optimale Weg zwischen zwei Punkten wird somit durch den Zweig des Baumes geliefert, dessen akkumulierte Kosten minimal sind. Somit kann die Kontursuche in Form einer Kostenminimierung über den *A*-Suchbaum-Algorithmus* erfolgen, wie beispielsweise bei [Jun90] oder [Neu95] beschrieben.

Die Qualität des Ergebnisses und die Effizienz der Konturbestimmung hängt dabei wesentlich von der Definition der Kostenfunktion ab. Diese kann spezifisch auf den jeweiligen Anwendungsfall angepaßt werden. Die Gesamtkosten $K_P(P_i)$ eines Knotens P_i setzen sich aus den akkumulierten Kosten $A(P_i)$, vom Startpixel P_0 bis zum aktuellen Pixel P_i und einem heuristischen Maß für die geschätzten Restkosten $R(P_i, P_n)$, zwischen dem aktuellen Pixel P_i und dem Endpixel P_n zusammen [NB87], [Nie90], [Vos92], [Neu95].

$$K_P(P_i) = \sum_0^i A(P_i) + R(P_i, P_n). \tag{6.54}$$

Durch eine geeignete Wahl der Restkosten $R(P_i, P_n)$ läßt sich der Suchbereich begrenzen. Setzt man die Restkosten zu Null so ist garantiert, daß der, hinsichtlich der gewählten Kostenfunktion, optimale Pfad gefunden wird. Für eine zielgerichtete Konturverfolgung sollte die Entfernung zum Zielpunkt mit

---

[8]Für den zweidimensionalen Fall kann wahlweise eine 4er- oder 8er-Nachbarschaft verwendet werden. Als effizientere und dennoch qualitativ hinreichende Variante erwies sich in vielen Fällen die Verwendung der 4er-Nachbarschaft

einbezogen werden. Die Wahl der aktuellen Kostenfunktion sollte gewährleisten, daß für homogene Bildbereiche ein großer, aber endlicher Kostenwert entsteht und für Gebiete mit starken Intensitätsdiskontinuitäten ein Kostenwert nahe 0, resultiert. Bei der vorliegenden Kontursuche kann z.B. der negative Gradient der Bildintensitäten $-\nabla I(x,y)$ als Kostenmaß K_P eingesetzt werden. Um das Verlassen der optimalen Kontur entsprechend hoch zu "bestrafen", sollte der Gradient mittels der folgenden Funktion gewichtet werden[9]:

$$L(P_i) = e^{-\lambda |\nabla I(x,y)|}. \tag{6.55}$$

Die Suche nach dem optimalen Pfad erfolgt anschließend nach dem folgenden Schema [BB89]:

1. Initialisierung des Suchbaums S mit Hilfe des Startpixels P_0. Erzeugung einer Liste der nicht expandierten Knoten *OPEN* mit P_0 als erstes Element.

2. Generierung einer *CLOSED*-Liste der bereits expandierten Knoten. Diese ist zu Beginn leer, da noch keine Expansion stattfand.

3. Bestimmung des kostengünstigsten Knotens P_i aus der *OPEN*-Liste und Übertragung in die *CLOSED*-Liste.

4. Bewertung des aktuellen Punktes P_i: Entspricht dieser dem Zielknoten, so wird der Konturverlauf durch Rückverfolgung der Elemente aus der *CLOSED*-Liste bestimmt. Ansonsten:

    (a) Expandieren des aktuellen Knotens um alle noch nicht besuchten Nachbarpixel und Anfügung dieser an die *OPEN*-Liste. Falls diese schon die aktuellen Knoten enthält werden die Kosten aktualisiert. Danach wird der Algorithmus mit (3) fortgesetzt.

Dieses zunächst für eine zweidimensionale Konturverfolgung definierte Verfahren, läßt sich auf den dreidimensionalen Fall erweitern. Voraussetzung hierbei ist eine Folge von Einzelbildern mit bekannter relativer Orientierung. Anstelle eines optimalen Pfades im diskreten zweidimensionalen Bild wird nun ein dreidimensionaler Voxelraum betrachtet. Dieser beschreibt den umschließenden Quader der betrachteten Kontur im dreidimensionalen Raum (siehe Abbildung 6.16). Die Diskretisierung des Voxelraumes wird so gewählt, daß der Abstand zwischen zwei auf die Bildebene projizierte benachbarte Voxel maximal ein Pixel beträgt:

$$|P(V_i) - P(N(V_i))| \leq 1. \tag{6.56}$$

$P(.)$ bezeichnet die Projektionsmatrix, V_i den aktuell betrachteten Voxel und $N(V_i)$ ein Nachbarvoxel von V_i. Die Nachbarschaft definiert sich in

---

[9]Die Wahl des Parameters λ geschieht in Abhängigkeit von der jeweiligen Anwendung

Analogie zur zweidimensionalen Konturbestimmung. Anstelle der 4er- bzw.
8er-Nachbarschaft im 2D-Rasterbild, betrachtet man nun die 6er- bzw. 26er-
Nachbarschaft im 3D-Voxelraum (siehe Abbildung 6.16).

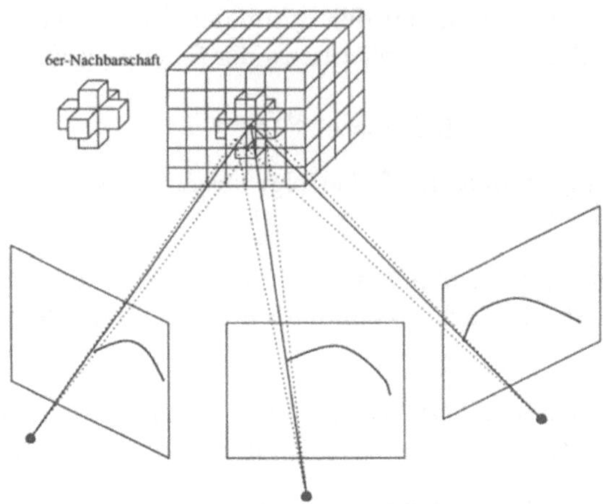

Abb. 6.16. Prinzip einer multiskopischen Konturbestimmung. Zur Pfadsuche
werden die Voxelkosten aus den Pixelkosten der Projektionen in die jeweiligen
Bildebenen ermittelt

Ausgehend von einem Startpunkt im Voxelraum V_i, welcher durch das
Vorwärtsschneiden der Strahlen der Konturstartpunkte bestimmt wird, werden die Kosten der Nachbarvoxel $K_V(N(V_i))$ durch die akkumulierten Pixelkosten des projizierten Voxel auf die einzelnen Bildebenen j definiert:

$$K_V(N(V_i)) = \sum_j K_P(P(N(V_i))). \qquad (6.57)$$

Die Bestimmung des optimalen Pfades erfolgt entsprechend der in Gleichung
6.57 definierten Kosten, unter Berücksichtigung der Nachbarschaftsbezie-
hung im Voxelraum, in Analogie zu der zweidimensionalen Konturbestimmung.

Eine notwendige Voraussetzung für die Anwendung dieser multiskopischen Konturfindung ist die Sichtbarkeit der Kontur in allen für die Rekonstruktion des Konturverlaufs verwendeten Rasterbilder.

Dieses Verfahren liefert die Möglichkeit sehr einfach und schnell bereits
rekonstruierte 3D-Punkte über eine 3D-Kontur zueinander in Beziehung zu
setzen. Dabei kann der Einfluß von Bildstörungen in einzelnen Aufnahmen,
durch die Verbindung mehrerer Rasterbilder reduziert werden. Abbildung
6.17 zeigt das Ergebnis einer simultanen Konturbestimmung in zwei Eingangsbildern des Bildverbundes. Hierzu war es ausreichend jeweils die Eckpunkte der jeweiligen Konturen graphisch-interaktiv zu bestimmen. Aus-

gehend von einem 3D-Startpunkt erfolgt eine simultane 2D/3D Kontursuche. Hierzu wird die Güte der Kontur gemäß der Kostenfunktionen aus 6.57 bestimmt. Neben den hier dargestellten 2D-Konturen wird gleichzeitig im Voxelraum die zugehörige 3D-Kontur ermittelt. Die Rasterbilder wurden hierzu mittels eines Medianfilters vorverarbeitet um das Bildrauschen zu eliminieren. Da die resultierende 3D-Kontur auch kleine Änderungen der 2D-Konturen entsprechend modelliert muß die Kontur, will man einen glatten Verlauf erzielen, gegebenenfalls nachbearbeitet werden.

Abb. 6.17. Bestimmung der 3D-Kontur durch eine simultane Bewertung der Kantengüte in zwei zueinander orientierten Bildern eines Bildverbundes

Für eine realistische Visualisierung des rekonstruierten Objektes muß neben der Objektgeometrie auch die Objekttextur den jeweiligen Oberflächen zugeordnet werden. Hierzu muß die Objekttextur aus den zugrundeliegenden Rasterbildern extrahiert werden, dies wird mit dem in Abschnitt 4.3.1 beschriebenen Verfahren erzielt. Die konkrete Realisierung wird im nachfolgenden Abschnitt dargestellt.

6.5.1 Bestimmung der Textur

Die Bewertungen der verschiedenen Verfahren zur analytischen Gewinnung einer Texturrepräsentation (siehe Kapitel 4) zeigten, daß trotz des größeren Datenaufkommens eine ikonische Texturrepräsentation für praktische Anwendungen, gegenüber einer statistischen oder strukturellen Texturbeschreibung, aufgrund der flexiblen Einsetzbarkeit hinsichtlich der verarbeiteten Textur, vorzuziehen ist.

Da die gesamte Objekttextur in keinem der Eingangsbilder vollständig enthalten ist, muß diese aus mehreren Teilen zusammengesetzt werden. In dem hier realisierten System lassen sich die hierzu erforderlichen Texturausschnitte entweder graphisch interaktiv oder mittels eines automatischen Verfahrens ermitteln.

Aufgrund der redundanten Bildinformation, hervorgerufen dadurch, daß verschiedene Teile des Objektes in mehreren Aufnahmen enthalten sind, ist die Auswahl eines geeigneten Texturausschnitts zunächst nicht eindeutig bestimmt. Aus diesem Grund wird der jeweils optimale Texturausschnitt, hinsichtlich der jeweiligen Verzerrung algorithmisch ermittelt. Zwei Gesichtspunkte wurden dabei verfolgt. Zunächst wurde festgestellt, daß eine Entzerrung einer nicht-planaren Texturoberfläche häufig zu ungewollten Artefakten führt [Hof89]. Somit ist es wünschenswert, dieses Maß an Verzerrungen der entnommenen Textur durch eine Unterteilung in jeweils planare Oberflächensegmente zu minimieren. Die Entzerrung eines planaren Polygons ist einfach durchzuführen und wurde bereits in Abschnitt 4.3.1 dargestellt. Andererseits sollte die jeweils entnommene Textur, bezogen auf den jeweiligen Kamerastandort, einen möglichst geringen Winkel mit der Blickrichtung des Beobachters bilden.

Um diese beiden Anforderungen zu erfüllen, wird in einem ersten Schritt die Oberfläche in planare Segmente (Dreiecke) unterteilt. Hierzu wird auf der Grundlage einer beliebigen Punktmenge eine 2D-Delaunay-Triangulation der Bildpunkte durchführt (siehe linke Abbildung 6.18). Die Gesamtoberfläche wird dabei durch eine fortgesetzte Triangulation über mehrere Ansichten gebildet. Der Vorteil einer 2D Delaunay-Triangulation auf der Grundlage der rekonstruierten 2D-Bildmerkmalen besteht darin, daß hierbei die Sichtbarkeitskriterien inhärent Berücksichtigung finden. Im Gegensatz zu einer 3D-Delaunay Triangulation können hierbei Durchdringungen des Objektes vermieden werden.

Das derart erzeugte Dreiecksnetz besitzt allerdings trotzdem einige unzulässige Dreiecke, die in einem Nachbearbeitungsschritt unter Einbeziehung der Objektsilhouette eliminiert werden müssen. Neben solchen, über die Objektsilhouette hinausragenden Dreiecken, entstehen aufgrund der geringen Punktdichte zusätzliche unerwünschte Dreiecke innerhalb des Objektes.

Da die Triangulation zunächst auf den projizierten Bildpunkten durchgeführt wird, stehen die so entstandenen Dreiecke in keiner Beziehung zu der dreidimensionalen Objektform. Aus diesem Grund erfolgt die Weiterverarbeitung auf der Basis der rekonstruierten 3D-Punkte. Unter Bewertung der jeweiligen Oberflächennormalen werden anschließend benachbarte Dreiecke zusammengefaßt, so daß planare Polygone mit einer möglichst großen Ausdehnung entstehen. Jedes dieser Polygone definiert einen Texturausschnitt, der mit geringen Entzerrungsartefakte aus den Rasterbildern extrahiert werden kann.

Da einzelne Polygone in verschiedenen Ansichten sichtbar sind, wird die zugehörige Textur aus dem Bild entnommen, in dem das Polygon den maximalen Flächeninhalt beschreibt. Hierdurch kann unter der Voraussetzung einer etwa gleichbleibenden Distanz zwischen Kamera und Objekt gewähr-

Abb. 6.18. Links: Triangulation einer beliebigen Punktmenge; Rechts: Eliminierung unzulässiger Dreiecke

Abb. 6.19. Synthetisch generiertes rekonstruiertes Modellhaus

leistet werden, daß die dem Betrachter am stärksten zugewandte Textur entnommen wird und diese die geringste Verzerrung aufweist.

6.5.2 Visualisierung der Ergebnisse

Das graphisch-interaktiv gewonnene Oberflächenmodell wird intern in Form einer *Boundary*-Repräsentation verwaltet. Weiterhin wird jedem aus der Reduzierung der triangulierten Objektoberfläche hervorgehenden Polygon die

Abb. 6.20. Reales, rekonstruiertes Modellhaus kombiniert mit einer computergraphisch erzeugten Szene

entsprechende "optimierte" Textur zugeordnet. Diese Form der Repräsentation erlaubt einen sehr einfachen Datenaustausch mit einem Renderingsy-
stem. Abbildung 6.19 zeigt das synthetisch erzeugte rekonstruierte Modellhaus. Aufgrund der gewählten Datenverwaltung des Objektes, in einer abstrakten computer-graphischen Beschreibungsform, ist auch gleichzeitig die
Möglichkeit gegeben, das rekonstruierte Modellhaus mit einer traditionell
modellierten Szene zu kombinieren. Durch diese Zusammenführung realer,
rekonstruierter Objekte mit synthetisch generierten Objekten läßt sich der
Realismus computer-generierter Szenen signifikant erhöhen (siehe Abbildungen 6.20 und E.1 (Farbe)).

6.5.3 Bewertung des Verfahrens

Das in den vorangehenden Abschnitten beschriebene Verfahren ermöglicht
eine graphisch-interaktive Erfassung realer Objekte und die Überführung
der gewonnenen Geometrie und Textur in eine computer-graphische Beschreibungsform. Hierzu wurde ein Verfahren entwickelt, welches auf der Grundlage eines monoskopisch erfaßten Bildverbundes die 3D-Rekonstruktion
der Objektgeometrie ermöglicht. Durch diesen allgemeinen Ansatz läßt
sich die Objekterfassung mit Hilfe einer handelsüblichen S-VHS-Kamera
durchführen. Mit Hilfe eines kombinierten Verfahrens, bestehend aus einer Startwertbestimmung, unter Verwendung eines linearen Modells, und
einer nicht-linearen iterativen Optimierung der Orientierungs- und Geo-

metriegrößen konnte die Objektgeometrie ohne eine Einbeziehung zusätzlicher 3D-Paßpunkte ermittelt werden. Ein neu entwickeltes Verfahren zur simultanen 2D/3D Konturbestimmung ermöglicht eine einfache graphisch-interaktive Ergänzung der Geometriedaten. Neben der Geometrie wurde zusätzlich die Objekttextur aus den einzelnen Objektansichten extrahiert. Durch die Überführung der gewonnenen Daten in eine computer-graphische Szenenbeschreibungsform läßt sich das rekonstruierte Objekt direkt visualisieren und kann ebenso schnell mit einer traditionell modellierten Szene kombiniert werden. Weiterhin ermöglicht die Allgemeinheit des Verfahrens eine einfache Übertragung der Methodik auf andere Anwendungsszenarien (siehe Abbildungen 6.21, 6.22 bzw. E.2 (Farbe), E.3 (Farbe)).

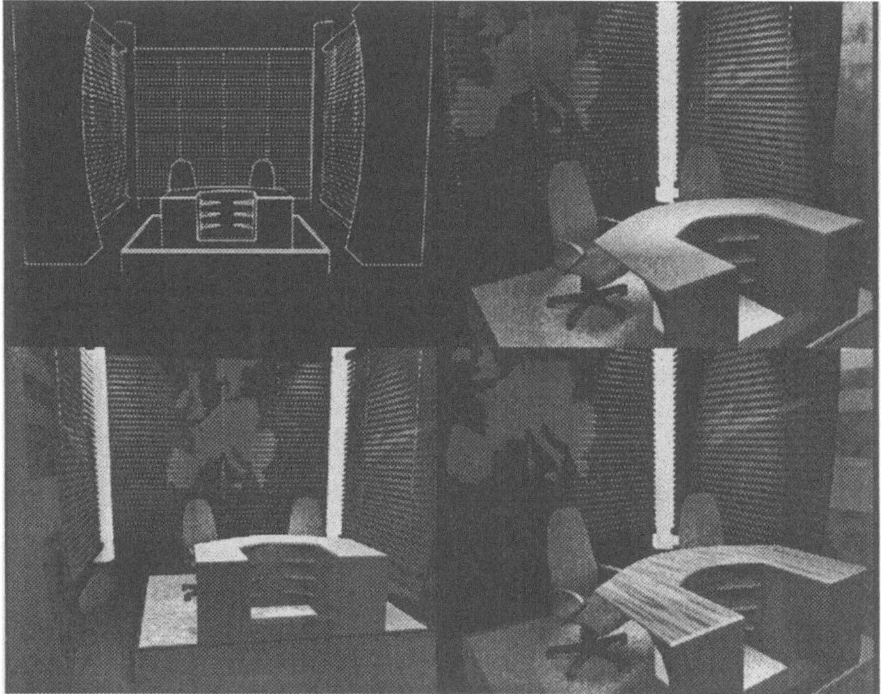

Abb. 6.21. Kombinierte Darstellung eines rekonstruierten Tisches und Podests und einer modellierten Geometrie der restlichen Szene. Links oben: Drahtmodelldarstellung; rechts oben: parametrische Texturbeschreibung; links unten: Texturemapping realer Texturen; rechts unten: Variation der Tischtextur

Abb. 6.22. Rekonstruktion der Königshalle von Lorsch. Links : Rekonstruierte Objektgeometrie (Wireframe-Darstellung); rechts: texturierte Objektgeometrie

7. Erfassung realer 3D-Objekte aus einer Bildfolge

In einem zweiten Anwendungsszenario soll die Modellgewinnung auf der Grundlage einer kontinuierlichen Bildsequenz betrachtet werden. Die hierzu entwickelten Techniken werden anhand einer medizinischen Applikation untersucht.

Im Gebiet der Medizin gewinnt die digitale Verarbeitung von zwei- und dreidimensionalen Bilddaten eine ständig wachsende Bedeutung. Ein wichtiger Teilaspekt ist hierbei die geometrische Rekonstruktion von anatomischen Strukturen. Als Grundlage dienen sehr heterogene Modalitäten; so wird eine Rekonstruktion beispielsweise auf der Grundlage von Computertomographien (CT) [Kle93], Ultraschall [SW95], Magneto-Resonanztomographien (MR), Kernspin oder auch histologischen Schnitten [CTH94], [Gro95] durchgeführt. Vielfach dienen allerdings derzeit noch zweidimensionale Ansichten der medizinischen Diagnostik.

Auch für die Untersuchung des Herzens wird eine große Vielfalt an Sensorik eingesetzt. Neben Röntgengeräten (Thoraxröntgen, Angiographie) werden auch Ultraschallverfahren (Echokardiographie, intravasaler Ultraschall) und optische Sensoren unter Verwendung von Glasfasern (Koronarangioskopie) angewendet [Bei93]. Eine Quantifizierung von Gefäßverengungen der Herzkranzgefäße (sogenannte Koronarstenosen) findet allerdings in den meisten Fällen auf der Grundlage einer Videosequenz von zweidimensionalen Röntgenaufnahmen statt. Eine exakte Beurteilung von Koronarstenosen auf der Basis dieses Bildmaterials erfordert eine große Routine seitens des Kardiologens. Derzeit ist es nicht möglich, mit Hilfe von CT- oder MR-Sensoren direkt tomographische Daten zu erfassen, die unter Verwendung von z.B. *Marching-Cube*-Verfahren [LC87] in ein dreidimensionales Modell konvertiert werden können. Die Schwierigkeit einer 3D-Erfassung der Koronarstenosen wird durch die Bewegung des Gefäßbaumes hervorgerufen. Die bei gängigen Geräten erforderliche Akquisitionszeit ist zur Erfassung des gesamten Gefäßbaumes zu hoch um eine verzerrungsfreie Aufnahme zu gewährleisten (die Erfassungszeit einer Schicht beträgt bei einem CT etwa 1 Sekunde, bei einem MR liegt die Zeit bei cà. 30 Sekunden). Wollte man die Akquisition mit dem Herzschlag synchronisieren, etwa durch eine EKG-getriggerte CT-Erfassung, so müßte dem Patienten eine sehr hohe Dosis an Kontrastmittel verabreicht werden. Aus diesem Grund erfolgt die derzeitige diagnostische Bewertung eines Herzkranzgefäßes zumeist auf der Grundlage von 2D-Röntgenaufnahmen.

Um die diagnostischen Möglichkeiten des Mediziners zu verbessern wurde ein 3D-Rekonstruktionsverfahren entwickelt. Das Verfahren arbeitet auf der Grundlage mehrerer, aus unterschiedlichen Richtungen erfaßten, zweidimensionalen Projektionen des Gefäßbaumes. Die einzelnen Ansichten werden in Form einer Videosequenz bereitgestellt, die mit Hilfe eines sich um das Herz des Patienten rotierenden monoplanen Röntgengerätes erfaßt wird.

Die entwickelten Methoden reduzieren dabei die Anzahl der Benutzereingriffe bei der Erfassung und Rekonstruktion auf ein Minimum. Einzig der erste Schritt des Verfahrens, bestehend aus einer Segmentierung des Gefäßbaumes im initialen Bild der Sequenz, erfolgt graphisch-interaktiv. Das Segmentierungsergebnis wird in den weiteren Verarbeitungsschritten, ohne eine weitere Benutzerinteraktion zu erfordern, auf die nachfolgenden Bilder der Sequenz übertragen. Hierzu wird die Lage des Gefäßbaumes über die Bildsequenz verfolgt. Für beide Schritte, die Segmentierung des Gefäßbaumes und die Verfolgung über die Bildsequenz, werden neue Techniken entwickelt.

Für die Segmentierung des Gefäßbaumes wird ein interaktives Konturfindungsverfahren [Neu95] erweitert, welches nur eine geringe Zahl an Benutzerinteraktionen erfordert. Hierzu wird der in Abschnitt 6.5 beschriebene A^*-Suchalgorithmus für den zweidimensionalen Fall verwendet, welcher die, bei der Konturverfolgung entstehenden Kosten, minimiert. Als Ergebnis dieses Verfahrens erhält man die Mittellinie des Gefäßbaumes. Zur Beschreibung der Mittellinie wurde diese in eine *Snake*-Repräsentation [Kas87] überführt. Dies ermöglicht eine Übertragung der initial gewonnenen Segmentierungsergebnisse auf die nachfolgenden Bilder der Sequenz. Die Zuordnung erfolgt mittels einer Energieminimierung über welche die Lage und Gestalt der *Snake* variiert werden kann (siehe Abschnitt 4.4.3).

Um den Suchraum der Korrespondenzfindung weiter einschränken zu können, wird die relative Orientierung der Einzelaufnahmen und die daraus hervorgehende Epipolargeometrie für die Zuordnung korrespondierender Bildpunkte in die Berechnungen mit einbezogen. Die rekonstruierte dreidimensionale Geometrie wird anschließend in eine Volumenbeschreibung überführt. Die Darstellung in Form eines Volumenmodells liefert einen verbesserten visuellen Eindruck der Gefäßstruktur und ist somit für die Bereitstellung eines Werkzeuges zur Unterstützung der Diagnose von Stenosen zu bevorzugen. Abbildung 7.1 zeigt die verschiedenen Verarbeitungsschritte zur Rekonstruktion der dreidimensionalen Geometrie des Gefäßbaumes.

In den nachfolgenden Abschnitten werden die jeweils zur Anwendung kommenden Techniken für eine dreidimensionale Rekonstruktion des Gefäßbaumes beschrieben. Zunächst wird hierzu die Bildgewinnung und das Angiographiesystem dargestellt. Anschließend wird das Segmentierungsverfahren erläutert, welches die Eingangsdaten für das nachfolgende Trackingverfahren liefert. Durch die Kombination der Trackingresultate mit den Nebendingungen, die sich durch die Epipolargeometrie ergeben (diese ermöglicht die Reduzierung des Suchbereichs nach korrespondierenden Bildmerkmalen auf eine 1D-Suche, siehe Abschnitt 7.5), läßt sich das Gefäß dreidimensional rekonstruieren. Die anschließende Übertragung der

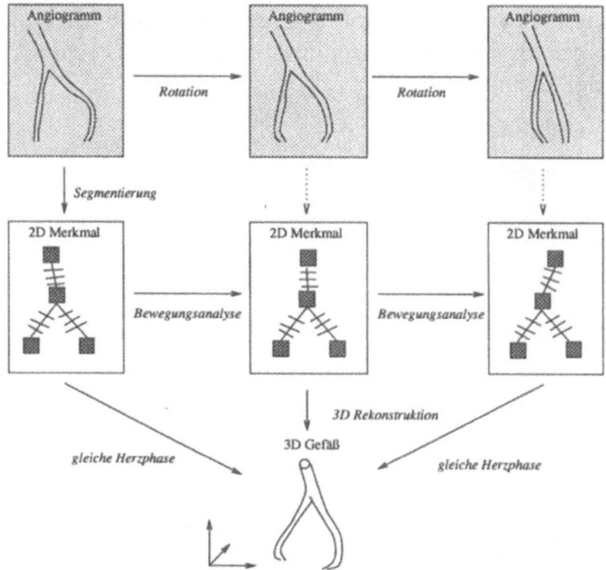

Abb. 7.1. Verarbeitungsschritte zur Rekonstruktion der dreidimensionalen Geometrie des Gefäßbaumes

rekonstruierten Ergebnisse liefert ein weiteres Beispiel einer dreidimensionalen Erfassung eines realen Objektes auf der Grundlage von Rasterbildern. Durch die Allgemeinheit einer Vielzahl von Teilschritten des Verfahrens, ist eine einfache Übertragungen auf andere Anwendungen gewährleistet.

7.1 Kalibrierung des Röntgengerätes

Zum Zwecke der Kalibrierung des Röntgengerätes wurden verschiedene Aufnahmen eines Testgitters mit bekanntem Gitterabstand von $\frac{1}{2}$ Zoll erstellt. Aufgrund des Aufbaus des Röntgengerätes war es möglich die relative Orientierung der Einzelaufnahmen, sowie den Abstand des Bildverstärkers von der Röntgenquelle und den Abstand der Röntgenquelle vom Isozentrum direkt am Gerät abzulesen.

Somit konnte die Voraussetzung von 6 nicht komplanaren Punkte, für das in Abschnitt 6.1.1 beschriebene Kalibrierungsverfahren, bereits durch die Aufnahme eines planaren Gitters erfüllt werden. Hierzu wurden mehrere Aufnahmen aus unterschiedlichen Winkeln verwendet. Zunächst wurde eine Aufnahme senkrecht zum Gitter erstellt. Für die weiteren n-Aufnahmen erfolgte eine Rotation des Röntgengerätes um einen bekannten Winkel gegenüber der Ausgangskonfiguration. Aufgrund der verschiedenen Orientierungen zwischen Sensor und Kalibrierungsobjekt, war es möglich, mittels vier Bezugspunkten auf dem Gitter, insgesamt $n \cdot 4$ nicht komplanare

Punkte im Kamerakoordinatensystem zu gewinnen. Abbildung 7.2 zeigt die Rückprojektion der 3D-Kalibrierungspunkte auf die senkrechte Ansicht nach Durchführung der Kamerakalibrierung.

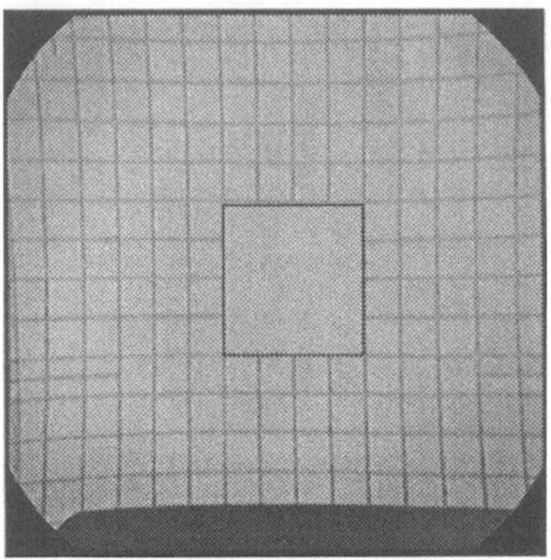

Abb. 7.2. Projektion der 3D-Kalibrierungspunkte auf das Kalibrierungsgitter

Aufgrund vorgegebener Werte für den Abstand zwischen Röntgenquelle und Isozentrum und dem Abstand zwischen Röntgenquelle und Bildverstärker konnten die Parameter der Abbildungsmatrix ermittelt werden.

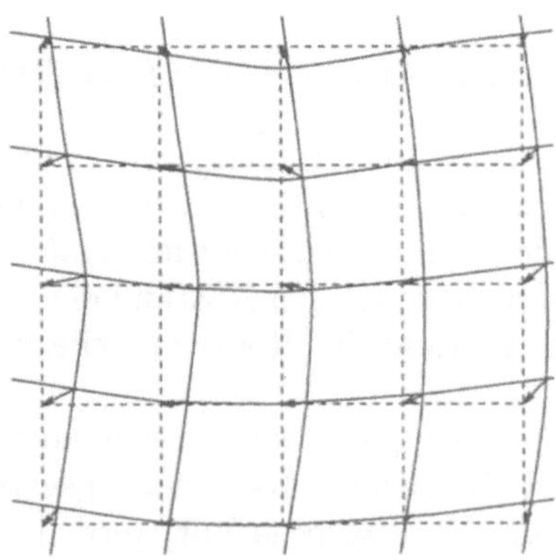

Abb. 7.3. Bestimmung der Entzerrungssvektoren mit Hilfe eines Referenzgitters

Neben der Bestimmung der Parameter hinsichtlich der Skalierung und des Perspektivenhauptpunktes muß außerdem die kissenförmige Verzerrung berücksichtigt werden. Mit Hilfe der bekannten Geometrie des Kalibrierungsgitters kann diese weitestgehend eliminiert werden. Betrachtet man den Lageunterschied zwischen einem unverzerrt abgebildeten Gitter und dem Ergebnis der Röntgenerfassung aus Abbildung 7.2, so läßt sich jedem Eckpunkt des verzerrten Gitters ein Verschiebungsvektor zuordnen (siehe Abbildung 7.3). Umgekehrt betrachtet kann gleichzeitig den Eckpunkten des unverzerrten Gitters eine Bildintensität und der entsprechende Translationsvektor $(T(l, m))$ bezüglich der Röntgenaufnahme $(I_{ORG}(i, j))$ zugewiesen werden. Mittels einer bilinearen Interpolation können die dazwischenliegenden Bildintensitäten des entzerrten Bildes $(I_{KAL}(i, j))$ aus einer anteiligen Gewichtung der Verschiebungsvektoren der jeweiligen Eckpunkte des umschließenden Quadrats bestimmt werden:

$$T(\mu, \nu) = \begin{pmatrix} 1 - \mu & \mu \end{pmatrix} \begin{pmatrix} T(0,0) & T(0,1) \\ T(1,0) & T(1,1) \end{pmatrix} \begin{pmatrix} 1 - \nu \\ \nu \end{pmatrix} \qquad (7.1)$$

$$I_{KAL}(i, j) = I_{ORG}((i, j) + T(\mu, \nu)).$$

7.2 Akquisition von Herzkranzgefäßen

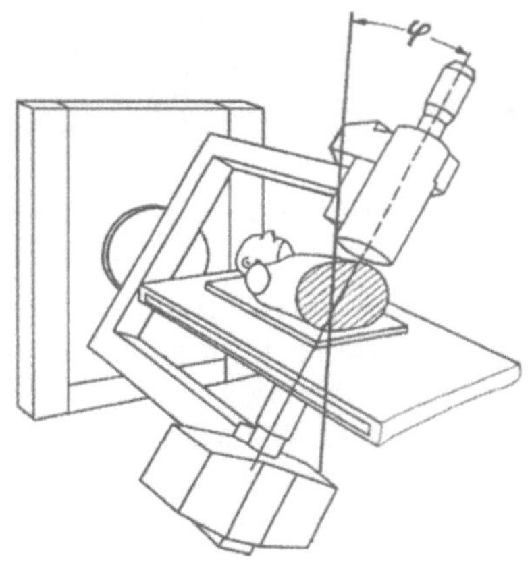

Abb. 7.4. Schematische Darstellung eines Angiographiesystems

Wie oben bereits erwähnt, ist das am häufigsten verwendete Verfahren zur Erfassung von Herzkranzgefäßen, nicht zuletzt aufgrund der großen räumlichen und zeitlichen Auflösung, sowie des guten Konstrastes, die Angiographie. Abbildung 7.4 zeigt eine schematische Darstellung eines Angiographiesystems. Die Bilderzeugung setzt sich aus den nachfolgenden Teilschritten zusammen.

Ausgehend von der Röntgenquelle, welche sich unterhalb des Patienten befindet, verläuft der Röntgenstrahl durch den Körper und trifft anschließend

über ein streustrahlen-reduzierendes Gitter auf die Oberfläche eines Bildverstärkers. Hier wird der Röntgenstrahl in sichtbares Licht umgewandelt,
welches entweder auf Cine- und/oder Videofilm oder in neueren Systemen
direkt digital aufgezeichnet wird.

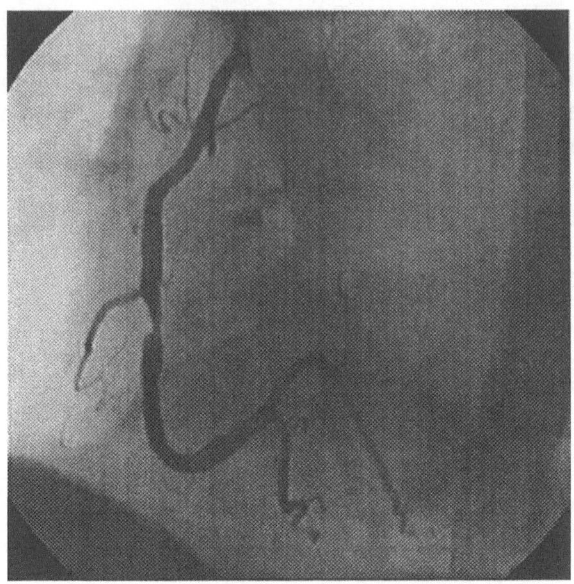

Abb. 7.5. Mit Kontrastmittel verstärkte Aufnahme eines Herzkranzgefäßes

Die resultierende Bildintensität korreliert mit der Röntgenstrahlenergie,
die den Bildverstärker erreicht. Dabei ist die Quantität der den Patienten
durchdringenden Röntgenenergie, abhängig von der Dichte und den Absorp-
tionseigenschaften des durchstrahlten Materials. Für ein homogenes Medium
und parallele monochromatische Röntgenstrahlen läßt sich die resultierende
Bildintensität gemäß des Lambert-Beer-Gesetzes [Bao91] bestimmen:

$$I = I_0 e^{-\mu\nu d}. \tag{7.2}$$

I: Intensität des Lichtes nachdem es das Medium durchlaufen hat
I_0: Initiale Intensität
μ: Absorptionskoeffizient des Mediums
ν: Dichte des Mediums
d: Dicke des Mediums

Durchläuft der Röntgenstrahl ein Material mit variierender Dichte, so
muß die Gleichung des *Lambert-Beer*-Gesetzes jeweils separat für einzelne
Bereiche mit konstanter Dichte betrachtet werden. Die Gesamtmenge der

transmittierten Intensität resultiert aus der Summe der einzelnen Teile:

$$I = I_0 e^{-\sum_i \mu_i \nu_i d_i}. \tag{7.3}$$

Zur Erhöhung des Absorptionskoeffizienten des Gefäßbaumes wird während der Bilderfassung ein Kontrastmittel injiziert (siehe Abbildung 7.5). Im Falle der Koronargefäße wird hierzu mittels eines Katheders das Kontrastmittel direkt in den oberen Teil der rechten oder linken Arterie eingebracht.

Das den Untersuchungen zugrundeliegende monoplane Röntgengerät, ermöglicht eine Rotation des Sensors um den Patienten. Darüber hinaus läßt sich die Entfernung zwischen dem Isozentrum (im vorliegenden Fall das Herz) und dem Bildverstärker variieren. Beide Größen, die des Rotationswinkels und die der Entfernung zwischen Bildverstärker und Isozentrum, werden während der Bildgewinnung aufgezeichnet.

Zu Diagnosezwecken werden zumeist die Winkel 60° LAO (*left anterior oblique projection*), hier ist die Röntgenröhre links und die Bildverstärkerröhre rechts plaziert) und 30° RAO (*right anterior oblique projection*) verwendet. Diese Winkel sind in dem meisten Fällen ausreichend, um die Gefäßstruktur überlappungsfrei abzubilden. Das dem hier beschriebenen Verfahren zugrundeliegende Bildmaterial wurde mittels eines Schwenks gewonnen. Dabei wurde das Röntgensystem mit konstanter Geschwindigkeit um das Isozentrum des Patienten rotiert. Die Gesamtakquisitionszeit betrug ca. 4 Sekunden, somit wurden etwa 5 vollständige Herzphasen erfaßt.

7.3 Segmentierung des Gefäßbaumes

Aufgrund der starken Korrelation aufeinanderfolgender Aufnahmen kann eine einmalige Segmentierung vorgenommen werden und die Ergebnisse jeweils automatisch auf die nachfolgenden Bilder übertragen werden. In dem ersten Verarbeitungsschritt werden hierzu die nachfolgend rekonstruierten Bereiche des Gefäßbaumes segmentiert.

Zunächst wird die an der Röntgenröhre anliegende Spannung so gewählt, daß im Bereich der, mit Hilfe des Kontrastmittels verstärkten, Gefäßstruktur der maximale Kontrast geliefert wird.

Eine direkte Segmentierung kann mittels einer Subtraktionsangiographie erreicht werden. Hierbei werden zwei deckungsgleiche Aufnahmen jeweils mit und ohne zugeführtem Kontrastmittel erstellt. Durch eine Differenzbildung lassen sich die verstärkten Koronararterien segmentieren [FOB89].

Eine alternative Technik, bei der das Kontrastmittel während der Aufnahme einer längeren Sequenz verfolgt wird, beschreibt [RK82]. Die Anwendung des Differenzbildverfahrens zur Segmentierung von Koronararterien ist allerdings aufgrund der Gefäßbewegungen erschwert und kann aus diesem Grund nicht eingesetzt werden.

Ein modellbasiertes Verfahren für ein globales Erkennen des Koronarsystems wird von [Bei93] vorgeschlagen. Hierzu verwendet Beier Masken mit einem modellhaft berechneten Grauwertprofil des Gefäßverlaufs. Zur Segmentierung wird die maximale Korrelation der jeweils um 45° rotierten Masken bestimmt. Eine anschließende Binarisierung liefert die Gebiete der größten Übereinstimmung. Allerdings treten hierbei im Gefäßverlauf Lücken auf und an Bifurkationsstellen (Gefäßkreuzungen) werden zusätzliche Gefäßverzweigungen fälschlicherweise erkannt.

Aufgrund der genannten Nachteile erscheint ein graphisch-interaktives Verfahrens sinnvoll. Sun [Sun90] beschreibt hierzu ein rekursives Bereichswachstumsverfahren, welches ausgehend von mehreren Markierungspunkten den Gefäßbaum segmentiert. Der Nachteil des Verfahrens besteht darin, daß Änderungen des Kontrastmittels zu Fehlern der Segmentierung führen. Darüber hinaus ist eine graphisch-interaktive Korrektur der Ergebnisse kaum möglich.

Das in Abschnitt 6.5 beschriebene Verfahren der A^*-Suche liefert eine Kompromißlösung zwischen erreichbarem Automatisierungsgrad und den Interaktionsmöglichkeiten des Benutzers. Hierbei markiert der Benutzer eine geringe Anzahl von Punkten auf dem Gefäßbaum. Die anschließende, vollständige Segmentierung des Gefäßbaumes erfolgt automatisch. Dabei können auch Bereiche, in denen sich der Gefäßverlauf stark ändert oder die durch Rauschen gestört sind, mittels eines veränderten Abstandes zwischen den interaktiv gesetzten Punkten erfaßt werden. Das Verfahren erlaubt somit eine große Variabilität der Eingangsdaten.

Die Segmentierung unterteilt sich in zwei Schritte. Zunächst wird die Gefäßmittellinie mittels der A^*-Suche ermittelt. Anschließend erfolgt die Bestimmung der seitlichen Begrenzungskonturen des Gefäßbaumes. Diese beiden Bearbeitungsschritte werden nachfolgend ausführlich behandelt.

7.3.1 Bestimmung der Mittellinie

In dem ersten Verarbeitungsschritt wird die Mittellinie des Gefäßbaumes bestimmt. Hierzu wird die A^*-Konturverfolgung eingesetzt, welche zwei vom Benutzer interaktiv angegebene Punkte miteinander verbindet.

Die Qualität der Ergebnisse, sowie die Effektivität des Algorithmus, hängen wiederum von einer adäquaten Definition der Kostenfunktion ab (siehe auch Abschnitt 6.5). Im Zusammenhang mit der Erfassung der Gefäßmittellinie muß somit eine mathematische Funktion gefunden werden, welche die Gestalt des Gefäßes entsprechend modelliert. Diese Funktion erlaubt es, die lokalen Kosten der Kontur zu bestimmen.

Auf der Grundlage des von Beier [Bei93] vorgeschlagenen Gefäßmodells (siehe Abbildung 7.9) kennzeichnet sich die Position der Mittellinie in Form eines lokalen Maximums[1]. Quantitativ charakterisieren sich Punkte der Gefäßmittellinie durch eine große Intensitätsdifferenz zwischen dem aktuellen Bildpunkt und einem Mittelwert seiner Umgebung.

---

[1]Bedingt durch die Aufzeichnung der Röntgenbilder sind die hier vorliegenden Bilddaten demgegenüber invertiert dargestellt

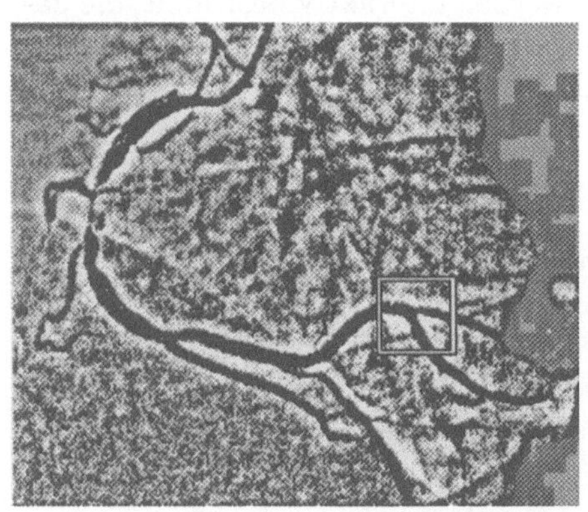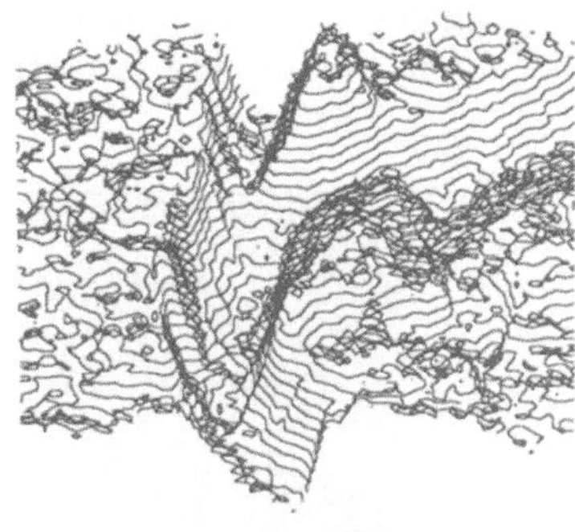

Abb. 7.6. Links: Anwendung der Kostenfunktion für die Bildpunkte eines Angiogramms. Im rechten Bild wird der links markierte Ausschnitt als 3D-Kontur dargestellt

Dieser Zusammenhang läßt sich wie folgt beschreiben:

$$\delta(x,y) = I(x,y) - \frac{1}{(2s+1)^2} \sum_{x_i=x-s}^{x+s} \sum_{y_i=y-s}^{y+s} I(x_i,y_i). \qquad (7.4)$$

$I(x,y)$ ist der Intensitätswert an der Position (x,y), s beschreibt einen, entsprechend der gewünschten Umgebungsgröße gewählten Parameter. In der vorliegenden Anwendung wird s so gewählt, daß die Umgebung kleiner als der minimale Gefäßdurchmesser ist.

Abbildung 7.6 zeigt die Anwendung der in Gleichung 7.4 angegebenen Kostenfunktion auf das Angiogramm aus Abbildung 7.7. Die Darstellung wurde so gewählt, daß dunkle Pixel Bildpunkten mit niedrigen Kosten entsprechen. Durch diese Kostenberechnung läßt sich deutlich der Verlauf der Gefäße erkennen. Allerdings ist die Gefäßmittellinie, aufgrund der geringen Steigung des Grauwertprofils, (siehe rechten Teil der Abbildung 7.6) nicht eindeutig bestimmt.

Ausgehend von den durch Gleichung 7.4 definierten bildpunktbezogenen Kosten, bildet sich die Kostenfunktion c_k für einen Knoten des Suchbaumes durch Gleichung 7.5. Die globalen Kosten der Kontur werden anschließend durch Akkumulation der lokalen Kosten, unter Berücksichtigung der jeweiligen Entfernung zum Endpunkt der Kontur, ermittelt. Dabei werden über den Index i die Kosten entlang des Zweiges zwischen Startknoten und dem aktuellen Knoten k beschrieben. Die Koordinaten der Endpunkte des gesuchten Weges werden mit x_e und y_e angegeben.

$$c_k = \sum_{i=0}^{k} (-\delta(x_i,y_i)) - (|x_e - x_k| + |y_e - y_k|)\delta(x_k,y_k). \qquad (7.5)$$

Abbildung 7.7 zeigt ein Ergebnis des Konturverfolgungsverfahrens. Einzig
der Start- und der Endpunkt der Kontur werden interaktiv bestimmt, die dazwischenliegenden Konturpunkte lassen sich mit Hilfe des oben angegebenen
Suchverfahrens vollautomatisch ermitteln.

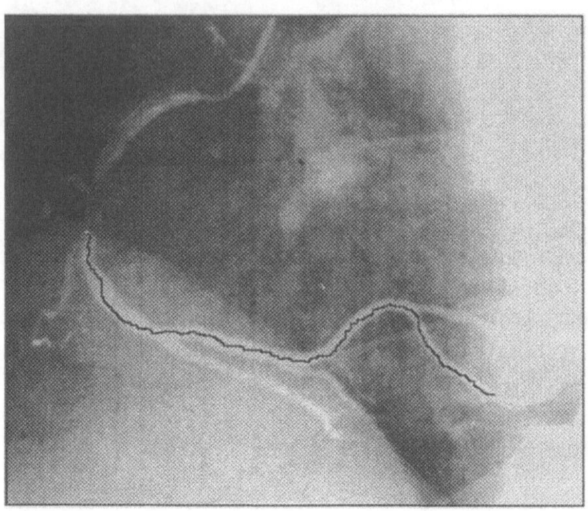

Abb. 7.7. Bestimmung der Mittellinie eines Herzkranzgefäßes mit nur zwei interaktiv markierten Punkten

Durch die Verwendung der A^*-Suche kann, aufgrund der geringen In-
tensitätsvarianz entlang des Gefäßverlaufs, nicht garantiert werden, daß die
Mittellinie des Gefäßes erkannt wurde. Andererseits kann eine robuste Bestimmung des Gefäßverlaufs gewährleistet werden aufgrund der Tatsache,
daß sich das Vorzeichen der Größe $\delta(x, y)$ für Bildpunkte außerhalb des
Gefäßverlaufs umkehrt. Für eine exakte Festlegung der Mittellinie muß der
Verlauf der ermittelten Linie anschließend entsprechend dem Grauwertprofil
senkrecht zur Linie korrigiert werden.

7.3.2 Bestimmung der Gefäßkontur

Zur vollständigen Erfassung des Gefäßbaumes müssen im Anschluß an die
Mittelliniendetektion die seitlichen Konturen des Gefäßes bestimmt werden.
Hierzu werden Scan-Linien betrachtet, die orthogonal zur Mittellinie verlau-
fen. Die Bildintensitäten der Scan-Linien können durch eine äquidistante
Abtastung ermittelt werden. Zur Bestimmung der beiden Endpunkte der
Scan-Linie wird die relative Lage benachbarter Mittellinienpunkte betrach-
tet (siehe Abbildung 7.8).

$$\vec{d_i} = \vec{x}_{i+s} - \vec{x}_{i-s}. \tag{7.6}$$

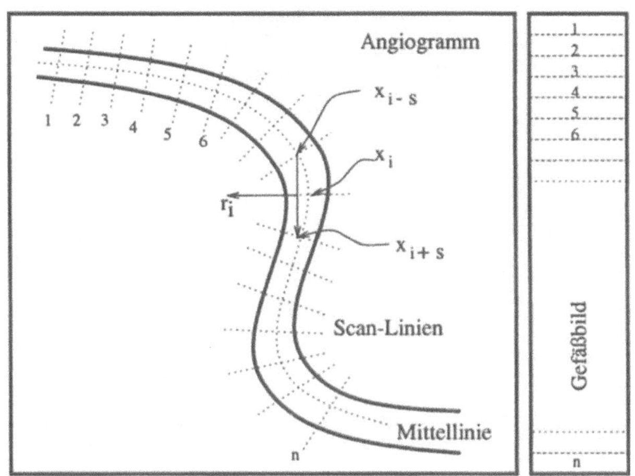

Abb. 7.8. Bestimmung der Gefäßkonturlinien

Durch die Berechnung des Differenzvektors (siehe Gleichung 7.6) lassen sich, abhängig von der betrachteten Richtung, zwei Vektoren senkrecht zum Kurvenverlauf ermitteln:

$$\vec{r}_{i,1} = \begin{pmatrix} -d_{i,y} \\ d_{i,x} \end{pmatrix}. \tag{7.7}$$

$$\vec{r}_{i,2} = \begin{pmatrix} d_{i,y} \\ -d_{i,x} \end{pmatrix}. \tag{7.8}$$

Aus den normierten Vektoren $\vec{r}_{i,1/2}$ können schließlich die Endpunkte der Scan-Linie bestimmt werden. Da die Punkte der Scan-Linie nicht notwendigerweise mit den ganzzahligen Bildkoordinaten zusammenfallen, ist es im allgemeinen erforderlich die Intensitätswerte der Scan-Linienpunkte zu interpolieren (siehe Abbildung 7.8).

Im nächsten Verarbeitungsschritt wird der Intensitätsverlauf entlang der *Scan*-Linie betrachtet. Analysiert man die Gestalt eines Gefäßes im Detail, so konnte festgestellt werden [LeF85], daß sich die Gefäßkontur zwischen der Extremstelle der ersten Ableitung und dem Maximum der zweiten Ableitung befindet (siehe Abbildung 7.9). Basierend auf diesen Ergebnissen entwickelte Beier [Bei93] ein Kostenmaß zur Festlegung der Güte einer Gefäßkontur. Dabei werden die Kosten $c_i(x)$ der Pixel einer Zeile unter Verwendung der ersten $\nabla I_i(x)$ und zweiten Ableitung $\nabla^2 I_i(x)$ und der Kosten der vorhergehenden Zeile berechnet (Gleichung 7.9):

$$c_i(x) = 0.52\nabla I_i(x) + 0.48\nabla^2 I_i(x) + min(c_{i-1}(x-1), c_{i-1}(x), c_{i-1}(x+1)). \tag{7.9}$$

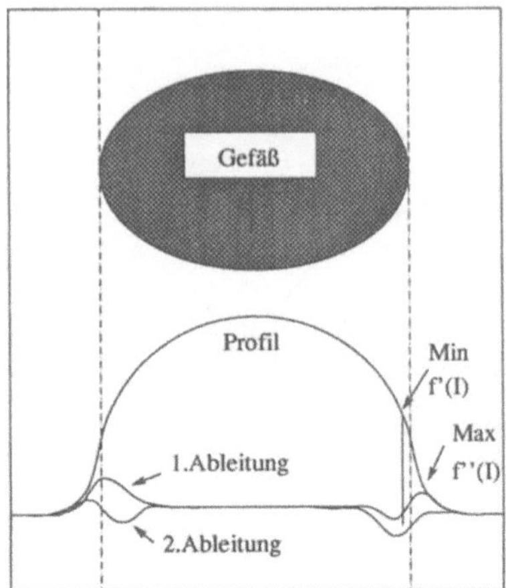

Abb. 7.9. Gestalt eines Gefäßzweiges und Bestimmung der zugehörigen Gefäßkontur

Mittels dieses Kostenmaßes können anschließend die Konturpunkte über den gesamten Gefäßverlauf miteinander verbunden werden. Auch hierbei zeigte sich, daß einzelne Fehler mit Hilfe einer globalen Konturverfolgung kompensiert werden können. Abbildung 7.10 zeigt links die Bestimmung der Gefäßkontur mit Hilfe einer Nullstellensuche. Auf der rechten Seite wurde die Kontur unter Verwendung der in Gleichung 7.9 angegebenen Kostenfunktion bestimmt.

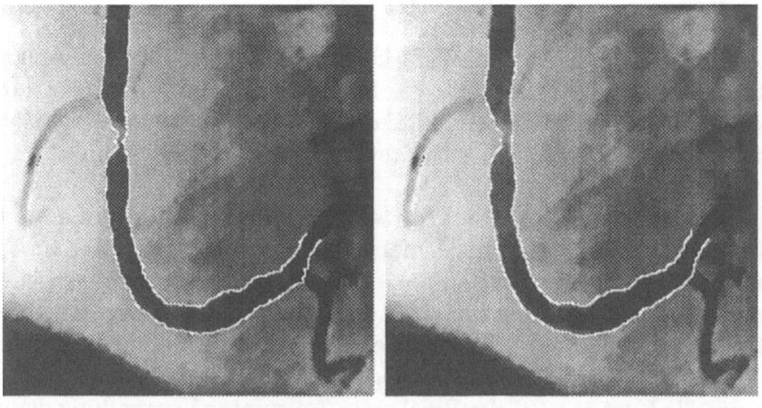

Abb. 7.10. Konturerkennung *links* durch Nullstellenbestimmung der zweiten Ableitung *rechts* unter Verwendung eines Kostenmaßes und anschließender globaler Konturverfolgung

Die Suche nach der vollständigen seitlichen Gefäßkontur wurde wiederum als Minimierungsproblem definiert und mittels des entsprechend Gleichung 7.9 modizifizierten A^*-Konturalgorithmus ermittelt.

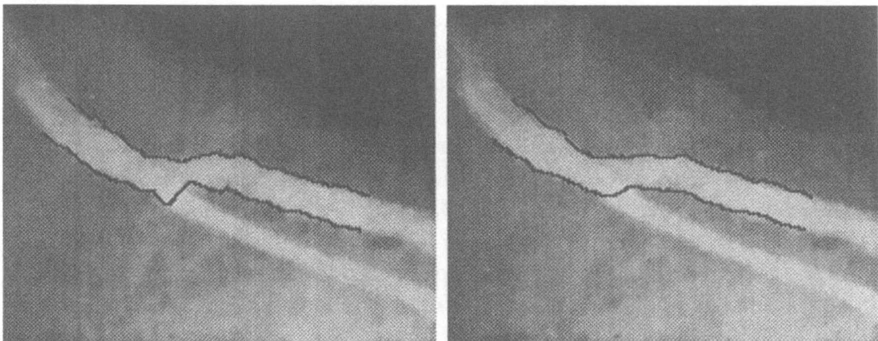

Abb. 7.11. Konturerkennung an einer Bifurkation *links* ohne *rechts* mit einer Glättung auf der Grundlage von *Snakes*

Im Bereich von Gefäßverzweigungen und in Bildregionen, in denen der Intensitätsverlauf stark variiert, treten Probleme bei der Konturverfolgung auf. Diese konnten mit Hilfe einer Glättung auf der Grundlage einer Snake-Repräsentation eliminiert werden (siehe Abschnitt 7.4 und Abbildung 7.11).

Der strukturelle Zusammenhang der Gefäßabschnitte des Koronarsystems wird graphisch-interaktiv hergestellt. Durch das Markieren von zwei aufeinanderfolgenden Verzweigungsstellen, wird der Gefäßabschnitt zwischen diesen erkannt. Das gesamte Gefäß wird in einer Baumstruktur verwaltet, in der für jede Markierung ein Knoten erzeugt wurde. Eine Kante des Baumes entspricht somit jeweils einem, zwischen zwei Markierungen liegenden, Gefäßabschnitts. Um einen weiteren, von der selben Verzweigungsstelle ausgehenden Gefäßabschnitt zu erkennen, markiert der Anwender die Verzweigungsstelle ein zweites Mal, woraufhin, von dem Markierungspunkt zugeordneten Knoten ausgehend, eine weitere Kante in der Baumstruktur erzeugt wird.

Hierdurch kann der vollständige Gefäßbaum verwaltet werden. Im klinischen Alltag wird dieser Interaktionsaufwand weiter reduziert, da für die Rekonstruktion von Stenosen jeweils nur eine Markierung eines Punktes vor *(proximal)* und eines weiteren Punktes hinter der Stenose *(distal)* erforderlich ist.

7.4   Verfolgen der Gefäßstruktur

Zur Gewinnung der dreidimensionalen Geometrie ist es erforderlich, korrespondierende Bildmerkmale in aufeinanderfolgenden Aufnahmen der Bildsequenz einander zuzuordnen (siehe auch Abschnitt 6.2). Im Gegensatz zu der nur sehr schwer zu lösenden Fragestellung der Korrespondenzbestimmung für mehrere Einzelbilder in Kapitel 6, vereinfacht sich dieser Vorgang aufgrund der Kohärenz aufeinanderfolgender Aufnahmen bei der Betrachtung einer kontinuierlichen Bildfolge signifikant. Aus diesem Grund läßt sich die Zuordnung korrespondierender Bildmerkmale automatisieren. Eine besondere Schwierigkeit der vorliegenden Anwendung besteht in der Verformbarkeit der zugrundeliegenden Strukturen. Somit läßt sich kein starres Merkmalsmodell (z.B. bestehend aus einer Menge von Liniensegmenten) anwenden. Vielmehr ist es erforderlich, die Veränderungen der Merkmalsform in das Modell zur Verfolgung der Bildelemente mit einzubeziehen. Eine Möglichkeit hierzu bietet die in Abschnitt 4.4.3 eingeführte Repräsentationsform einer *Snake*-Beschreibung.

Durch eine Energieminimierung kann somit die durch äußere Merkmale definierte Form der Kontur an die tatsächliche Lage des Gefäßverlaufs im Bild angepaßt werden. Die Definition der Parameter der inneren Energie ermöglicht es hierbei, bestimmte Toleranzen hinsichtlich der Formveränderungen zu modellieren. Die Energieminimierung geschieht ausgehend von einer initialen Kurve, indem mit Hilfe der *Snake* Punktkorrespondenzen zwischen den Kurvenpunkten der initialen Kurve und der finalen Kurve hergestellt werden. Wichtig für eine robuste Verfolgung ist eine geeignete Auswahl der in die externe Energie der *Snake*-Minimierung eingehenden Bildmerkmale. Betrachtet man hierzu die externe Energie der seitlichen Gefäßkonturen, so läßt sich diese nach [Kas87] durch Gleichung 7.10 definieren:

$$E_{edge} = -|\nabla I(x,y)|^2. \tag{7.10}$$

Die Energie ist für einen Kurvenpunkt dann minimal, wenn der Betrag des Gradienten $|\nabla I(x,y)|$ maximal ist, d.h. die Kante bestmöglich lokalisiert ist.

Die Konturverfolgung wurde für die linke und die rechte Kontur eines Gefäßabschnittes über zwei aufeinanderfolgende Bilder der Aufnahmesequenz durchgeführt. Die initialen Kurven sind durch die im ersten Bild ermittelten Gefäßkonturen gegeben. Sie werden aus der Gefäßerkennung gewonnen und bereits im initialen Bild durch die Verwendung von Snakes geglättet. Beide Kurven werden anschließend durch Energieminimierung an die Gefäßkonturen im Folgebild angepaßt.

In Abbildung 7.12 sind die Ergebnisse der Konturverfolgung für ein Angiogramm dargestellt. Dabei wurden die initialen Kurven schwarz und die finalen Kurven weiß eingezeichnet. Dem linken Bild lag für die Berechung der externen Energie das Gradientenbild entsprechend Gleichung 7.10 zugrunde.

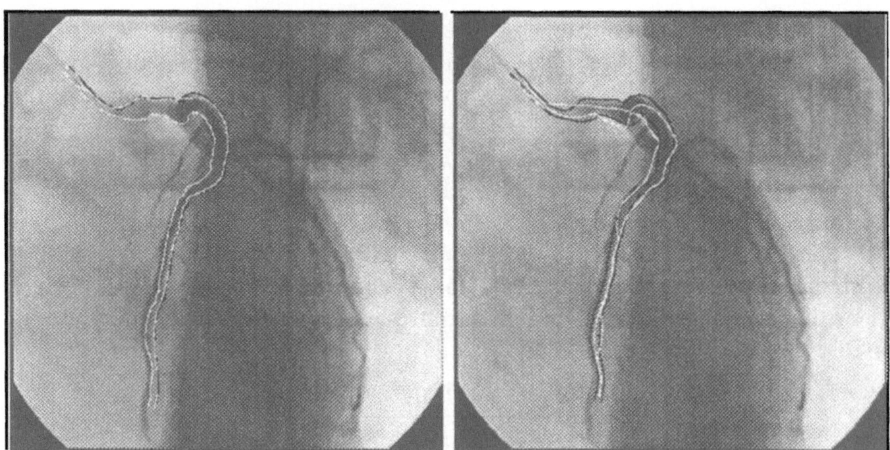

Abb. 7.12. *links* Konturverfolgung bei der Verwendung des Gradientenbildes *rechts* wurde das Gradientenbild mit einem Gaußfilter (Größe der Filtermaske 21x21) gefaltet

Es zeigte sich, daß trotz einer großen Anzahl von Iterationen die *Snake*-Minimierung nur im Bereich der Verzweigung eine größere Bewegungen gegenüber der initialen Kurve erzielt.

In [Kas87] wird eine Möglichkeit beschrieben, um den Einflußbereich einer Kante zu erweitern. Hierzu wird das Gradientenbild mit einem Gaußfilter gefaltet und das negative Quadrat des gefalteten Bildes für die Berechung der externen Energie verwendet. Durch diese Maßnahme wird die Wirkung des Gradientenfilters auf einen größeren Bildbereich ausgedehnt und somit wird erwartet, daß der *Snake* auch von einer entfernten Kontur angezogen wird. Ein Nachteil besteht darin, daß die Kontur aufgrund der Filterung nur noch ungenau lokalisiert werden kann. Um die Vorteile der Filterung mit den Vorteilen einer exakten Positionierung zu verbinden, wurde eine Auflösungshierarchie eingesetzt, die eine schrittweise Bestimmung des Konturverlaufs ermöglicht.

Aufgrund dieser Änderung des Verfahrens konnte eine stärkere Bewegung der *Snake* (siehe rechtes Bild der Abbildung 7.12) erzielt werden. Ein weiterer Nachteil dieser Technik wird allerdings ebenfalls direkt deutlich. Bewegen sich die Gefäße um mehr als einen halben Gefäßdurchmesser, so fallen die beiden Gefäßkonturen auf einer Kontur zusammen. Bei der Verwendung eines Gaußfilters, der in seiner Maskengröße dem Gefäßdurchmesser entspricht, gibt es im Bereich der Verzweigung bereits Überlagerungen der parallel liegenden Gefäßkonturen, so daß der *Snake* in diesem Bereich zur Mittellinie bewegt wird.

Infolge der genannten Nachteile der Gefäßkonturverfolgung wurde untersucht, inwieweit die Gefäßmittellinie ein besseres Merkmal zur *Snake*-Minimierung darstellt. Hierzu war es notwendig, eine adäquate Beschreibung der Mittellinie zu bestimmen. Die externe Energie wird dabei über die Intensitätskorrelation (siehe Gleichung 7.11) eines rechteckigen Bildausschnitts aufeinanderfolgender Aufnahmen berechnet. Die Ergebnisse dieses Ansatzes sind in Abbildung 7.13 dargestellt.

Die externe Energie bildet sich somit antiproportional zu der Übereinstimmung der Intensitätsverläufe. Das Verfahren setzt sich iterativ fort, indem der jeweilige Bildausschnitt durch den Intensitätsverlauf im aktuellen Bild neu bestimmt wird.

$$\rho = \frac{\sum_i (I_{1,i} - \overline{I_1})(I_{2,i} - \overline{I_2})}{\sqrt{\sum_i (I_{1,i} - \overline{I_1})^2 \cdot \sum_i (I_{2,i} - \overline{I_2})^2}}. \tag{7.11}$$

ρ : Korrelation
$I_{j,i}$: Die Intensität des Bildpunktes i in Bild j
$\overline{I_j}$: Mittlere Intensität des Bildausschnitts aus Bild j

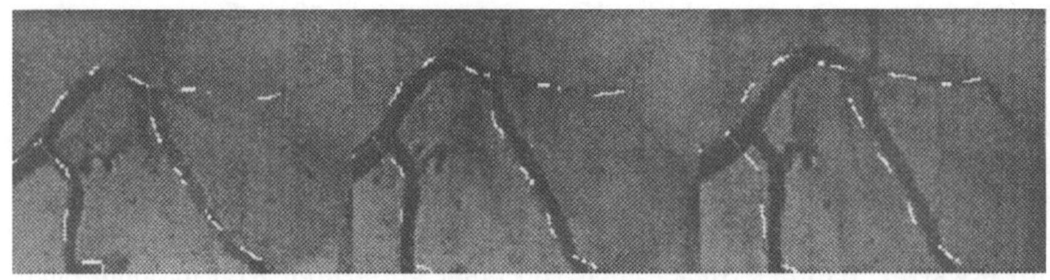

Abb. 7.13. Gefäßverfolgung mittels *Snakes* (ohne ein Justieren) auf einer Bildsequenz mit 15 Bildern (Gezeigt sind die Bilder 4, 8 und 15). Der sich in jedem Schritt ergebende Fehler akkumuliert sich über die Bildsequenz.

Durch die Verwendung der Korrelationsfunktion wird aufgrund von Kontrastmitteländerungen oder sonstigen Störungen im Bild, in jedem Schritt ein kleiner Positionierungsfehler hervorgerufen. Dies gilt insbesondere dann, wenn sich die Gefäße über eine markante Struktur im Bildhintergrund (z.B. einen Schatten) bewegen. Verwendet man anschließend die fehlerhaft bestimmte Kontur zur Bestimmung korrespondierender Mittellinienpunkte in den Nachfolgebildern, so akkumuliert sich der Fehler über die Bildsequenz (siehe Abbildung 7.13).

Aus diesem Grund schließt jeder Tracking-Schritt auch einen Justierungsschritt mit ein. Hierbei wird die Kurve jeweils anhand des Bildmerkmals "Gefäß" justiert. Diese Korrektur des Gefäßverlaufs erfolgt analog zu der in Abschnitt 7.3.2 beschriebenen Segmentierung der Gefäßkonturen. Hierzu wird die Gefäßmittellinie unter Verwendung einer Kostenfunktion entlang der Scan-Linien verschoben. Die Kostenfunktion bildet sich auf der Grundlage der im vorhergehenden Bild bestimmten Entfernung der seitlichen Gefäßkonturen und der Ableitung entlang der Scan-Linie des Folgebildes. Das Kostenminimum liefert die Position der Scan-Linie, an der die Gefäßmittellinie mit größter Wahrscheinlichkeit liegt. Anschließend werden die seitlichen Konturen bestimmt (siehe Abschnitt 7.3.2). Hierdurch kann die Lage der Mittellinie erneut justiert werden.

Die Stabilisierung der Gefäßverfolgung gegenüber Rauschen und überlagerte Strukturen erfordert einen abschließenden Glättungsprozeß. Zunächst werden hierbei die Gefäßmittellinie und anschließend die Konturen durch die Verwendung von Snakes geglättet. Das Ergebnis der Merkmalsverfolgung nach Ausführung aller Teilschritte: *Snake*-Minimierung, Justierung und Glättung ist in Abbildung 7.14 dargestellt.

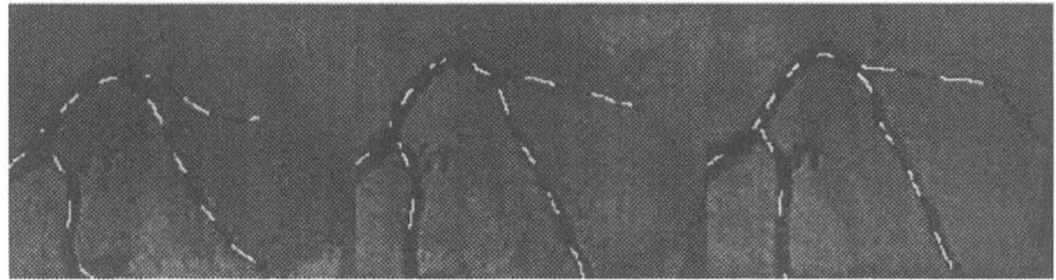

Abb. 7.14. Gefäßverfolgung mittels *Snakes*, Justierung und Glättung auf einer Bildsequenz mit insgesamt 15 Bildern (Gezeigt sind nur die Bilder 4, 8 und 15)

Das Verfahren liefert für Bereiche mit einem geringen Einfluß des Hintergrunds gute Ergebnisse. In Bildregionen in denen sich mehrere Strukturen überlagern, führt die Gefäßverfolgung allerdings mitunter zu Fehlern. Abhilfe könnte hierbei eine verfeinerte Definition der externen Energie liefern. Eine andere Möglichkeit besteht darin, zusätzliches Wissen über das Bewegungsmodell in die Berechnungen einzubeziehen.

7.5 Rekonstruktion der 3D-Geometrie

Basierend auf den Ergebnissen der Merkmalsverfolgung wird mit Hilfe der ermittelten Punktkorrespondenzen eine 3D-Rekonstruktion durchgeführt. Aufgrund der Verformbarkeit der Gefäßstrukturen müssen zur Rekonstruktion des Koronargefäßsystems jeweils Aufnahmen identischer Herzphasen verwendet werden. Medizinische Untersuchungen haben gezeigt, daß für gleiche Herzphasen die Annahme eines starren Modells gerechtfertigt ist.

Die Rekonstruktion erfolgt über die folgenden Teilschritte:

- Korrespondenzbestimmung der Gefäßmittellinie auf der Grundlage der Gefäßverfolgung

- Korrektur der Punktkorrespondenzen unter Einbeziehung der Epipolargeometrie

- Paarweise Rekonstruktion der Mittellinie zur Gewinnung einer initialen Näherungslösung

- Multiskopische Mittellinienrekonstruktion unter Verwendung einer 3D-*Snake*-Optimierung

- Rekonstruktion des Gefäßquerschnitts

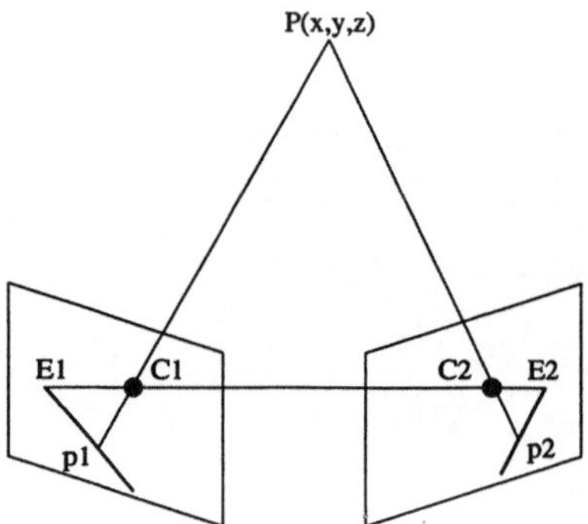

Abb. 7.15. Epipolarlinien zweier Aufnahmen mit bekannter relativer Orientierung

Die im vorangehenden Abschnitt beschriebene Gefäßverfolgung bildet die Grundlage für die Gewinnung der 3D-Geometrie der Gefäßmittellinie. Infolge der Zuordnung korrespondierender Punkte entlang der *Snake*-Repräsentation wird eine erste Abschätzung zur Lösung des Korrespondenzproblems gewonnen. Aufgrund von akkumulierten Fehlern muß diese Punktzuordnung durch die Einbeziehung weiterer Nebenbedinungen verbessert werden. Eine häufig eingesetzte Nebenbedingung zur Bestimmung korrespondierender Bildpunkte ist die sogenannte Epipolarlinie [Hor86], [Fau93]. Für eine bekannte Orientierung zwischen zwei Aufnahmen läßt sich der Suchbereich gegenüber einer Suche über das gesamte Bild, auf eine eindimensionale Suche reduzieren. Abbildung 7.15 zeigt eine geometrische Interpretation der Epipolargeometrie. Verbindet man die beiden Kameraursprünge $C1$ und $C2$, so liefert der Schnittpunkt der Verbindungsgeraden die sogenannten Epipole $E1$ und $E2$ (auch Kernpunkte genannt). Durch diese Punkte verlaufen alle Epipolarlinien (Kernstrahlen). Der auf die Bildebene $B1$ projizierte Punkt $p1$ repräsentiert alle dreidimensionalen Punkte des Strahls $\overline{p1P}$. Betrachtet man nun die Projektion dieses Strahls auf die zweite Bildebene, so liefert diese die Epipolarlinie des Punktes $p1$. Hierdurch ist gewährleistet, daß sich auf dieser Linie der korrespondierende Punkt $p2$ befindet. Die Einbeziehung der Epipolarlinie erfolgt, indem die Mittellinienpunkte der Kurvenrepräsentation derart verschoben werden, daß die Distanz zur Epipolarlinie des Kurvenpunktes in der Referenzprojektion minimiert wird.

Für jedes Paar der zugeordneten Punkte kann anschließend ein lineares Gleichungssystem mit drei Gleichungen zur Bestimmung der Bildtiefe aufgestellt und gelöst werden. Die Beziehung ist in 7.12 dargestellt.

$$
\begin{pmatrix}
r_{11}\frac{u_0-u_1}{fk_u} + r_{12}\frac{v_0-v_1}{fk_v} + r_{13} & -\frac{u_0-u_2}{fk_u} \\
r_{21}\frac{u_0-u_1}{fk_u} + r_{22}\frac{v_0-v_1}{fk_v} + r_{23} & -\frac{v_0-v_2}{fk_v} \\
r_{31}\frac{u_0-u_1}{fk_u} + r_{32}\frac{v_0-v_1}{fk_v} + r_{33} & -1
\end{pmatrix}
\begin{pmatrix} z_1 \\ z_2 \end{pmatrix}
=
\begin{pmatrix} -r_{14} \\ -r_{24} \\ -r_{34} \end{pmatrix}. \tag{7.12}
$$

Hierbei entspricht u_0, v_0 dem Bildhauptpunkt, (u_1, v_1), (u_2, v_2) den Bildkoordinaten in den beiden Abbildungen, f der Brennweite (die Entfernung der Röntgenquelle vom Eingang des Bildverstärkers), k_u, k_v den Skalierungsfaktoren, r_{ij} den Matrixkomponenten der relativen Orientierung[2] und z_1, z_2 den Tiefenwerten bezogen auf die beiden Röntgenaufnahmen. Die inneren Orientierungswerte wurden aus der Kalibrierung (siehe Abschnitt 7.1) gewonnen.

Da das Röntgengerät mit konstanter Geschwindigkeit während des Erfassungsvorgangs um das Isozentrum des Herzens rotiert und zusätzlich die anfängliche sowie die finale Position bekannt am Röntgengerät abgelesen werden kann, ist die relative Orientierung a priori bestimmt und somit können die Werte $z1$ und $z2$ direkt aus den Bildkoordinaten ermittelt werden.

Die mittels einer paarweisen Rekonstruktion gewonnenen Näherungswerte werden in einem Nachfolgeschritt unter Berücksichtigung weiterer Projektionen verfeinert. Das hierbei verwendete Verfahren, einer 3D-*Snake*-Optimierung, wird im nachfolgenden Abschnitt ausführlich dargestellt.

7.5.1 3D-Snake-Optimierung

Im Gegensatz zu der in Abschnitt 6.5 betrachteten 3D-Konturbestimmung, welche ohne a priori Wissen über die Form der Kontur einzig auf der Grundlage der Bildmerkmale arbeitet, kann mittels einer *Snake*-Optimierung, durch Steuerung der Parameter der äußeren und inneren Energie, die Form der Kontur in den Minimierungsprozeß einbezogen werden (siehe Abschnitt 4.4.3). Die Voraussetzung ist auch hier eine bekannte relative und innere Orientierung für die, am Rekonstruktionsprozeß beteiligten zweidimensionalen Rasterbilder. Das Modell, der in Abschnitt 4.4.3 eingeführten *Snake*-Repräsentation für zweidimensionale Konturen wird hierzu um die dritte Dimension erweitert.

---

[2]Da die einzelnen Aufnahmen mittels einer Rotation des Röntgengerätes um das Isozentrum gewonnen wurden, besteht die relative Orientierung nur aus einem Rotationsanteil

Für die nachfolgend beschriebene Verallgemeinerung des zweidimensionalen Modells werden die dreidimensionalen Punkte der 3D-*Snake* als Vektor $\vec{s}$ (mit $s_i = (x_i, y_i, z_i)$) betrachtet. Die Gesamtenergie beschreibt sich auch hier aus einer anteiligen Summe aus externer und interner Energie:

$$E(\vec{s}_i) = \sum_{i=0}^{n} E_{3d_{int}}(\vec{s}_i) + \lambda \sum_{i=0}^{n} E_{3d_{ext}}(\vec{s}_i). \qquad (7.13)$$

Die interne Energie kann, erweitert um die dritte Dimension, analog zum zweidimensionalen Fall (siehe Abschnitt 4.4.3) beschrieben werden:

$$E_{3d_{int}}(\vec{s}_i) = -\frac{1}{2}\alpha_i|\vec{s}_i - \vec{s}_{i-1}|^2 + \frac{1}{2}\beta_i| - 2\vec{s}_i + \vec{s}_{i-1} + \vec{s}_{i+1}|^2. \qquad (7.14)$$

Die 3D-externe Energie wird hier allerdings nicht direkt aus den Merkmalen der 3D-*Snake* abgeleitet, sondern aus der externen Energie, der auf die Bildebenen projizierten Punkte der 3D-*Snake*. Die externe Energie wird aus der Lagedifferenz zwischen der projizierten 3D-Snake und der aufgrund der Gefäßverfolgung (gemäß Abschnitt 7.4) ermittelten 2D-*Snake* in den m-Bildern gleicher Herzphase bestimmt. Da die 2D- und 3D *Snake* die gleiche Anzahl an Stützstellen besitzen, läßt sich der Abstand direkt durch die jeweilige Entfernung korrespondierender Punkte angeben.

$$E_{3d_{ext}}(\vec{s}_i) = \sum_{m} E_{2d_{ext}}(P(\vec{s}_i)). \qquad (7.15)$$

Entsprechend der Ausführungen aus Abschnitt 4.4.3 kann auch hier mittels der Variationsrechnung die Minimierung der Gesamtenergie anhand eines iterativen Schemas erfolgen:

$$\vec{x}^{t+1} = (A + \gamma I)^{-1}\left(\gamma\vec{x}^{t} - \frac{\partial E_{3d_{ext}}}{\partial x}\right)$$

$$\vec{y}^{t+1} = (B + \gamma I)^{-1}\left(\gamma\vec{y}^{t} - \frac{\partial E_{3d_{ext}}}{\partial y}\right)$$

$$\vec{z}^{t+1} = (C + \gamma I)^{-1}\left(\gamma\vec{z}^{t} - \frac{\partial E_{3d_{ext}}}{\partial z}\right).$$

Für die interne Energie repräsentierenden Matrizen A, B und C erhält man entsprechend Gleichung 7.14 für einen offenen 3D-*Snake*:

$$A, B, C = \begin{pmatrix}
2\alpha + 6\beta & -\alpha - 4\beta & \beta & \cdots & 0 & 0 \\
-2\alpha - 4\beta & 2\alpha + 7\beta & -\alpha - 4\beta & \cdots & 0 & 0 \\
2\beta & -\alpha - 4\beta & 2\alpha + 6\beta & \cdots & 0 & 0 \\
0 & \beta & -\alpha - 4\beta & \cdots & 0 & 0 \\
0 & 0 & \beta & \cdots & \beta & 0 \\
\vdots & \vdots & \vdots & \vdots & \vdots & \vdots \\
0 & 0 & 0 & \cdots & -\alpha - 4\beta & 2\beta \\
0 & 0 & 0 & \cdots & 2\alpha + 7\beta & -2\alpha - 8\beta \\
0 & 0 & 0 & \cdots & -\alpha - 4\beta & 2\alpha + 6\beta
\end{pmatrix}^{T}.$$

$$\qquad (7.16)$$

Für eine dimensionsinvariante Formbeschreibung der Kontur können die Parameter α und β der Matrizen A, B und C mit den gleichen Werten belegt werden. Die partiellen Ableitungen $\frac{\partial E_{3d_{ext}}}{\partial x}$, $\frac{\partial E_{3d_{ext}}}{\partial y}$, $\frac{\partial E_{3d_{ext}}}{\partial z}$ ergeben sich entsprechend Gleichung 7.15 aus der gewichteten Summe der externen Energie der auf die Bildebene projizierten 3D-Punkte.

$$\frac{dE_{3d_{ext}}}{d\vec{s}_i} = E_{3d_{ext}}(\vec{s}_i) - E_{3d_{ext}}(\vec{s}_{i-1}). \tag{7.17}$$

Somit kann die Lage der 3D-Kontur in Abhängigkeit zu den Merkmalen der zugehörigen 2D-Konturen bestimmt werden. Außerdem ist es möglich, a priori Wissen hinsichtlich der Form der 3D-Kontur mit Hilfe der Parameter α und β zu steuern.

Parallel zu der Entwicklung der hier beschriebenen 3D-*Snake* Optimierung, schlugen Bascle und Deriche [BD94] ebenfalls ein Verfahren zur Rekonstruktion einer 3D-*Snake* auf der Grundlage von stereoskopischen Bildern vor. Im Gegensatz zu der hier vorgestellten Methode wird in ihrer Anwendung die *Snake* durch einen B-Spline repräsentiert. Dieser wird durch ein Fehlerquadratverfahren aus der 3D-*Snake* gebildet. Für die dadurch resultierende kompakte Beschreibung der *Snake*, besteht allerdings die Gefahr einer Überglättung der Kurve.

Die Abbildung 7.16 zeigt die Ergebnisse der Rückprojektion von rekonstruierten Gefäßmittellinien vor und nach der Verfeinerung mittels einer 3D-*Snake*-Optimierung.

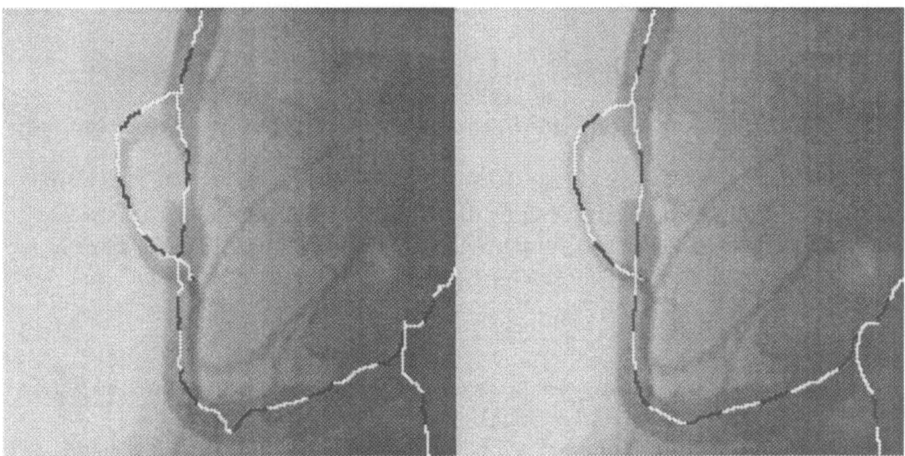

Abb. 7.16. Rückprojektion des Rekonstruktionsergebnisses vor *(links)* und nach *(rechts)* der Verfeinerung durch Snakes

7.5.2 Rekonstruktion des Gefäßquerschnitts

Die bisher beschriebenen Verfahren ermöglichen die Rekonstruktion der Gefäßmittellinie. Zur Bestimmung eines vollständigen Modells ist es nun erforderlich die 3D-Geometrie der äußeren Gefäßbegrenzung zu bestimmen.

Ein hierzu in der Literatur häufig gefundener Ansatz besteht in einer densitometrischen Rekonstruktion [Bao91]. Diesem Verfahren liegt das in Abschnitt 7.2 beschriebene *Lambert-Beer*-Gesetz zugrunde. Sind die initiale Intensität, der Absorptionskoeffizient und die Dichte des Mediums bekannt, so kann durch Umkehrung des *Lambert-Beer*-Gesetzes (ähnlich eines *Shape form Shading*- Ansatzes, siehe Abschnitt 3.3.1) die Dicke des Mediums bestimmt werden. Die Untersuchungen von Bao zeigen, daß trotz eines durch a priori Wissen festgelegten initialen Gefäßquerschnitts, nur unzureichende Rekonstruktionsergebnisse erzielt werden können. Aus diesem Grund wird hier eine geometrische Rekonstruktion der Gefäßkonturen vorgenommen.

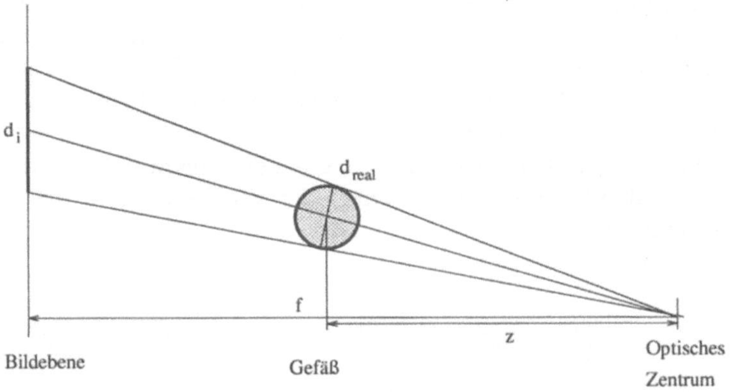

Abb. 7.17. Bestimmen des Gefäßdurchmessers aus dem projizierten Durchmesser

Mit Hilfe der rekonstruierten Koordinaten der Mittellinie läßt sich unter Verwendung des Strahlensatzes der 3D-Gefäßdurchmesser d_{3d} zu dem projizierten 2D-Durchmesser d_{2d}, entsprechend der Gleichung 7.18 in Beziehung setzen (siehe Abbildung 7.17).

$$d_{3d} = d_{2d}\frac{z_i}{k}. \tag{7.18}$$

Dabei entspricht k dem aus der Sensorkalibrierung hervorgegangenen Skalierungsfaktor unter gleichzeitiger Einbeziehung der Brennweite f[3].

Der ermittelte Durchmesser gibt die Ausdehnung des Gefäßes senkrecht zum Verlauf der räumlichen Mittellinie der Arterie, bezogen auf die entsprechende Röntgenaufnahme an. Die Ausdehnung des Gefäßes kann mit Hilfe

---

[3]Da die jeweiligen Skalierungsgrößen k_u und k_v für das vorliegende Röntgengerät gleich sind, muß hier keine weitere Unterscheidung getroffen werden

eines Radiusvektors repräsentiert werden. Dieser wird durch Skalarmultiplikation des halben Durchmessers $d_{3d}/2$ mit dem Vektor $\vec{d_0}$ berechnet. $\vec{d_0}$ ist ein normierter Vektor, der sich aus dem Kreuzprodukt des Richtungsvektors der Mittellinie und dem Richtungsvektor des Projektionsstrahls ergibt (Abbildung 7.18). Aus jeder Ansicht kann nun ein Radiusvektor ermittelt werden. Mit Hilfe der Radiusvektoren kann die Form der Querschnittsfläche definiert werden. Für zwei Ansichten ist, abhängig von dem durch die Radiusvektoren aufgespannten Winkel, die Annahme einer kreisförmigen oder einer elliptischen Querschnittsfläche sinnvoll.

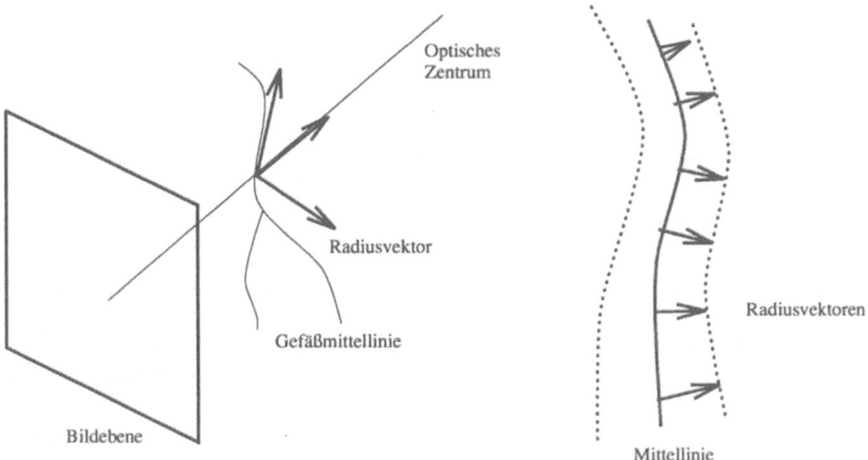

Abb. 7.18. *links* Bestimmung des Radiusvektors, *rechts* Repräsentation der Gefäßausdehnung durch Radiusvektoren

Für einen kleinen Winkel zwischen den Aufnahmen liefert das Modell der elliptischen Rekonstruktion ein unrealistisches Erscheinungsbild eines flachen Bandes. In diesem Fall ist eine kreisförmige Querschnittsrepräsentation, deren Durchmesser dem mittleren Radius der ermittelten Radiusvektoren entspricht, vorzuziehen. Bei der Verwendung eines großen Aufnahmewinkels und mehrerer Ansichten läßt sich das Modell zur Querschnittsrepräsentation weiter verfeinern.

Die Rekonstruktion geschieht sektional entsprechend den rekonstruierten Mittellinienpunkten. Die ermittelten Gefäßdurchmesser werden gemeinsam mit den Koordinaten der Mittellinienpunkte anschließend zum Zweck der Visualisierung in eine Volumenbeschreibung umgewandelt.

7.6   Visualisierung und Simulation

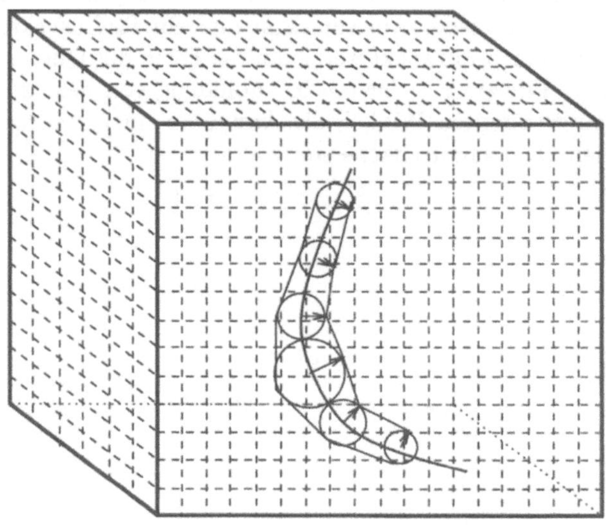

Abb. 7.19. Transformation der Gefäßstruktur in eine Volumenrepräsentation

Da eine quantitative Bewertung des Gefäßdurchmessers mittels einer Volumenrepräsentation sehr einfach möglich ist, wurde die rekonstruierte Gefäßstruktur in einen Volumendatensatz umgewandelt.

Das Rekonstruktionsergebnis wird, entsprechend des im vorangehenden Abschnitt beschriebenen Rekonstruktionsverfahren durch Punkte der Gefäßmittellinie und durch Radiusvektoren repräsentiert. Da die Gefäßmittellinie nur durch eine diskrete Anzahl von Punkten bestimmt ist (aufgrund der internen Energie der *Snake*-Beschreibung verschiebt sich die Lage der Mittellinienpunkte), ist für eine Visualisierung eine Interpolation zwischen den bekannten Mittellinienpunkten und Radiusvektoren erforderlich.

Der verwendete Algorithmus zur Bestimmung eines Volumendatensatzes generiert zunächst in den Mittellinienpunkten zentrierte Kugeln, die durch Kegelstümpfe miteinander verbunden werden. Anschließend werden für die einzelnen Kegelstümpfe die jeweils umschreibenden Quader innerhalb des Voxelraumes gebildet. Für jedes Voxel innerhalb dieser Quader wird nun geprüft, ob sich dieser innerhalb oder außerhalb des Kegelstumpfes befindet. Somit werden die einzelnen Segmente der Gefäßstruktur sukzessive durch die Zuweisung eines vorgegebenen Intensitätswertes gebildet (siehe Abbildung 7.19). Schneidet der Kegelstumpf ein Voxel, so kann dies durch einen anteilig gesetzten Intensitätswert gekennzeichnet werden. Eine Repräsentation der Gefäßstruktur in Form von Kegelstümpfen stellt nur eine Näherung der tatsächlichen Geometrie dar. Diese Darstellung wurde gewählt, da bedingt durch die spezielle Gerätetechnik nur ein maximaler Schwenk von etwa 35 Grad möglich war. Außerdem ermöglicht diese Repräsentation eine einfache Schnittberechnung und somit eine schnelle Generierung des Volumendatensatzes. Eine weitere Verfeinerung der Darstellung ist möglich, allerdings gestaltet sich die Bestimmung der zugehörigen Voxel entsprechend aufwendiger.

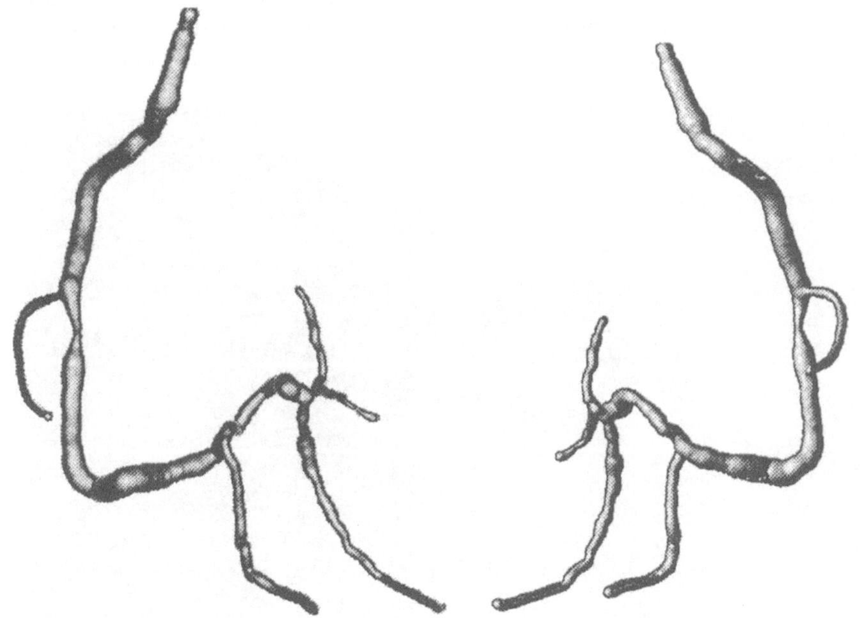

Abb. 7.20. Gerenderte Darstellung der Volumenrepräsentation der 3D-rekonstruierten Koronargefäße (Frontansicht: *links*, Rückansicht: *rechts*)

Aufgrund des hier angewendeten Trackingsverfahrens, welches eine Zuordnung korrespondierender Bildpunkte ermöglicht, kann die Bewegung der Gefäßstruktur erfaßt werden. Somit lassen sich neben einer Rekonstruktion der 3D-Geometrie der Koronargefäße für eine beliebige Herzphase, auch gleichzeitig die jeweilige Bewegungstrajektorien einzelner Punkte der Gefäßmittellinie bestimmen. Die Diagnose von Stenosen kann somit auf zweierlei Art unterstützt werden. Zunächst kann mittels eines Volumenrenderers eine beliebige Ansicht der in einer Voxelrepräsentation vorliegenden 3D-Geometrie des Gefäßbaumes erzeugt werden. Zudem können die Trajektorien der Mittellinienpunkte verwendet werden, um die Bewegung der Koronararterien über den gesamten Zyklus einer Herzphase darzustellen (siehe Abbildungen 7.21 bzw. E.5).

7.7   Bewertung der Bildfolgenauswertung

Die vorliegende Applikation zeigt, daß es möglich ist, mittels einer monoskopischen Röntgenbilderfassung und den beschriebenen allgemeinen Konzepten zur Rekonstruktion, ein dreidimensionales Modell eines Herzkranzgefäßes zu gewinnen. Dabei ist zur Geometriebestimmung ein minimaler Interaktionsaufwand erforderlich. Die entwickelten Methoden der Segmentierung, Merkmalsverfolgung und der 3D-*Snake*-Rekonstruktion sind dabei sehr einfach auf andere Anwendungsszenarien zu übertragen. Die erforderlichen Modifikationen bestehen in einer Anpassung der Kostenfunktionen für die Kontursuche, sowie in einer Änderung der Energiefunktion zur Beschreibung der *Snake*.

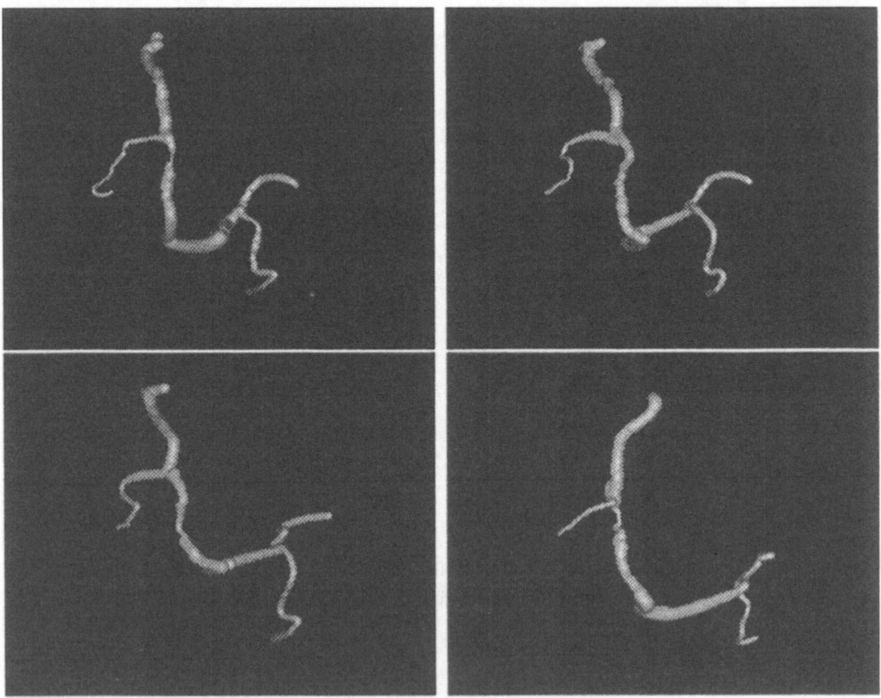

Abb. 7.21. 3D-Rekonstruktion der Koronararterien für verschiedene Herzphasen

Zur Sichtbarmachung der bei der Rekonstruktion entstehenden Ungenauigkeiten ist die Verwendung eines Volumen-Renderers zur Visualisierung empfehlenswert, da hier direkt die Toleranzbereiche dargestellt werden können. Zum Zwecke einer weiteren Verbesserung der Rekonstruktionsergebnisse könnte zukünftig auch densitometrische Bildinformation einbezogen werden. Um auch in Fällen, in denen sich Gefäßstrukturen überlappen, ein robustes Tracking durchführen zu können, sind zusätzliche Maßnahmen erforderlich. Eine Möglichkeit besteht darin, weiteres Modellwissen hinsichtlich der Bewegung der Koronararterien in die Berechnung einzubeziehen. Ferner ist geplant, die entwickelten Techniken auf andere Gefäßstrukturen zu übertragen. Mit Ausnahme der in Abschnitt 7.4 beschriebenen Justierungsschritte und der speziellen Parametrisierung der *Snake* handelt es sich um allgemeine Konzepte, die sich einfach auf andere Applikationen übertragen lassen. Die Flexibilität der entwickelten Verfahren konnte bereits durch die Anwendung des *Snake*-Trackingverfahrens auf tomographische Daten gezeigt werden. Hierbei konnte beispielsweise die Kontur von Knochenstrukturen in CT-Daten über mehrere Schichten, ohne eine zusätzliche Benutzerinteraktion, verfolgt werden. Somit war eine einfache Registrierung der Schichten und Rekonstruktion der Knochengeometrie möglich. Hierdurch konnten Referenzdaten zur Schulung von Medizinern im Rahmen einer Studie zur Konzeptionierung eines zukünftigen Operationssaals gewonnen werden [Hil95a], [Hil95b], [Gro95].

8. Zusammenfassung und Ausblick

Das Ziel dieser Arbeit war eine Bewertung von Methoden zur analytischen Gewinnung von computer-graphischen Szenenbeschreibungsattributen aus 2D-Rasterbildern.

Diese Fragestellung involviert die beiden Bereiche Computer Graphik und Computer Vision. Somit war es zunächst erforderlich die jeweilige Terminologie gegenüberzustellen, um hierdurch die Unterschiede und Gemeinsamkeiten hinsichtlich der Repräsentation und Verarbeitung herauszuarbeiten. Als wesentliche Komponenten einer Szenenbeschreibung wurden dabei Geometrie, Beleuchtung, Textur und Bewegung identifiziert. Diese bildeten die Grundlage der nachfolgenden Betrachtungen.

Im weiteren Verlauf der Arbeit wurde der Schwerpunkt auf den Bereich der Bildanalyse gelegt. Da Wahrnehmungsaspekte häufig die Grundlage für eine algorithmische Umsetzung von Bildanalyseverfahren liefern, wurde die Erfassung von Geometrie, Textur, Beleuchtung und Bewegung jeweils in bezug zu der menschlichen Wahrnehmung gesetzt.

Im Vordergrund der Untersuchungen stand die analytische Gewinnung von geometrischen Objektmerkmalen. Hierzu wurden die Verfahren *Shape from Shading, Shape from Texture* und die Stereoskopie betrachtet. Da insbesondere die Merkmale einer Geometrierekonstruktion auf der Grundlage von Textur sehr vielfältig sind, wurde zur Bewertung unterschiedlicher Texturmerkmale ein sinnesphysiologischer Test durchgeführt. Hierbei konnte gezeigt werden, daß die Merkmale Linienartigkeit und Regelmäßigkeit einen großen Stellenwert bei der menschlichen Formwahrnehmung auf der Grundlage von Textur besitzen. Die Dominanz dieser Merkmale bestätigte sich bei der Untersuchung verschiedener algorithmischer Realisierungen. Die Gegenüberstellung der unterschiedlichen Techniken zur Gewinnung von Geometrie zeigte, daß mit Hilfe stereoskopischer Verfahren die größte Flexibilität hinsichtlich der Objektvielfalt erreicht werden kann. Neben den auf Rasterbildern basierenden Rekonstruktionsverfahren wurde zusätzlich die Gerätetechnik zur 3D-Datenerfassung dargestellt.

Weiterhin wurden in der Arbeit verschiedene Möglichkeiten zur Bestimmung der Beleuchtungsrichtung betrachtet. Zunächst erfolgte hierzu eine Darstellung aus der Literatur bekannter Verfahren. Weiterhin wurde ein eigenes Verfahren vorgestellt, welches es ermöglicht, neben der Position der Lichtquelle auch die anteilige Gewichtung aus diffuser und spiegelnder Reflexion zu bestimmen. Als Ergebnis der Untersuchungen konnte festgestellt werden, daß eine analytische Beurteilung einzelner Beleuchtungsparameter ohne die Einbeziehung von Modellwissen nur in einem stark begrenzten Umfang möglich ist.

Anschließend erfolgte eine Betrachtung einer analytischen Gewinnung von Textur. Hierzu wurden verschiedene Abstraktionsebenen evaluiert. Neben einer ikonischen Texturgewinnung wurden Verfahren zur statistischen und strukturellen Texturanalyse bewertet. Als Ergebnis zeigte sich, daß die Gewinnung einer höheren hierarchischen Texturrepräsentation zwar aus Sicht der Computer Graphik wünschenswert ist, die Möglichkeiten der Bildanalyse allerdings aufgrund der großen Variabilität von Texturen nicht ausreichend sind, um eine derartige Beschreibung automatisch abzuleiten. Weiterhin konnte gezeigt werden, daß eine Darstellung von Textur auf der Grundlage von statistischen Merkmalen für strukturelle Texturen ungeeignet ist.

Nachfolgend wurden verschiedene Möglichkeiten zur Erfassung von Bewegung dargestellt. Es zeigte sich, daß eine Bewegungsanalyse auf der ikonischen Ebene nur unter speziellen äußeren Bedingungen sinnvoll ist. Einen flexibleren Einsatz ermöglichen merkmalsbasierte Verfahren, wobei die Qualität der Ergebnisse durch die Einbeziehung von kinematischem oder geometrischem Modellwissen weiter verbessert werden kann.

Auf der Basis der ausführlichen Untersuchungen der verschiedenen analytischen Verfahren wurde ein Referenzmodell zur Integration von Computer Graphik und Computer Vision entwickelt. Dabei wurden die zuvor evaluierten Techniken den unterschiedlichen Schichten des Modells zugeordnet.

Für eine zusammenfassende Bewertung der Analyseschritte wurde eine Reihe der zuvor theoretisch bzw. empirisch untersuchten Verfahren implementiert und anhand zweier Szenarien in dieser Arbeit im Detail evaluiert.

Der wesentliche Gesichtspunkt lag hierbei in der Rekonstruktion dreidimensionaler Geometrie. Hierzu wurde zunächst ein Bildverbund mit beliebiger relativer Orientierung der einzelnen Ansichten betrachtet. Darüber hinaus wurde eine Rekonstruktion auf der Grundlage einer kontinuierlichen Bildfolge vorgenommen.

In der ersten Anwendung wurde ein neues Verfahren einer 3D-Rekonstruktion der vollständigen Objektgeometrie, ohne a priori Kenntnis der relativen Orientierung, dargestellt. Unter der Voraussetzung bekannter innerer Kameraparameter konnte die Geometrie rekonstruiert werden, ohne dabei a priori bekannte 3D-Koordinaten in die Berechnung einzubeziehen. Die Grundlage dieses Verfahrens besteht in einer holistischen Betrachtung der Rekonstruktionsfragestellung. Im Gegensatz zu einer Vielzahl sonstiger Methoden, ermöglicht das entwickelte Verfahren die Gesamtheit aller beteiligten Ansichten gemeinsam zu nutzen. Dieser ganzheitliche Ansatz setzt sich im weiteren der Arbeit fort. So wurde eine 3D-Konturverfolgung entwickelt, die auf der Grundlage einer Pfadoptimierung arbeitet und zur Bestimmung der Kontur die Information mehrerer Rasterbilder eines Bildverbundes simultan verarbeitet. Durch diesen gleichzeitigen Zugriff auf mehrere Bilder kann die Redundanz der Bildinformation genutzt werden, um hierdurch Artefakte zu kompensieren.

In der zweiten Anwendung wurde die Geometrie anhand einer kontinuierlichen Bildfolge gewonnen. Auch hier konnte der multiskopische Ansatz angewendet werden. In dieser medizinischen Applikation zur 3D-Rekonstruktion von Herzkranzgefäßen wurde ein dynamisches 2D-Modell auf die dritte Dimension erweitert. Die Rekonstruktion der 3D-Geometrie erfolgte hierbei unter Einbeziehung von zusätzlichem a priori Wissen hinsichtlich der Verformbarkeit der betrachteten Struktur. Mittels einer über alle Bilder parallel durchgeführten Bewertung der Bildmerkmale konnte eine optimierte Form- und Lagebestimmung erzielt werden.

Neben der in dieser Arbeit in Vordergrund stehenden Fragestellung der 3D-Modellgewinnung für die Computer Graphik, ergibt sich aufgrund der Universalität der gewählten Sensorik eine Vielzahl von Anwendungsgebieten (z.B. die Medizin, [Bao91] [CTH94], [Hil95c] die Robotertechnik, das Bauwesen [HH90] [Koc93] [HK93] [Bra95] und die Fernerkundung [Tsa94]), in denen die entwickelten Techniken zum Einsatz kommen können.

Trotzdem bleiben eine Reihe von Erweiterungsmöglichkeiten, die eine Verbindung von generativer Computer Graphik und Computer Vision verstärken würden. Im Hinblick auf die Erfassung realer Objekte wäre ein völliger Verzicht auf 3D-Daten zur Kamerakalibrierung wünschenswert. Außerdem sollte der Interaktionsaufwand für eine 3D-Rekonstruktion unter Verwendung mehrerer Einzelbilder reduziert werden. Trotz der Vielzahl von Untersuchungen in diesem Bereich konnte bisher noch keine vollautomatische Rekonstruktion auf der Grundlage eines monoskopischen Bildverbundes mit beliebiger relativer Orientierung erreicht werden. Weiterhin sollten topologische Informationen für Anwendungen im Bereich CAD automatisch aus den rekonstruierten Daten abgeleitet werden. Hinsichtlich einer Einbeziehung von Modellwissen sollten intuitive Parameter gefunden werden, die eine flexible Anpassung der Verfahren an veränderte Szenarien ermöglichen. Dies gilt insbesondere für graphisch-interaktive Techniken, bei denen die Ergonomie von zentraler Bedeutung ist.

Direkt aus der Realität gewonnene Objekt- oder Szenenmodelle werden in Zukunft eine zunehmende Relevanz in einer Vielzahl von Anwendungen erhalten. So kann die Bildqualität für schmalbandige Leitungskapazitäten durch die Übertragung eines Szenenmodells alternativ zu einer ikonischen Bildbeschreibung verbessert werden. Der Weg vom Design eines Objektes bis hin zum Produkt, läßt sich mittels einer 3D-Erfassung und einem *Rapid-Prototyping* verkürzen. Virtuellen Umgebungen lassen sich vereinfacht Modelle zuführen. Der Darstellungsrealismus computer-generierter Szenen läßt sich durch die Einbeziehung analytisch gewonnener Szenenelemente erhöhen. Eine Kombination aus realen und synthetischen Bilddaten eröffnet insbesondere für medizinische Anwendungen neue Möglichkeiten der Intervention. Generell ist mit einer noch wesentlich stärkeren Verbindung von Analyse- und Synthesetechniken bei einer zukünftigen Erweiterung des multimedialen Dialogs zwischen Mensch und Maschine zu rechnen.

A. Abkürzungen und Akronyme

ANSI:	American National Institute on Standardization
API:	Application Programmers Interface
BRDF:	Bidirectional Reflectance Distribution Function
B-rep:	Boundary Representation
BV:	Bildverarbeitung
CAD:	Computer Aided Design
CCD:	Charge-Coupled Device
CCIR:	Comite Consultatif pour les Radiocommunications (International Radio Consultative Committee)
CCITT:	Comite Consultatif International Telegraphique et Telephonique (International Telegraph and Telephone Consultative Committee)
CD:	Committee Draft
CG:	Computer Graphik
CGRM:	Computer Graphics Reference Model
CSG:	Constructive Solid Geometry
CT:	Computer Tomographie
CV:	Computer Vision
DIN:	Deutsche Industrie-Norm
DIS:	Draft International Standard; offizieller Status eines Normentwurfs
EGI:	Extended Gaussian Image
EKG:	Elektrokardiogramm
GKS:	Graphical Kernel System
HiLDTe:	Hierarchical Language for the Description of Textures
HyTime:	Hypermedia/Time–based Document Representation Language
ICOA:	Image Communication Open Architecture
IEEE:	The Institute of Electrical and Electronics Engineers
IIF:	Image Interchange Facility
InViVo	Interactive Visualizer of Volume Data
IPI:	Image Processing and Interchange
ISO:	International Organization for Standardization
IUE:	Image Understanding Environment
LAO:	Left Anterior Oblique Projection
MIT:	Massachusetts Insitute of Technology
MDF:	Micro Facets Distribution
MPEG:	Motion Picture coding Experts Group
MR:	Magneto-Resonanztomographie
NTPM:	Normalized Texture Property Map
PHIGS:	Programmers Hierarchical Interactive Graphics System

Pixel:	Picture Element
PIKS:	Programmers Imaging Kernel System
PSF:	Point Spread Function
PREMO:	Presentation Environment for Multimedia Objects
RAO:	Right Anterior Oblique Projection
ROI:	Region of Interest
SfS:	Shape from Shading
Texel:	Texturelement
Voxel:	Volume Element
VIRM:	Visual Imaging Reference Model
VR:	Virtual Reality

Abbildungsverzeichnis

Tabellenverzeichnis

B. Kamerakalibrierung

Nachfolgend wird die Abschnitt 6.1.1 eingeführte Kamerakalibrierung hinsichtlich ihrer Fehlerrobustheit untersucht. Hierzu wurden die gemessenen Bildpunkte mit einem Gauß'schen Rauschen mit unterschiedlicher Varianz gestört. Anschließend wurde die prozentuale Abweichung der Kalibrierungsparameter $u_0, v_0, \alpha_u, \alpha_v$ für eine unterschiedliche Anzahl an Punkten bestimmt. Als Bewertungsgröße dient der "wahre Fehler" gegenüber der tatsächlichen Kamerakalibrierung c:

$$F = \frac{(\tilde{c} - c)}{c}. \tag{B.1}$$

Unter Verwendung dieser Fehlergröße läßt sich gegenüber dem absoluten Fehler auch ein oszillierendes Verhalten der Fehlergröße erkennen. Die nachfolgende Tabelle gibt den jeweiligen Grad der Störung an.

Kamerakalibrierung	
Abbildung	Varianz des Rauschens
B.1	ungestört
B.2 links	$\sigma^2 = 1.0$
B.2 rechts	$\sigma^2 = 2.0$
B.3 links	$\sigma^2 = 3.0$
B.3 rechts	$\sigma^2 = 5.0$

Die Ergebnisse zeigen, daß sich die Güte der Kalibrierungsergebnisse auch bei gestörten Eingaben durch eine Erhöhung der Eingangsdaten signifikant verbessern läßt. Sind die Eingangsdaten stark gestört, so muß das System deutlich überbestimmt werden, um ein hinreichend genaues Ergebnis zu erzielen. Festzuhalten ist, daß für ein Objekt bekannter Geometrie, eine von Hand bestimmte Kamerakalibrierung mit einer Abweichung von ca. $1 - 2$ Pixel hinreichend genaue Ergebnisse liefert, um ein Rekonstruktion mit einer Genauigkeit von $1 - 2$ Pixel zu erzielen (siehe Anhang C).

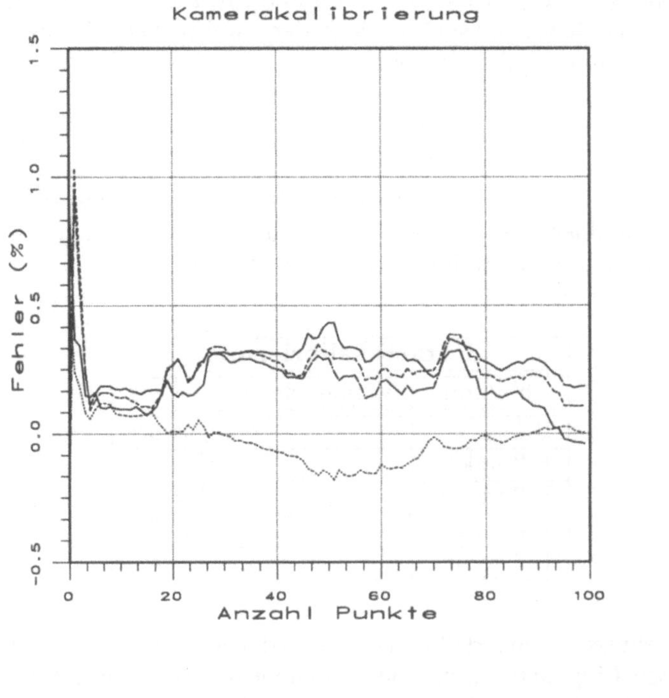

Abb. B.1. Prozentualer Fehler der Kamerakalibrierung für eine zunehmende Anzahl an Punkten und ungestörten Eingangsdaten

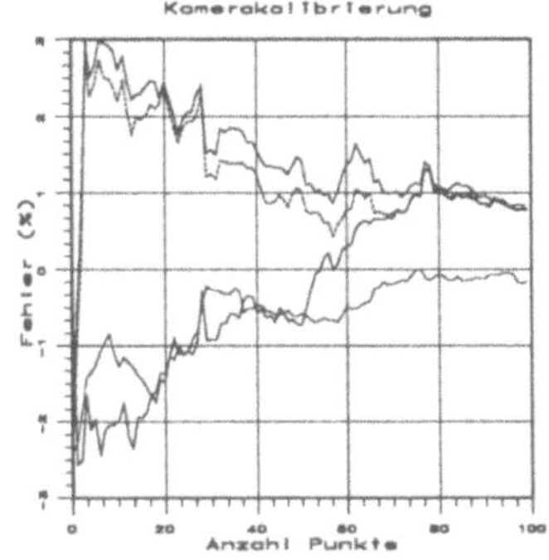
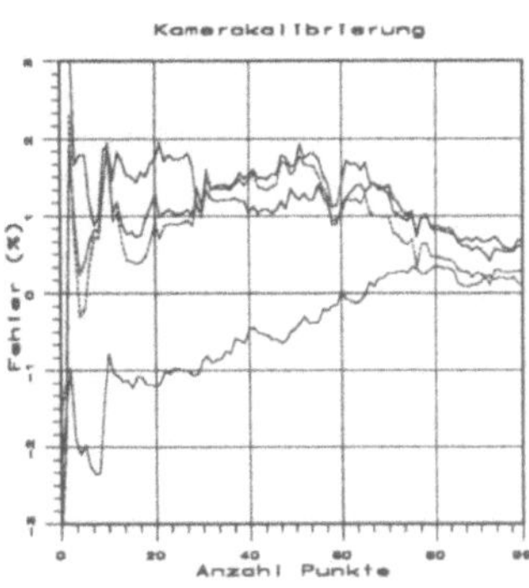

Abb. B.2. Prozentualer Fehler der Kamerakalibrierung bei gestörten Pixelwerten.
Links: Gauß'sche Störung mit $\sigma^2 = 1.0$; rechts: Gauß'sche Störung mit $\sigma^2 = 2.0$

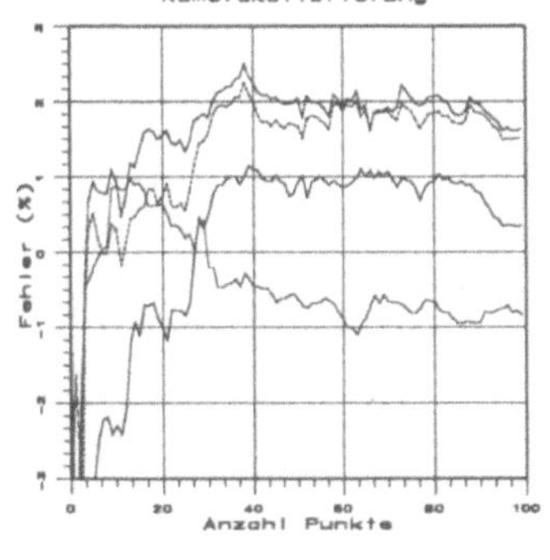
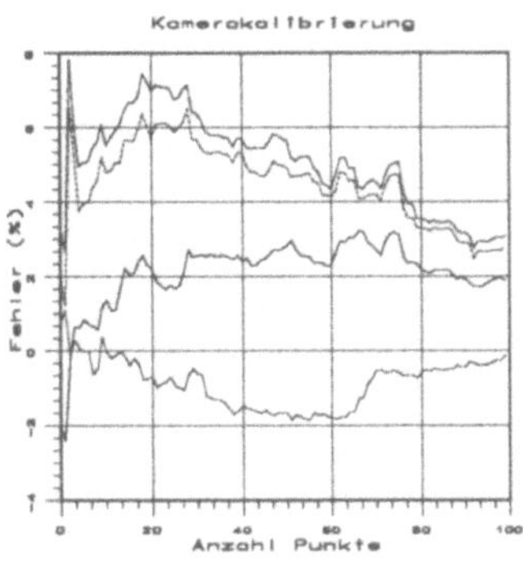

Abb. B.3. Prozentualer Fehler der Kamerakalibrierung bei gestörten Pixelwerten.
Links: Gauß'sche Störung mit $\sigma^2 = 3.0$; rechts: Gauß'sche Störung mit $\sigma^2 = 5.0$

C. Quantitative Evaluierungen

In diesem Kapitel wird die Robustheit der den Abschnitten 6.2 und 6.2.2 beschriebenen linearen Rekonstruktion, sowie des in Abschnitt 6.3 dargestellten nicht-linearen Ausgleichsverfahrens quantifiziert. Das Ziel der Untersuchungen besteht in der Beantwortung der folgenden Fragen:

1. Welche Genauigkeit erzielt das (lineare/nicht-lineare) Rekonstruktionsverfahren ?

2. Welchen Einfluß hat eine Störung der Kamerakalibrierung auf die (lineare/nicht-lineare) Rekonstruktion ?

3. In welcher Form wirkt sich eine Störung der gemessenen Pixelkoordinaten auf die (lineare/nicht-lineare) Rekonstruktionsergebnisse aus ?

4. Welchen Einfluß hat eine kombinierte Störung von sowohl der Kamerakalibrierung als auch der Pixelkoordinaten ?

5. Läßt sich das Ergebnis durch eine Erhöhung der Punktzahl verbessern ?

6. Welchen Einfluß besitzen Punkte, die in mehreren Bildern rekonstruiert wurden ?

C.1 Testszenario

Um eine quantitative Evaluierung des entwickelten kombinierten Verfahrens durchzuführen, wurden synthetisch generierte Daten künstlich mit einem Gauß'schen Rauschen überlagert. Anschließend wurde eine Rekonstruktion der 3D-Geometrie mit einer unterschiedlichen Anzahl an Bildpunkten und Bildern durchgeführt. Die gewonnenen Ergebnisse wurden auf die jeweiligen Bildebenen zurückprojiziert und mit den idealen Bildkoordinaten verglichen. Das hierdurch gewonnene Gütemaß in Pixeleinheiten ermöglicht eine Bewertung des Verfahrens unabhängig von der Größe und Entfernung des Objektes.

Ausgangspunkt der Untersuchungen war eine Menge von 3D-Punkten (Maximalzahl = 70), die innerhalb eines vorgegebenen quaderförmigen Bereichs zufällig verteilt waren (siehe Abbildung C.1). Dabei wurde die Anzahl der zur Rekonstruktion verwendeten Punkte, beginnend mit einer Mindestzahl von 10 Punkten in insgesamt 20 durchgeführten Tests um jeweils 3 Punkte erhöht. Um die Robustheit des Verfahrens zu überprüfen, wurden die zunächst unverfälscht auf die Bildebenen projizierten 3D-Punkte mit einem Gauß'schen Rauschen von ($\mu = 0$ und $\sigma^2 \in \{0, 1, 2, 5, 10\}$) additiv verfälscht. Außerdem wurden die inneren Kameraparameter mit einer prozentualen Störungen von ($0\%, 2\%, 5\%, 10\%$) versehen.

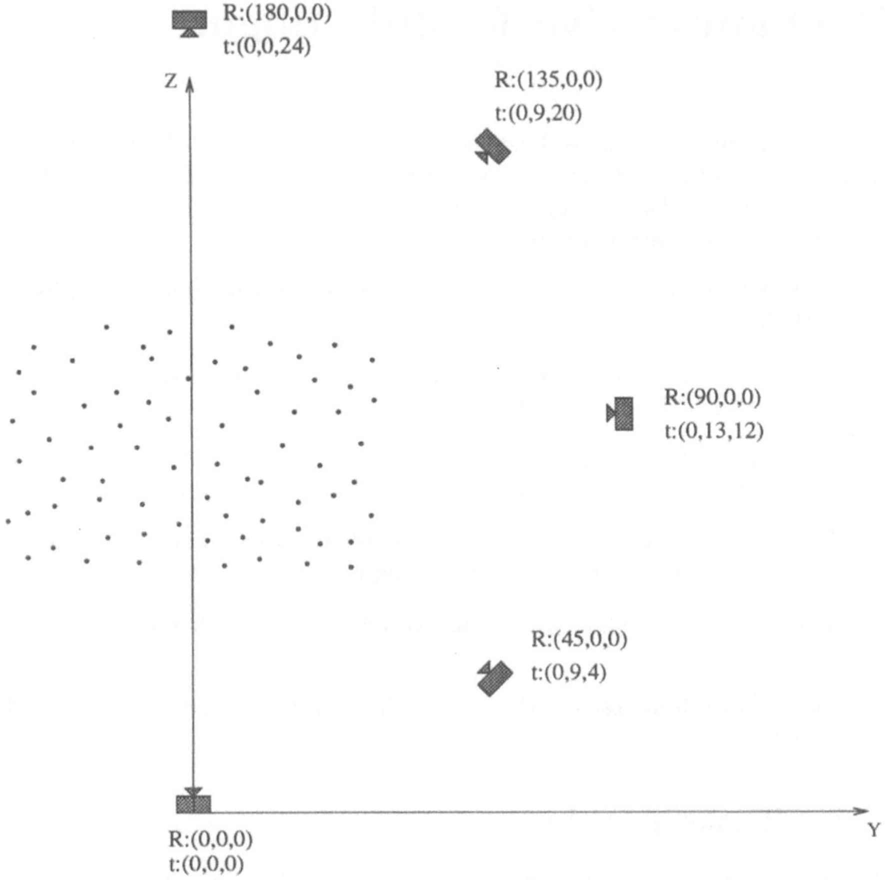

Abb. C.1. Anordnung der Kamerasysteme zur Bestimmung der Testdaten

Weiterhin wurde angenommen, daß jeder 3D-Punkt in jedem Kamerasystem sichtbar sei. Diese Annahme wurde getroffen, um den Einfluß redundanter Punktinformationen beurteilen zu können. Die Rekonstruktion erfolgte für 2, 3, 4 und 5 Bilder für den linearen Fall und für 3, 4 und 5 Bilder für die nicht-lineare Ausgleichsrechnung.

C.2   Lineare Rekonstruktion

Für eine kompakte Darstellung der Ergebnisse wird auf der Abszisse sowohl eine unterschiedliche Bildanzahl als auch eine verschiedene Anzahl von Punkten beschrieben. Jeweils 20 Einheiten bilden ein Bild mit zunehmender Anzahl an Bildpunkten (10 − 70). Insgesamt werden Bildverbunde mit 2, 3, 4 und 5 Bildern betrachtet. Abbildung C.2 zeigt eine Testreihe mit ungestörten Bildpunkten. In Abbildung C.3 links wurden die Bildpunkte mit einem Gauß'schen Rauschen von ($\mu = 0, \sigma^2 = 1$) und rechts mit ($\mu = 0, \sigma^2 = 2$) gestört. In Abbildung C.4 links wurden die Bildpunkte mit einem Gauß'schen Rauschen von ($\mu = 0, \sigma^2 = 5$) und rechts mit ($\mu = 0, \sigma^2 = 10$) gestört.

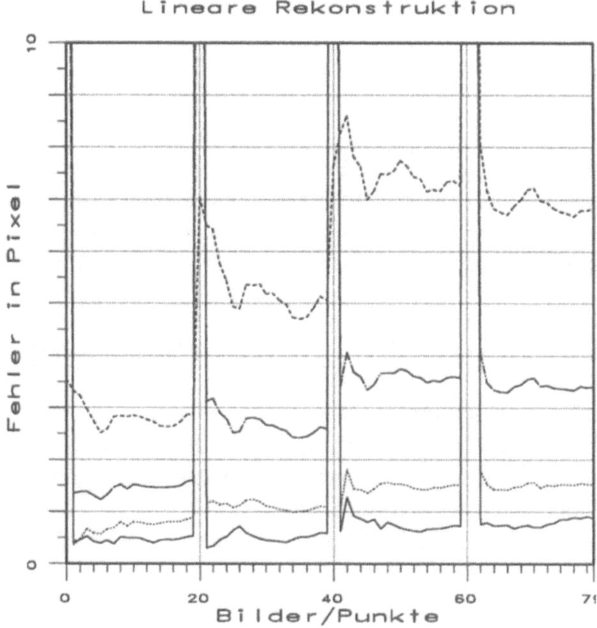

Abb. C.2. Mittlere Abweichung (in Pixel) der auf die Bildebene projizierten Bildpunkte, bei einer um (0%, 2%, 5%, 10%) gestörten Kamerakalibrierung und ungestörten Bildpunkten.

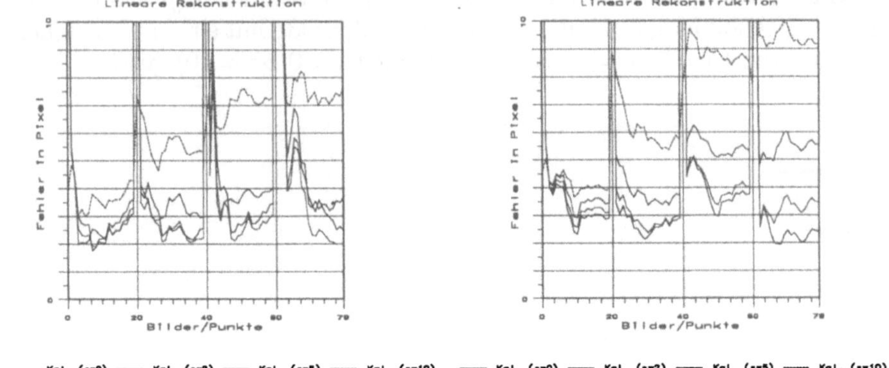

Abb. C.3. Mittlere Abweichung (in Pixel) der auf die Bildebene projizierten Bildpunkte, bei einer um $(0\%, 2\%, 5\%, 10\%)$ gestörten inneren Orientierung. Links: Gestörte Bildpunkte mit einem Gauß'schen Rauschen von $(\mu = 0, \sigma^2 = 1)$. Rechts: Gestörte Bildpunkte mit einem Gauß'schen Rauschen von $(\mu = 0, \sigma^2 = 2)$.

C.3   Nicht-lineare Ausgleichsrechnung

Auch hier wurde für eine kompakte Darstellung der Ergebnisse auf der Abszisse sowohl eine unterschiedliche Bildanzahl als auch eine verschiedene Anzahl von Punkten dargestellt. Jeweils 20 Einheiten bilden ein Bild mit jeweils zunehmender Anzahl an Bildpunkten $(10 - 70)$. Insgesamt werden Bildverbunde mit $3, 4$ und 5 Bildern betrachtet. Abbildung C.5 zeigt eine Testreihe mit ungestörten Bildpunkten. In Abbildung C.6 links wurden die Bildpunkte mit einem Gauß'schen Rauschen von $(\mu = 0, \sigma^2 = 1)$ und rechts mit $(\mu = 0, \sigma^2 = 2)$ gestört. In Abbildung C.7 links wurden die Bildpunkte mit einem Gauß'schen Rauschen von $(\mu = 0, \sigma^2 = 5)$ und rechts mit $(\mu = 0, \sigma^2 = 10)$ gestört.

C.4   Bewertung der Ergebnisse

Generell läßt sich feststellen, daß die lineare paarweise Rekonstruktion eine geringere Genauigkeit der Ergebnisse liefert als die nicht-lineare, gesamtheitliche Rekonstruktion. Für ungestörte Eingangsdaten können mit dem linearen Rekonstruktionsverfahren Genauigkeiten von $0.5 - 1.0$ Pixel erreicht werden. Mit der nicht-linearen Rekonstruktion hingegen lassen sich für den

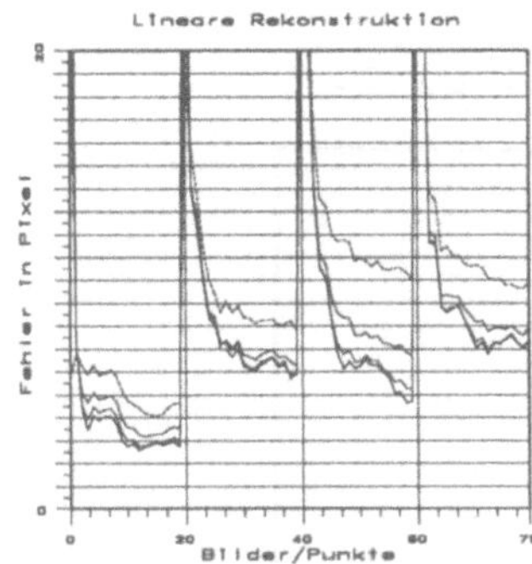
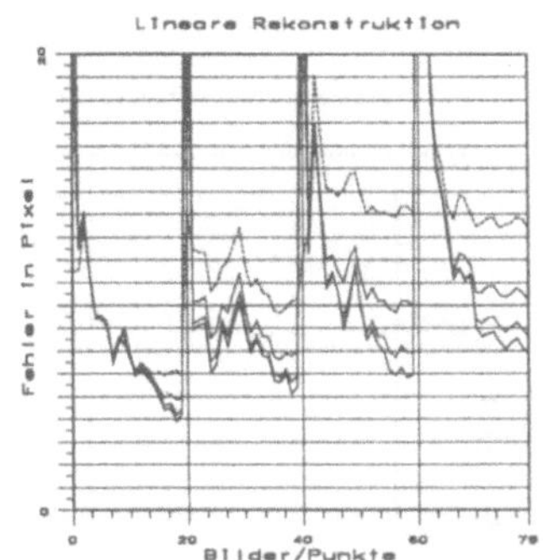

Abb. C.4. Mittlere Abweichung (in Pixel) der auf die Bildebene projizierten Bildpunkte, bei einer um (0%, 2%, 5%, 10%) gestörten inneren Orientierung. Links: Gestörte Bildpunkte mit einem Gauß'schen Rauschen von $(\mu = 0, \sigma^2 = 5)$. Rechts: Gestörte Bildpunkte mit einem Gauß'schen Rauschen von $(\mu = 0, \sigma^2 = 10)$.

gleichen Fall Genauigkeiten von $0.2 - 0.5$ Pixel erzielen.

Werden die Kalibrierungsdaten der linearen Rekonstruktion gestört, so führt dies zu einer Verschlechterung der Rekonstruktionsergebnisse. Weder durch eine Zunahme an Bildpunkten, noch durch Erhöhung der Bildanzahl kann eine Verbesserung der Ergebnisse erzielt werden. Demgegenüber kann mit der nicht-linearen Rekonstruktion der Kalibrierungsfehler fast vollständig kompensiert werden.

Durch Rauschen gestörte Bildpunkte verschlechtern das Ergebnis der linearen Rekonstruktion signifikant (so liegt der Rekonstruktionsfehler für $\sigma^2 = 10$) im Mittel bei ca. 10 Pixel). Für stark verrauschte Bildpunkte führt eine Erhöhung der Punktzahl zu einer geringen Verbesserung der Ergebnisse. Durch eine erhöhte Anzahl an Eingangsbildern läßt sich das Punktrauschen nicht reduzieren. Ist der Einfluß des Punktrauschens deutlich geringer, so liegt der mittlere Rekonstruktionsfehler für $\sigma^2 = 10$) bei etwa 2.5 Pixel.

Die Einflüsse von verrauschten Bildpunkten und gestörten Kalibrierungsdaten summieren sich für den linearen Fall. Bei der nicht-linearen Rekonstruktion läßt sich eine Störung der Kamerakalibrierung fast vollständig eliminieren, so daß nur der Fehler des Punktrauschens bleibt.

Bei ungestörten Bildpunkten und einer linearen Rekonstruktion führt eine Erhöhung der Punktzahl zu keiner Verbesserung der Ergebnisse. Im Falle gestörter Punktedaten führt eine Erhöhung der Punktanzahl zu einer Verbesserung der Ergebnisse. Das gleiche Verhalten zeigt die nicht-lineare Rekonstruktion.

Die Einbeziehung mehrfach rekonstruierter Punkte liefert im linearen Fall

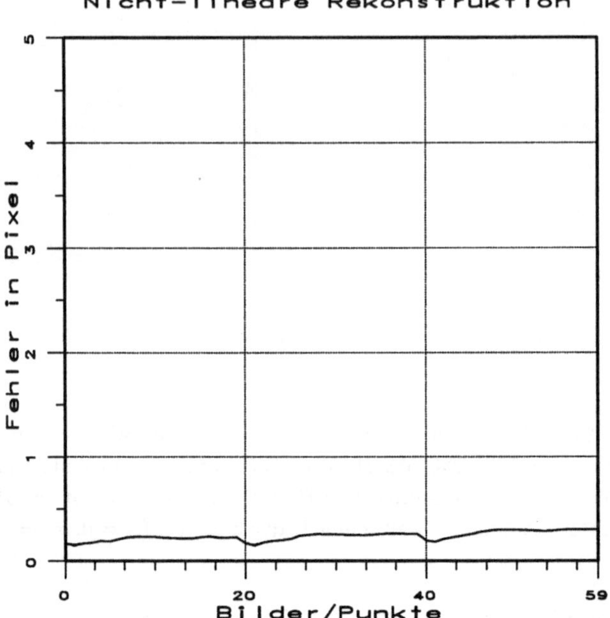

Abb. C.5. Mittlere Abweichung (in Pixel) der auf die Bildebene projizierten Bildpunkte, bei einer um $(0\%, 2\%, 5\%, 10\%)$ gestörten inneren Orientierung und ungestörten Bildpunkten. Durch die Eliminierung des Kalibrierungsfehlers fallen die Kurven aufeinander

keine Verbesserung der Rekonstruktionsergebnisse. Im Gegensatz dazu läßt sich sogar eine geringe Verschlechterung der Ergebnisse feststellen. Eine Erhöhung der Redundanz führt hingegen zu einer geringfügigen Verbesserung der nicht-lineare Rekonstruktion.

Abschließend läßt sich feststellen, daß durch den ganzheitlichen Ansatz eine deutliche Verbesserung der Rekonstruktionsergebnisse erzielt werden kann. Selbst bei stark gestörten Eingangsdaten ($\sigma^2 = 10$ Pixel) kann eine Genauigkeit von ca. 2.5 Pixel erreicht werden.

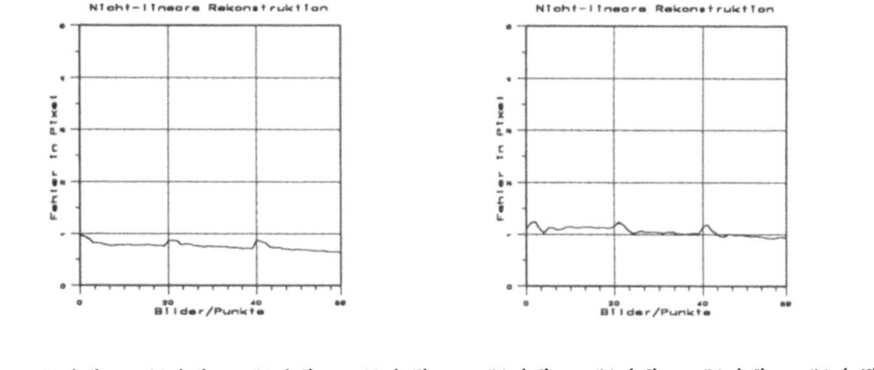

Abb. C.6. Mittlere Abweichung (in Pixel) der auf die Bildebene projizierten Bildpunkte, bei einer um (0%, 2%, 5%, 10%) gestörten inneren Orientierung. Links: Gestörte Bildpunkte mit einem Gauß'schen Rauschen von ($\mu = 0, \sigma^2 = 1$). Rechts: Gestörte Bildpunkte mit einem Gauß'schen Rauschen von ($\mu = 0, \sigma^2 = 2$). Durch die Eliminierung des Kalibrierungsfehlers fallen die Kurven aufeinander

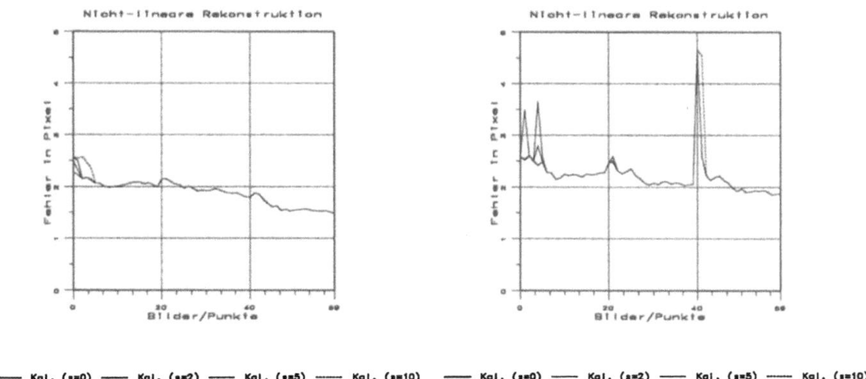

Abb. C.7. Mittlere Abweichung (in Pixel) der auf die Bildebene projizierten Bildpunkte, bei einer um (0%, 2%, 5%, 10%) gestörten inneren Orientierung. Links: Gestörte Bildpunkte mit einem Gauß'schen Rauschen von ($\mu = 0, \sigma^2 = 5$). Rechts: Gestörte Bildpunkte mit einem Gauß'schen Rauschen von ($\mu = 0, \sigma^2 = 10$).

D. Ableitungen der Ausgleichsrechnung

Für die Linearisierung des in Abschnitt 6.3 angegebenen nicht-linearen Ausgleichsverfahrens müssen die partiellen Ableitungen der unbekannten Parameter in die Berechnung mit einbezogen werden.

Hierzu werden die folgenden Abkürzungen der Schreibweise vorgenommen. Unter der der Voraussetzung, daß der Bildhauptpunkt im Ursprung des Koordinatensystems liegt, lassen sich die idealen Bildkoordinaten u und v wie folgt angeben:

$$u \;\; = f_0 = \;\; -\alpha_u \frac{s_{ij}(1)}{s_{ij}(3)} \tag{D.1}$$

$$v \;\; = g_0 = \;\; -\alpha_v \frac{s_{ij}(2)}{s_{ij}(3)}, \tag{D.2}$$

mit $i = 1, .., m$ und $j = 1, .., n$. Die Anzahl der Objektpunkte wird dabei durch die Größe m angegeben und n steht für die Anzahl der Bilder. Die Abkürzungen $s_{ij}(1), s_{ij}(2)$ und $s_{ij}(3)$ stehen für:

$$
\begin{aligned}
s_{ij}(1) \;\; &= \;\; r_{11}(X_i - t_{xj}) + r_{21}(Y_i - t_{yj}) + r_{31}(Z_i - t_{zj}) \\
s_{ij}(2) \;\; &= \;\; r_{12}(X_i - t_{xj}) + r_{22}(Y_i - t_{yj}) + r_{32}(Z_i - t_{zj}) \\
s_{ij}(3) \;\; &= \;\; r_{13}(X_i - t_{xj}) + r_{23}(Y_i - t_{yj}) + r_{33}(Z_i - t_{zj}).
\end{aligned}
$$

Somit ergeben sich für die gestörten Größen $\widetilde{s_{ij}(1)}, \widetilde{s_{ij}(2)}$ und $\widetilde{s_{ij}(3)}$ die folgenden partiellen Ableitungen:

$$\frac{\partial f_0}{\partial t_{xj}} = -\frac{\partial f_0}{\partial X_i} \;\; = \;\; -\alpha_u \frac{-r_{11}\widetilde{s(3)} + r_{13}\widetilde{s(1)}}{\widetilde{s(3)}^2}$$

$$\frac{\partial f_0}{\partial t_{yj}} = -\frac{\partial f_0}{\partial Y_i} \;\; = \;\; -\alpha_u \frac{-r_{21}\widetilde{s(3)} + r_{23}\widetilde{s(1)}}{\widetilde{s(3)}^2}$$

$$\frac{\partial f_0}{\partial t_{zj}} = -\frac{\partial f_0}{\partial Z_i} \;\; = \;\; -\alpha_u \frac{-r_{31}\widetilde{s(3)} + r_{33}\widetilde{s(1)}}{\widetilde{s(3)}^2}$$

$$\frac{\partial f_0}{\partial \omega_{Xj}} \;\; = \;\; -\alpha_u \frac{\widetilde{s(1)}\widetilde{s(2)}}{\widetilde{s(3)}^2}$$

$$\frac{\partial f_0}{\partial \omega_{Yj}} \;\; = \;\; \alpha_u(1 + \frac{\widetilde{s(1)}^2}{\widetilde{s(3)}^2})$$

$$\frac{\partial f_0}{\partial \omega_{Zj}} = -\alpha_u \frac{\widetilde{s(2)}}{\widetilde{s(3)}}$$

$$\frac{\partial f_0}{\partial \alpha_u} = -\frac{\widetilde{s(1)}}{\widetilde{s(3)}}$$

$$\frac{\partial g_0}{\partial t_{xj}} = -\frac{\partial g_0}{\partial X_i} = -\alpha_v \frac{-r_{12}\widetilde{s(3)} + r_{13}\widetilde{s(2)}}{\widetilde{s(3)}^2}$$

$$\frac{\partial g_0}{\partial t_{yj}} = -\frac{\partial g_0}{\partial Y_i} = -\alpha_v \frac{-r_{22}\widetilde{s(3)} + r_{23}\widetilde{s(2)}}{\widetilde{s(3)}^2}$$

$$\frac{\partial g_0}{\partial t_{zj}} = -\frac{\partial g_0}{\partial Z_i} = -\alpha_v \frac{-r_{32}\widetilde{s(3)} + r_{33}\widetilde{s(2)}}{\widetilde{s(3)}^2}$$

$$\frac{\partial g_0}{\partial \omega_{Xj}} = -\alpha_v \left(1 + \frac{\widetilde{s(2)}^2}{\widetilde{s(3)}^2}\right)$$

$$\frac{\partial g_0}{\partial \omega_{Yj}} = \alpha_v \frac{\widetilde{s(1)}\,\widetilde{s(2)}}{\widetilde{s(3)}^2}$$

$$\frac{\partial g_0}{\partial \omega_{Zj}} = \alpha_v \frac{\widetilde{s(1)}}{\widetilde{s(3)}}$$

$$\frac{\partial g_0}{\partial \alpha_v} = -\frac{\widetilde{s(2)}}{\widetilde{s(3)}}.$$

Die Berechnung der Rotationparameter erfolgt nach dem Verfahren von Wrobel und Klemm [Dek87]. Die partiellen Ableitungen des Perspektivenhauptpunktes (u_0, v_0) werden zu Konstanten und gehen entsprechend einer vorgegebenen Gewichtung in die Verbesserungsgleichungen ein.

E. Farbabbildungen

Abb. E.1. Reales, rekonstruiertes Modellhaus kombiniert mit einer computergraphisch erzeugten Szene

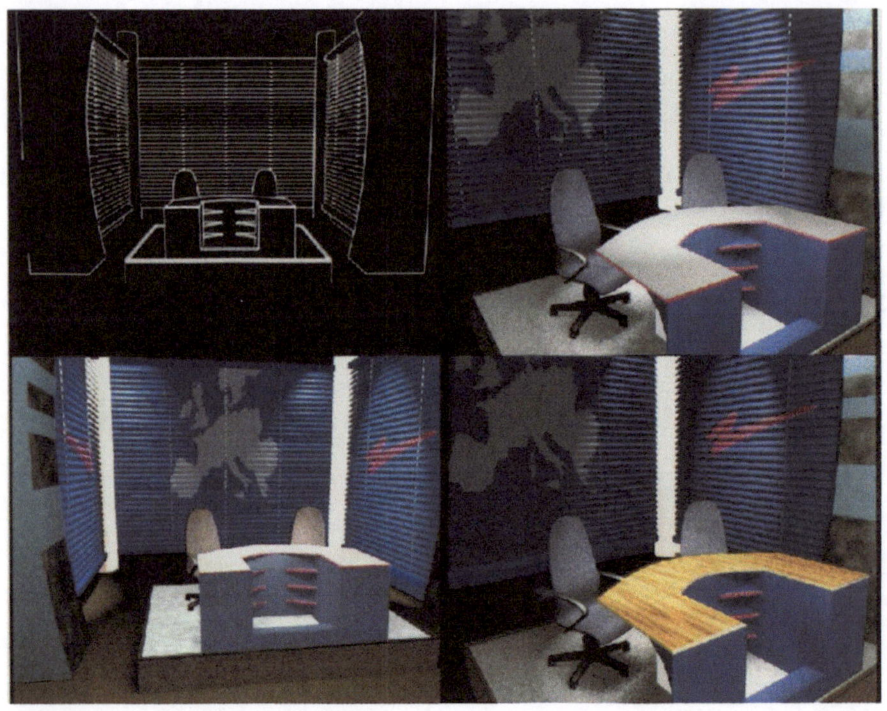

Abb. E.2. Kombinierte Darstellung eines rekonstruierten Tisches und Podests
und einer modellierten Geometrie der restlichen Szene. Links oben: Drahtmodelldarstellung; rechts oben: parametrische Texturbeschreibun g; links unten: Texturemapping realer Texturen; rechts unten: Variation der Tischtextur

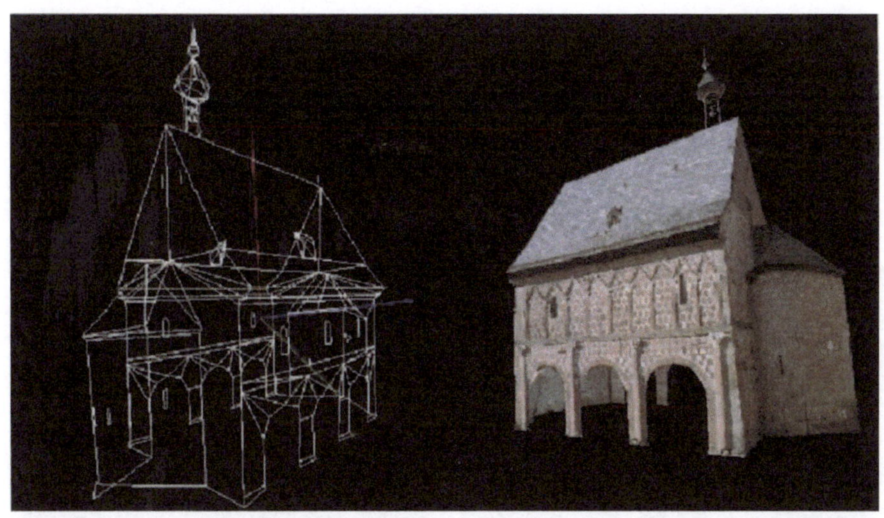

Abb. E.3. Rekonstruktion der Königshalle von Lorsch. Links : Rekonstruierte Objektgeometrie (Wireframe-Darstellung); rechts: texturierte Objektgeometrie

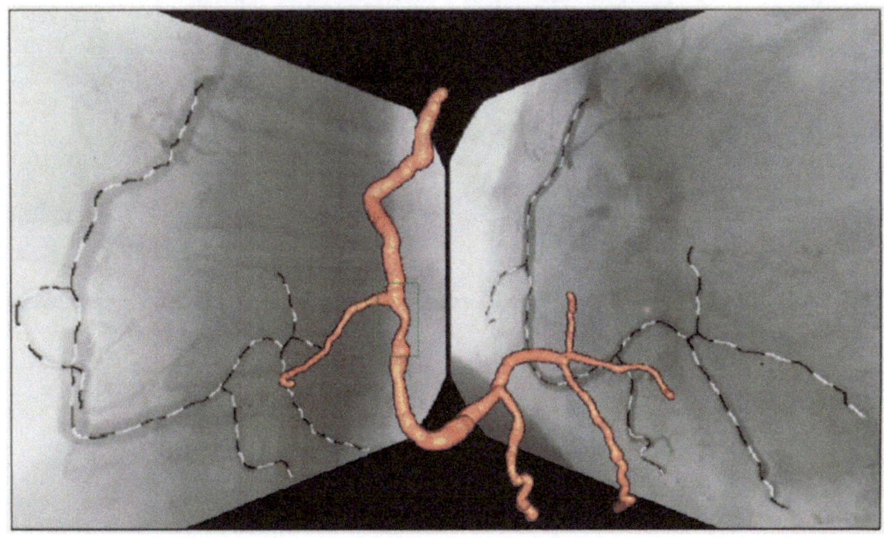

Abb. E.4. 3D-Rekonstruktion eines Herzkranzgefäßes aus 2D-Angiogrammen

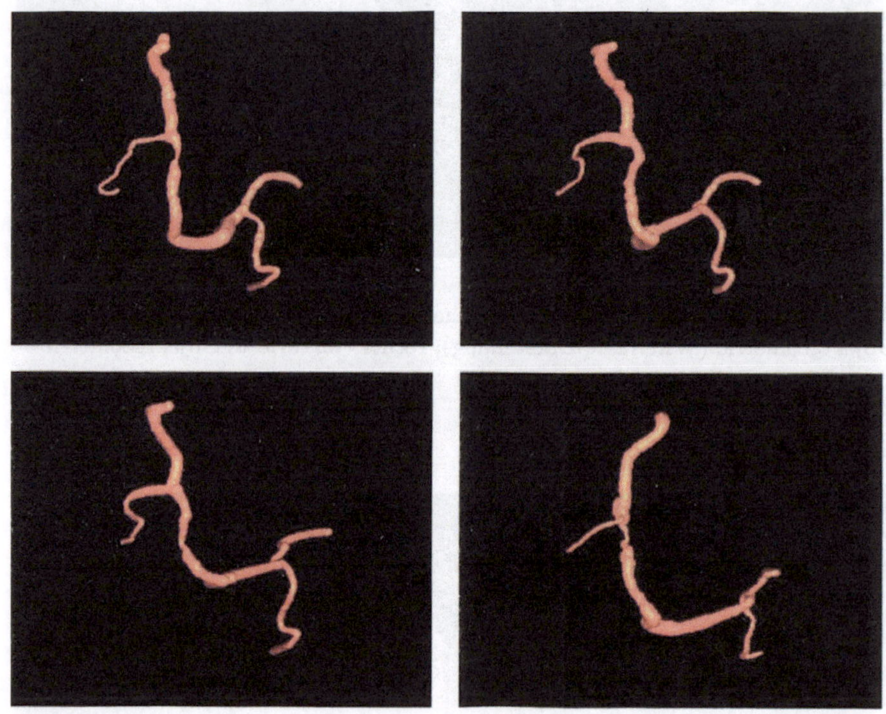

Abb. E.5. 3D-Rekonstruktion der Koronararterien für verschiedene Herzphasen

Literaturverzeichnis

[Abe82]   L. Abele. *Statistische und strukturelle Texturanalyse mit Anwendungen in der Bildsegmentierung.* PhD thesis, Technische Universität München, München, 1982.

[AC89]   J.K. Aggarwal and C.H. Chien. 3-d Structures from 2-d Images. In J.L.C. Sanz, editor, *Advances in Machine Vision*, pages 64–121. Springer-Verlag, New York, 1989.

[Ast93a]   Peter Astheimer. Sonification Tools to Supplement Dataflow Visualization. In *Scientific Visualization — Advanced Software Techniques*, Ellis Horwood Workshop Series, pages 15–36, London, 1993.

[Ast93b]   Peter Astheimer. What you see is what you hear — Acoustics applied to Virtual Worlds. In *IEEE Symposium on Research Frontiers in Virtual Reality*, pages 100–107, San Jose, October 1993.

[Bä85]   Hans-Peter Bähr, editor. *Digitale Bildverarbeitung: Anwendung in Photogrammetrie und Fernerkundung.* Herbert Wichmann Verlag, Karlsruhe, 1985.

[Bäh91]   H.P. Bähr. *Digitale Bildverarbeitung.* Wichmann, 1991.

[Bao91]   Y. Bao. *On Three-Dimensional Reconstruction and Modelling of Coronary Arteries from Biplane X-Ray Angiograms.* PhD thesis, Technischen Universität Berlin, Berlin, 1991.

[Bar95]   Eric N. Mortensen William A. Barrett. Intelligent Scissors for Image Composition. In *Computer Graphics Proceedings*, pages 191–198, Los Angeles, 1995. SIGGRAPH.

[BB82]   D.H. Ballard and C.M. Brown. *Computer Vision.* Prentice-Hall, Englewood Cliffs N.J., 1982.

[BB89]   H. Bässmann and P. W. Besslich. *Konturorientierte Verfahren in der digitalen Bildverarbeitung.* Springer-Verlag, 1989.

[BB90]   A. Blake and H. H. Bülthoff. Does the brain know the physics of specular reflection ? *Nature*, pages 165–168, 1990.

[BD94]   B. Bascle and R. Deriche. Energy-based methods for 2d curve tracking, reconstructi on and refinement of 3d curves and applications. Technical report, INRIA, France, 1994.

[Bei92]   T. Beier, S. Neely. Feature-Based Image Metamorphosis. *Computer Graphics*, 26(2):35–46, July 1992.

[Bei93]   J. Beier. *Automatische Quantifizierung von Koronarstenosen aus angi ographischen Röntgenbildern, Fortschr.-Ber. VDI Reihe 17 Nr.95.* VDI-Verlag, Düsseldorf, 1993.

[Bie86]   E. A. Bier, K. R. Sloan. Two–Part Texture Mappings. *IEEE Computer Graphics & Applications*, 6(9):40–53, 1986.

[BM94]   Gerard Blais and Levine Martin. Registering multiview range data to create 3d computer objects. Technical Report CIM-93-16, McGill Centre for Intelligent Machines, March 1994.

[Bof86]   K.R. Boff, L. Kaufman, J.P. Thomas, editor. *Handbook of Perception and Human Performance.* Wiley, New York, 1986.

[BP92]   M. Bichsel and A.P. Pentland. A simple algorithm for shape from shading. *IEEE International Conference on Computer Vision and Pattern Recognition CVPR*, pages 459–465, 1992.

[Bra94]   C. Braun, T. Kolbe, F. Lang, W. Schickler, V. Steinhage, A. Cremers, W. Förstner, L. Plümer. Modelle für die photogrammetrische Gebäuderekonstruktion. In *Workshop on Visual Computing*, Darmstadt, Germany, March 1994.

[Bra95]   C. Braun, T. Kolbe, F. Lang, W. Schickler, V. Steinhage, A.B. Cremers, W. Förstner, L. Plümer. Models for Photogrammetric Building Reconstruction. *Visual Computing*, 19(1), 1995.

[Bro66]   P. Brodatz. *Textures.* Dover Publication Inc., 1966.

[BS86]   K. Bramer and G. Siffing. *Stochastische Grundlagen des Kalman-Bucy-Filters.* Oldenbourg Verlag, 1986.

[Buc93]   T. Buchanan. Photogrammetry and projective geometry-an historical survey. *SPIE: OE/Aerospace and Remote Sensing*, April 1993.

[Bül91]   H. H. Bülthoff. Shape from X: Psychophysics and Computation. In M.S. Landy and J.A. Movshon, editors, *Computational Models of Visual Processing*, pages 304–330. The MIT Press, Cambridge, Massachusetts, 1991.

[CCH92]   I. Carlbom, I. Chakravarty, and W.M. Hsu. Siggraph '91 workshop report: Integrating computer graphics, computer vision, and image processing in scientific applications. *Computer Graphics*, 26(1):8–16, 1992.

[CM92]   Yang Chen and Gérard Medioni. Object modelling by registration of multiple range images. *Image and Vision Computing*, 10(3):145–155, 1992.

[Coo86]   R. L. Cook, K. Torrance. A Reflectance Model for Computer Graphics. *ACM Transactions on Graphics*, 1(1):7–24, January 1986.

[Cor93]   A.L. Corcoran, R.L. Wainwright. LibGA: A User-Friendly Workbench for Order-Based Genetic Algorithm Research. In *Proceedings of the 1993 ACM/SIGAPP Symposium on Applied Computing (SAC 93)*, Indianapolis, Indiana, February 1993.

[Cro84]   F. C. Crow. Summed–Area Tables for Texture Mapping. *Computer Graphics*, 18(3):207–212, 1984.

[CTH94]   I. Carlbom, D. Terzopoulos, and K.M. Harris. Computer-Assited Registration, Segmentation, and 3D Reconstruction from Images of Neurol Tissue Section. *IEEE Trans. on Medical Imaging*, 13(2), 1994.

[Dek87]   Deker. Festschrift Prof. Dr. Ing. Hermann Deker zum 65. Geburtstag, 1987. Institut für Photogrammetrie und Kartographie, Technische Hochschule Darmstadt.

[Dic94]   E.D. Dickmanns. Dynamisches maschinelles Sehen mittels Analyse durch Synthese im 4D-Ansatz. In *Workshop on Visual Computing*, Darmstadt, Germany, March 1994.

[DIfN79]   Deutsches Institut für Normung. Teil 1: Farbmessung: Grundbegriffe der Farbmetrik. In *DIN5033, Normenausschuss Farbe (FNF) im DIN*, Berlin, 1979.

[Dup93]   P. Dupuis, J. Oliensis. A global algorithm for shape from shading. *IEEE International Conference on Computer Vision*, pages 692–701, 1993.

[EGHH92] J.L. Encarnação, M. Groß, R. Hofmann, and W. Hübner. Integrating computer graphics and computer vision for industrial applications. pages 869–881, Tokyo, 1992. Springer-Verlag.

[Ekl94] Jan Olof Eklundh, editor. *Optical Flow Estimation Advances and Comparisons*, volume 800 of *Lecture Notes in Computer Science, Computer Vision ECCV 94*, Berlin Heidelberg, 1994. Springer.

[Enc89] J.L. Encarnação, G.R. Hofmann. Computergenerierte, naturgetreue Bilder. *Fraunhofer-Gesellschaft Bericht*, pages 33–40, 1989.

[Enc93] J. L. Encarnacao, D. Krömker,J. M. de Martino,G. Englert,S. Haas,E. Klement,F. Loseries,W. Müller,G. Sakas,R. R. Vohsbeck–Petermann. *Advanced Research Topics in Animation and Scientific Visualization*, pages 37–73. Academic Press, London, UK, 1993.

[Eng92] G. Englert. *Visuelle Texturen: Modellbildung, Generierung und Anwendung*. PhD thesis, Technische Hochschule Darmstadt, Darmstadt, 1992.

[ES86] J. Encarnação and W. Straßer. *Computer Graphics*. Reihe Datenverarbeitung. Oldenburg Verlag, München, second edition, 1986.

[ES89] G. Englert and G. Sakas. A Model for Description and Synthesis of Heterogeneous Textures. In *Proceedings of Eurographics'89, Hamburg*, pages 245–256. North–Holland, 1989.

[Fan90] Ting-Jun Fan. *Describing and Recognizing 3-D Objects Using Surface Properties*. Springer Series in Perception Engineering. Springer-Verlag, 1990.

[Fau87] O. D. Faugeras, F. Lustman , G. Toscani. Motion and Structure from Motion from Point and Line Matching. *IEEE International Conference on Computer Vision*, pages 25–34, 1987.

[Fau93] O. D. Faugeras. *Three-dimensional Computer Vision: A Geometrical Viewpoint*. Massachusetts Institute of Technology, Cambridge, Mass., 1993.

[FLCA95] K.W. Fleischer, D.H. Laidlaw, B.L. Currin, and Barr A.H. Cellular Texture Generation. In *Computer Graphics Proceedings*, pages 239–248, Los Angeles, 1995. SIGGRAPH.

[Fle95]   R. Fleckenstein. Gewinnung einer störungsfreien orthogonalen Texturdarstellung auf der Grundlage mehrerer perspektivischer Ansichten. Fachhochschule Darmstadt, 1995. Diplomarbeit.

[FLR⁺95]   Olivier Faugeras, Stéphane Laveau, Luc Robert, Cyril Zeller, and Gabriella Csurka. 3-d reconstruction of urban scenes from sequences of images. In *Proceedings of the International Workshop on Automatic Extraction of Man-Made Objects from Aerial and Space Images*, Ascona, Switzerland, April 1995. ETH. To appear. Also INRIA Technical Report 2572.

[FOB89]   E. Fleck, H. Oswald, and J. Beier. Digitales Röntgen in der Diagnostik und Invasiven Therapie der Koronaren Herzerkrankung, 1989. 4. Treffpunkt Medizintechnik.

[Fol90]   Foley, van Dam , Feiner , Hughes. *Computer Graphics, Principles and Practice*. Addison-Wesley, 1990.

[FT86]   O. D. Faugeras and G. Toscani. The Calibration Problem for Stereo. *IEEE International Conference on Computer Vision and Pattern Recognition CVPR*, pages 15–20, 1986.

[FvDFH90]   J. Foley, A. van Dam, S. Feiner, and J. Hughes. *Computer Graphics: Principles and Practice*. The Systems Programming Series. Addison–Wesley Publishing Company, Reading, Massachusetts, second edition, 1990.

[Gag85]   A. Gagalowicz, S. de Ma. Sequential Syntesis of Natural Textures. *Computer Vision, Graphics, and Image Processing*, 30:289–315, 1985.

[Gag87]   A. Gagalowicz. Texture modelling application. *The Visual Computer*, (3):186–200, 1987.

[Gag95]   A. Gagalowicz. Tools for Advanced Telepresence Systems. *Computer and Graphics*, 19(1):73–88, 1995.

[Gib50]   J.J. Gibson. *The Perception of the Visual World*. Houghton Mifflin Company, Boston, Massachusettes, 1950.

[Gil75]   B. Gillam. Visual Motion Perception. *Scientific America*, (6), 1975.

[Göp87]   W. Göpfert. *Raumbezogene Informationssysteme*. Wichmann, 1987.

[Gri89]   G. Grinstein, R. Pickett, M. Williams. EXVIS: An Exploratory Visualization Environment. In *Graphics Interface '89*, pages 254–261, 1989.

[Gro94]   M. Groß. *Visual Computing - The Integration of Computer Graphics, Visual Perception and Imaging.* Springer Verlag, New York, Heidelberg, Berlin, 1994.

[Gro95]   S. Großkopf, A.Hildebrand, R.Malkewitz, W. Müller, R. Ziegler. Mit Perceptive Computing und Virtual Reality auf dem Weg zum Operationssaal der Zukunft. *Medizin im Bild,* (10), Oktober 1995.

[GW87]   R.C. Gonzalez and P. Wintz. *Digital Image Processing.* Addison–Wesley Publishing Company, second edition, November 1987.

[Hab85]   P. Haberäcker. *Digitale Bildverarbeitung : Grundlagen und Anwendungen.* Carl Hanser Verlag, München, 1985.

[Har79]   R.M. Haralick. Statistical and Structural Approaches to Texture. In *Proccedings of the IEEE,* volume 67, pages 786–804, 1979.

[Har84]   S. Haruyama, B. Barsky. Using Stochastic Modeling for Texture Generation. *IEEE Computer Graphics & Applications,* 4(3):7–19, March 1984.

[Har93]   R.M. Haralick, L.G. Sharpio. *Computer and Robot Vision.* Addison-Wesley, 1993.

[HB85]   B.K.P. Horn and M.J. Brooks. The variational approach to hape from shading. *Artifical Intelligence,* 33:174–208, 1985.

[HB95]   D.J Heeger and J.R. Bergen. Pyramid-Based Texture Analysis/Synthesis. In *Computer Graphics Proceedings,* pages 229–233, Los Angeles, 1995. SIGGRAPH.

[Hec86]   P. S. Heckbert. Survey of Texture Mapping. *IEEE Computer Graphics & Applications,* 6(11):56–67, 1986.

[HG95]   A. Hildebrand and S. Großkopf. 3D Reconstruction of Coronary Arteries from X-Ray Projections. In *Proceedings of the Computer Assisted Radiology CAR'95 Conference,* Berlin, 1995. Springer–Verlag.

[HH89]   G.R. Hofmann and A. Hildebrand. Objektselektion in gespeicherten Bildern. In *11. DAGM-Symposium Hamburg, Informatik Fachberichte,* 1989.

[HH90]   A. Hildebrand and G.R. Hofmann. Studie über Systeme für die Bauaufnahme. Projektabschlußbericht FAGD–90i014, Fraunhofer–Arbeitsgruppe für Graphische Datenverarbeitung, Darmstadt, 1990.

[HHBH⁺93]   G.R. Hofmann (Hrsg.), C. Blum, A. Hildebrand, G.R. Hofmann, P. Neugebauer, L. Neumann, U. Schneider, and R. Strack. *Bildverarbeitung und Bildkommunikation.* Springer–Verlag, Berlin, Heidelberg, Dezember 1993.

[Hil92a]   A. Hildebrand. Untersuchung von teilweise interaktiven Verfahren zur Kompression von verrauschten Bilddaten. In *Visualisierung — Rolle von Interaktivität und Echtzeit*, Sankt Augustin, Schloß Birlinghoven, Juni 1992. GMD — Gesellschaft für Mathematik und Datenverarbeitung mbH.

[Hil92b]   A. Hildebrand, C. Blum, R. Hofmann ,R. Strack. Verarbeitung und Visualisierung von multispektralen Satellitendaten. *Informatik Forschung und Entwicklung*, (7):106–114, Juli 1992.

[Hil93]   A. Hildebrand. Bildverarbeitung als Instrument der Zukunft, Erfassung von 3D-Objekten. Institute for International Research, 1993. Industrielle Bildverarbeitung in Produktion und Qualitätssicherung.

[Hil94a]   A. Hildebrand, W. Müller. From Vision to Synthesis – A New Approach to the Integration of Image Analysis, Computer Vision, and Image Synthesis. In *SPIE International Symposium on Optical Engineering in Aerospace Sensing – Conference on Visual Information Processing III*, Orlando, Florida, April 1994.

[Hil94b]   A. Hildebrand, W. Müller. Shape from Texture unter dem Aspekt des Visual Computing. In *Workshop on Visual Computing*, Darmstadt, Germany, March 1994.

[Hil95a]   A. Hildebrand, P. Neugebauer, G. Sakas, R. Ziegler. A Homogeneous Approach from Image Processing to Virtual Reality. Tutorial Notes: CG INTERNATIONAL 95, Leeds, 24-30.June 1995.

[Hil95b]   A. Hildebrand, P.J. Neugebauer, G.Sakas, R. Ziegler. Closing the Gap: from Computer Vision to Virtual Reality. Tutorial Notes: Eurographics Conference, Maastricht, 28.August-1.September 1995.

[Hil95c]   A. Hildebrand, S. Großkopf. Dreidimensionale Rekonstruktion von Herzkranzgefäßen auf der Basis von Angiogrammen. In *Workshop Digitale Bildverarbeitung in der Medizin*, Freiburg/Breisgau, März 1995.

[Hil95d]   A. Hildebrand, S. Müller, R. Ziegler. REALISE: Computer-Vision basierte Modellierung für Virtual Reality. *GI Workshop: Modeling - Virtual Worlds - Distrib. Graphics*, November 1995.

[HK93]   A. Hildebrand and U. Köthe. SMART: system for segmentation matching and reconstruction. *SPIE: OE/Aerospace and Remote Sensing, State-of-the-Art Mapping*, 1943, April 1993.

[HMDM+94]   A. Hildebrand, L.P. Magalhães, J.M. De Martino, F. Seibert, R. Strack, C. Tozzi, and S.T. Wu. Konzeptionierung eines Referenzmodelles für die Bereiche Visual Imaging Computing und Kommunikation. In G. Englert, M. Gross, A. Hildebrand, and W. Müller, editors, *Proceedings of the Workshop Visual Computing*, Darmstadt, March 1994.

[HMDM+95]   A. Hildebrand, L.P. Magalhães, J.M. De Martino, F. Seibert, R. Strack, C. Tozzi, and S.T. Wu. Towards a Visual Computing and Communication Reference Model. *Computer and Graphics*, 19(1):141 – 149, 1995.

[HN93a]   A. Hildebrand and P. Neugebauer. *3D–Bildverarbeitung*, pages 215–284. In Hofmann [HHBH+93], Dezember 1993.

[HN93b]   A. Hildebrand and P. Neugebauer. *Segmentierung*, pages 173–214. In Hofmann [HHBH+93], Dezember 1993.

[Hof89]   G.R. Hofmann. Non–planar Polygons and Photographic Components for Naturalism in Computer Graphics. In *Proceedings of Eurographics'89, Hamburg*, pages 159–171. North–Holland, 1989.

[Hof92]   G.R. Hofmann. *Naturalismus in der Computergraphik*. Springer–Verlag, Berlin, Heidelberg, 1992.

[Hor70]   B. K. P. Horn. *Shape from shading: a method for obtaining the shape of a smooth opaque object from one view*. PhD thesis, MIT, 1970.

[Hor75]   B.K.P. Horn. *Obtaining shape from shading information*. Psychology of Computer Vision. McGraw–Hill, New York, 1975.

[Hor86]   B. K. P. Horn. *Robot Vision*. MIT Press, 1986.

[HS79]   B.K.P. Horn and R.W. Sjoberg. Calculating the reflectance map. *Applied Optics*, 18(11):1770–1779, 1979.

[Hsi95]   J.-W. Hsieh, H.-Y.M. Liao, M.-T. Ko, K.-C. Fan. Wavelet-based shape from shading. *CVGIP: Graph. Models and Image Processing*, 57(4):343–362, July 1995.

[HT92]   R. M. Haralick and K. B. Thornton. On Robust Exterior Orientation. In Förstner and Ruwiedel, editors, *Robust Computer Vision*, 1992.

[HW68]   D.H. Hubel and T.N. Wiesel. Receptive Fields and Functional Architecture of Monkey Strate Cortex. *The Journal of Physiologie*, (2):215–244, 1968.

[HW79]   D.H. Hubel and T.N. Wiesel. Die Verarbeitung visueller Information. *Spektrum der Wissenschaft*, (11), 1979.

[IH81]   K. Ikeuchi and B.K.P. Horn. Numerical shape from shading and occluding boundaries. *Artifical Intelligence*, 17:141–184, 1981.

[ISO85]   *ISO/IEC IS 7942: Information Processing — Graphical Kernel System (GKS) — Functional Description.* ISO/IEC, 1985.

[ISO90]   *ISO IS 9592: Information Processing — Computer Graphics — Programmers Hierarchical Interactive Graphics System (PHIGS PLUS).* ISO, 1990.

[ISO92a]   *ISO/IEC DIS 12087: Information Technology — Computer Graphics and Image Processing — Image Processing and Interchange (IPI) — Functional Specification.* ISO/IEC, November 1992.

[ISO92b]   *ISO/IEC DIS 12087-2: Information Technology — Computer Graphics and Image Processing — Image Processing and Interchange (IPI) — Functional Specification — Part 2: Programmers Imaging Kernel System (PIKS).* ISO/IEC, November 1992.

[ISO92c]   *ISO/IEC IS 11072: Information Technology — Computer Graphics — Computer Graphics Reference Model.* ISO/IEC, 1992.

[ISO93a]   *ISO/IEC IS 11172-2: Coded Representation of Picture and Audio Information, Coding of Moving Pictures and Associated Audio for Digital Storage Media up to about 1.5 Mbit/s — Part 2: Video.* ISO/IEC, 1993.

[ISO93b]   *ISO/IEC IS 12087-1: Information Technology — Computer Graphics and Image Processing — Image Processing and Interchange (IPI) — Functional Specification — Part 1: Common Architecture for Imaging (CAI)*. ISO/IEC, November 1993.

[ISO93c]   *ISO/IEC IS 12087-2: Information Technology — Computer Graphics and Image Processing — Image Processing and Interchange (IPI) — Functional Specification — Part 2: Programmers Imaging Kernel System (PIKS)*. ISO/IEC, November 1993.

[ISO93d]   *ISO/IEC IS 12087-3: Information Technology — Computer Graphics and Image Processing — Image Processing and Interchange (IPI) — Functional Specification — Part 3: Image Interchange Facility (IIF)*. ISO/IEC, November 1993.

[Jä91]   B. Jähne. *Digitale Bildverarbeitung*. Springer–Verlag, Berlin Heidelberg, 1991.

[JB83]   B. Julesz and J.R. Bergen. Textons: The fundamental elements in preattentive vision and perception of textures. *Bell System Techn. Journal*, 62(6):1619–1645, 1983.

[JJ90]   Ramesh C. Jain and Anil K. Jain, editors. *Analysis and Interpretation of Range Images*. Springer Series in Perception Engineering. Springer-Verlag, 1990.

[Jul75]   B. Julesz. Experiments in Visual Perception of Texture. *Scientific American*, (4), 1975.

[Jun90]   Dieter Jungnickel. *Graphen, Netzwerke und Algorithmen*. BI-Wiss.-Verlag, Mannheim, 1990.

[Kaj86]   J. T. Kajiya. The Rendering Equation. *Computer Graphics, SIGGRAPH*, 20:143–150, 1986.

[Kaj90]   J. T. Kajiya. Radiometry and photometry for computer graphics. *Computer Graphics, SIGGRAPH*, 1990.

[Kap89]   F. Kappei. *Modellierung und Rekonstruktion bewegter dreidimensionaler Objekte aus einer Fernsehbildfolge*. PhD thesis, Universität Hannover, 1989.

[Kas87]   M. Kass, A. Witkin, D. Terzopoulos. Snakes: Active Contour Models. *IEEE First International Conference on Computer Vision*, pages 259–268, 1987.

[Kau86]   A. Kaufman. TSL – a Texture Synthesis Language. *The Visual Computer*, 4:148–158, 1986.

[KCC89]   James M. Keller, Susan S. Chen, and Richard M. Crownover. Texture Description and Segmentation through Fractal Geometry. *Computer Vision, Graphics, and Image Processing*, 45:150–66, 1989.

[Ken79]   J. R. Kender. Shape from Texture: An aggregation transform that maps a class of textures into surface orientation. In *Proc. 6th Int. Conf. on Artificial Intelligence*, pages 475–480, 1979.

[Kin94]   Winfried Kinzel. Zwiespalt zwischen Computergraphik und Computer Vision und eine pragmatische Symbiose. In *1. Workshop zum Thema Visual Computing*, Wilhelminenstr. 7, Darmstadt, März 1994. Fraunhofer-Institut für Graphische Datenverarbeitung.

[Kle93]   H.M. Klein, et al. Diagnostik fokaler Leberläsionen durch Texturanalyse von dynamischen Computertomogrammen. *RöFo*, 159(10), 1993.

[Kle94]   E. Klement. *Integrierte Präsentation von realen und künstlichen Bewegtbildern auf graphischen Arbeitsplätzen*. Dissertation, TH Darmstadt, Darmstadt, 1994.

[KMH95]   C. Kolb, D. Mitchell, and P. Hanrahan. A Realisitic Camera Model for Computer Graphics. In *Computer Graphics Proceedings*, pages 317–324, Los Angeles, 1995. SIGGRAPH.

[Koc93]   R. Koch. Automatic Reconstruction of Buildings from Stereoscopic Image Sequences. In *Proceedings of Eurographics*, Barcelona, September 1993.

[Koh95]   C. Kohl, J. Hunter, C. Loiselle. Towards a Unified IU Environment: Coordination of Existing IU Tools with the IUE. In *Proc. of 5th Intl. Conf. on Computer Vision, Cambridge*, 1995.

[Kor82]   A. Korn. *Bildverarbeitung durch das visuelle System*. Springer-Verlag, Berlin, 1982.

[Kra84]   K. Kraus. *Photogrammetrie, Theorie und Praxis der Auswertesysteme*. Dümmler, Bonn, 1984.

[Kro86]   E. Krotkov. *Focusing*. PhD thesis, University of Pennsylvania, Philadelphia, 1986.

[Krö92]   D. Krömker. *Visualisierungssysteme.* Springer–Verlag, Berlin, Heidelberg, 1992.

[Küh93]   V. Kühn, W. Müller. Advanced Object-oriented Methods and Concepts for Simulations of Multi-body Systems. *The Journal of Visualization and Computer Animation,* 4:95–111, 1993.

[LC87]   W.E. Lorensen and H. E. Cline. Marching cubes: A high resolution 3d surface construction algorithm. *Computer & Graphics,* 21(4), 1987.

[LE89]   C.-E. Liedtke and M. Ender. *Wissensbasierte Bildverarbeitung.* Springer-Verlag, 1989.

[LeF85]   M. LeFree, S.B. Simon, R.J. Lewis, E.R. Bates, R.A. Vogel. Digital radiographic coronary artery quantification. *Comp Cadiol,* pages 99–102, 1985.

[Lew89]   J. P. Lewis. Algorithms for Solid Noise Synthesis. *Computer Graphics,* 23(3):263–270, 1989.

[LGR95]   J. Leugyel, D.P. Greenberg, and Popp R. Time-Dependent Three-Dimensional Intravascular Ultrasound. In *Computer Graphics Proceedings,* pages 457–464, Los Angeles, 1995. SIGGRAPH.

[LH81]   H.C. Longuet-Higgins. A Computer Algorithm for Reconstructing a Scene from Two Projections. *Nature,* pages 133–135, 1981.

[Lie90]   C.E. Liedtke, H. Busch, R. Koch. Automatic Modelling of 3D Moving Objects from a TV Image Sequence. In *SPIE Vol. 1260 Sensing and Reconstruction of Three-Diemensional Objects and Scenes,* pages 230–239, Santa Clara, USA, 1990.

[Loh94]   G. Lohmann. Analyse und Synthese von Texturen. In *Workshop on Visual Computing,* Darmstadt, Germany, March 1994.

[LR85]   C.H. Lee and A. Rosenfeld. Improved methods of estimating shape from shading using the light source coordinate system. *Artificial Intelligence,* 26:125–143, 1985.

[Lud92]   Kai-Oliver Ludwig, Heiko Neumann, Bernd Neumann. Robust Estimation of Local Stereoscopic Depth. In Förstner and Ruwiedel, editors, *Robust Computer Vision,* 1992.

[Mar76]   D. Marr, T. Poggio. Cooperative computation of stereo disparity. *Science*, (194):283–287, 1976.

[Mar82]   D. Marr. *Vision.* Freeman, San Francisco, 1982.

[May93]   S. Maybank. *Theory of Reconstruction from Image Motion.* Springer-Verlag, Berlin Heidelberg New York London Paris Tokyo Hong Kong Barcelona Budapest, 1993.

[MC93]   J.L. Mundy and IUE Committee. The Image Understanding Environment: Overview. In *Proc. DARPA Image Understanding Workshop*, 1993.

[Meh93]   A. Mehl, K.-H. Kunzelmann, A. Petschelt, R. Hickel. Highly accurate 3D-data acquisition with a light sectioning laser sensor. *J. Dent Res Spec. Issue IADR*, Chicago 1993. Abstract Nr. 1926.

[MH92]   H. Morikawa and H. Harashima. 2D Structural Description for Video Handling. In T.L. Kunii, editor, *Visual Computing, Integrating Computer Graphics with Computer Vision*, Tokyo, 1992. Springer–Verlag.

[MH94]   W. Müller and A. Hildebrand. Shape from Texture – An Evaluation of Visual Cues. In *IS&T SPIE Symposium on Electronic Imaging: Science & Technology – Conference on Human Vision, Visual Processing and Digital Display V*, San Jose, California, February 1994.

[N1195]   ISO/IEC JTC1/SC24 N1190. *Information processing system - Computer Graphics and image processing - Presentation Environment for Multimedia Objects (PREMO) Committee Draft 1995-08-25.* ISO/IEC, August 1995.

[Nag85]   H.H. Nagel. Analyse und Interpretation von Bildfolgen. *Informatik Spektrum*, (8):178–200, 312–327, 1985.

[Nag86]   H. H. Nagel, editor. *Image Sequences - Ten (octal) Years From Phenomenology towards a Theorectical Foundation*, Paris, october 1986. ICPR.

[NB87]   H. Niemann and H. Bunke. *Künstliche Intelligenz in Bild- und Sprachanalyse.* Teubner, 1987.

[Neu94]   P. J. Neugebauer. Objektlokalisation in Grauwertbildern unter Verwendung interner 3D-Objektmodelle. In *1. Workshop zum Thema Visual Computing*, Wilhelminenstr. 7, Darmstadt, März 1994. Fraunhofer-Institut für Graphische Datenverarbeitung.

[Neu95]   P.J. Neugebauer.   Interactive Segmentation of Dentistry Range Images in CIM Systems for the Construction of Ceramic Inlays using Edge Tracing. In *Proceedings of the Computer Assisted Radiology CAR'95 Conference*, Berlin, 1995. Springer–Verlag.

[Nie90]   H. Niemann. *Pattern Analysis and Understanding*. Springer-Verlag, Heidelberg, 1990.

[PB90]   T. Pun and E. Blake. Relationship between Image Synthesis and Analysis: Towards Unification ? In *Computer Graphics Forum*, volume 9, pages 149–163. North Holland, 1990.

[Pen82]   A.P. Pentland. Finding the Illuminant Direction. *Journal of the Optical Society of America*, 72(4):448–455, 1982.

[Pen90]   A.P. Pentland.   Linear Shape from Shading.   *Internation Journal of Computer Vision*, 4:153–162, 1990.

[Per85]   K. Perlin.   An Image Synthesizer.   *Computer Graphics*, 19:287–296, 1985.

[Pir82]   L. Pirodda.   Shadow and projection moire techniques for absolute or relative mapping of surface shapes. *Optical Engineering*, 21(4):640–649, July-August 1982.

[Pol90]   J. Poller. *Referenzmodell zur Beschreibung der graphischen Datenverarbeitung und zur Integration graphischer Systeme mit anderen Bereichen der Datenverarbeitung*. Dissertation, TH Darmstadt, Darmstadt, 1990.

[Pra91]   W. K. Pratt. *Digital Image Processing*. Wiley, second edition, 1991.

[Pul11]   C. Pulfrich. *Stereoskopisches Sehen und Messen*. Jena, 1911.

[RB86]   M. Rioux and R. Blais.   Compact 3-d camera for robotic applications. *J. Opt. Soc. Amer.*, A 3(9):1518–1521, Sept 1986.

[Ree83]   W. T. Reeves. Particle Systems – A Techniques for Modeling a Class of Fuzzy Objects. *Computer Graphics*, 17(3):359–376, 1983.

[RH91]   Ahlers R.J. and Warnecke H.J. *Industrielle Bildverarbeitung*. Addison–Wesley, Bonn, 1991.

[Rio84]   M. Rioux. Laser range finder based upon synchronized scanners. *Appl. Op.*, 23(21):3837–3844, Nov 1984.

[RK82]   P.Y. Liu R.A. Kruger. Digital Angiography Using a Matched Filter. *IEEE Trans. on Medical Imaging*, MI-1(1):16–21, 1982.

[Roc84]   I. Rock, editor. *Wahrnehmung: Vom visuellen Reiz zum Sehen und Erkennen.* Spektrum der Wissenschaft Verlag, Heidelberg, 1984.

[Ros86]   J.P. Rosenfeld, C.J. Tsikos. High-speed space encoding projector for 3D imaging. *SPIE: Optics, Illumination, and Image Sensing for Machine Vision*, 728:146–151, October 1986.

[Ros92]   A Rosenfeld. Models: The graphics-vision interface. In T.L. Kunii, editor, *Visual Computing, Integrating Computer Graphics with Computer Vision*, Tokyo, 1992. Springer–Verlag.

[Sag90]   G. Sagerer. *Automatisches Verstehen gesprochener Sprache.* BI-Wiss.-Verlag, 1990.

[Sak90]   G. Sakas. Fast rendering of arbitrarily distributed volume densities. In *Proceedings of Eurographics'90*, pages 519–530. Elsevier Science Publishers B.V., North–Holland, September 1990.

[Sak92]   G. Sakas, M. Gerth. Sampling and Anti-Aliasing Discrete 3-D Volume Density Textures. In *EUROGRAPHICS'91 Award Paper, IEEE Computer and Graphics, Vol. 16, No. 1*, pages 121–134. Pergamon Press, 1992.

[Sak93]   G. Sakas. 3-D Visualization of MRA Data. In *V. International Workshop on Magnetic Resonance Angiography*. University of Münster, Oktober 1993.

[Sam86]   M. Samek, C. Slean,H. Weghorst. Texture mapping and distortion in computer graphics. *The Visual Computer*, 2:313–320, 1986.

[SBD+94]   R. Strack, C. Blum, D. Duce, D. Sutcliffe, N. García, M.J. Pérez-Luque, E. Moeller, and H. Peyn. Image Communication Open Architecture. *Computer and Graphics*, 18(1):21–34, 1994.

[Sch77]   K.W. Schrick. *Anwendungen der Kalman-Filter Technik Anleitung und Beispiele.* Oldenbourg Verlag, 1977.

[Sci82]   C.A. Sciammarella. The Moiré Method-A Review. *Experimental Mechanics*, pages 418–433, November 1982.

[SeBC⁺92] R. Strack editor, C. Blum, R. Cordes, I. Defée, D.A. Duce, N. García, G.R. Hofmann, R. Maybury, E. Moeller, M.J. Pérez-Luque, D.C. Sutcliffe, and R. Strack. Conceptual Building Blocks for an Image Communication Open Architecture (ICOA). Deliverable R2056/FhG/IGD/DS/I/001/b1, RACE Project R2056 Advanced Multimedia Image Communication Services (AMICS), December 1992.

[SeBC⁺94] R. Strack editor, C. Blum, J. Cullan, D.A. Duce, N. García, R. Maybury, L. Neumann, M.J. Pérez-Luque, H. Peyn, R. Strack, and D.C. Sutcliffe. Final Report on the Image Communication Open Architecture (ICOA), Part B. Deliverable R2056/FhG/IGD/DS/P/005/b1, RACE Project R2056 Advanced Multimedia Image Communication Services (AMICS), January 1994.

[Sed92] T. Sederberg, E. Greenwood. A Physically Based Approach to 2–D Shape Blending. *Computer Graphics*, 26(2):25–34, July 1992.

[Sel93] H. Selzer. *Eine dynamisch-lastadaptive Rechnerarchitektur für generative Computergraphik*. PhD thesis, Technische Hochschule Darmstadt, Darmstadt, 1993.

[Sha89] Y. C. Shah, R. Chapman, R. B. Mahani. A New Technique to Extract Range Information from Stereo Images. *IEEE Trans. Pattern Anal. Mach. Intell. PAMI*, 11(7):768–773, 1989.

[Shi87] Y. Shirai. *Three Dimensional Computer Vision*. Springer-Verlag, Berlin, 1987.

[Sho85] K. Shoemake. Animating Rotation with Quaternion Curves. *ACM*, 19(3), 1985.

[Sil91] F. X. Sillion, J. R. Arvo,S. H. Westin,Donald P. Greenberg. A Global Illumination Solution for General Reflectance Distributions. *Computer Graphics*, 25(4):187–196, 1991.

[Sim91] K. Sims. Artificial Evolution for Computer Graphics. *Computer Graphics*, 25(4):319–328, 1991.

[SL92] S.R. Sandor and R. Leahy. Automatic Recognition of Brain Regions from Magnetic Resonance Images. In *Conference Record of The Twenty-Sixth Asilomar Conference on Signals, Systems and Computers*, pages 172–177, 1992.

[Slo80]   K.R. Sloan, D.H. Ballard. Experience with the Generalized Hough-Transform. In *Proceedings of the 5th Intern. Conf. on Pattern Recognition*, pages 174–179, Miami Beach, Florida, December 1980.

[Str95]   R. Strack. Uniforme Handhabung digitaler Bilder in offenen verteilten Umgebungen. PhD Thesis, TH Darmstadt, Darmstadt, 1995.

[Sun90]   Y. Sun. Knowledge-Based Segmentation and Correspondence of Vascular Structures from Biplane Angiograms. In *Medical Imaging IV: Image Processing*, volume 1233, pages 257–265. SPIE: The International Society of Optical Engeneering, 1990.

[SW95]   G. Sakas and S. Walter. Extracting Surfaces from Fuzzy 3D-Ultrasound Data. In *Computer Graphics Proceedings*, Los Angeles, 1995. SIGGRAPH.

[Tam78]   H. Tamura,S. Mori,T. Yamawaki. Textural Features Corresponding to Visual Perception. In *Transaction on Systems, Man, and Cybernetics*, volume SMC-8, pages 460–473, June 1978.

[TJ93]   M. Tuceryan and A. Jain. Texture Analysis. *Handbook of Pattern Recognition and Computer Vision, Eds. C.H. Chen, L.F.Pau*, pages 235–276, 1993.

[Tön94]   R. Tönjes, O. Grau, R. Koch. Analyse durch Synthese Modellierung von 3D Objekten in Stereobildfolgen. In *1. Workshop zum Thema Visual Computing*, Wilhelminenstr. 7, Darmstadt, März 1994. Fraunhofer-Institut für Graphische Datenverarbeitung.

[TS92]   P.-S. Tsai and M. Shah. A fast linear shape from shading. *IEEE International Conference on Computer Vision and Pattern Recognition CVPR*, pages 734–736, 1992.

[Tsa86]   R.Y. Tsai. An Efficient and Accurate Camera Calibration Technique for 3D Machine Vision. *IEEE International Conference on Computer Vision*, pages 364–374, 1986.

[Tsa94]   J.R. Tsay,B. Wrobel ,K.Lo. Digital Terrain Reconstruction and Ortho Image Computation by the Method of Facets Stereo Vision: Tests with Digitized Aerial Images. In *Intern. Archives of Photogrammetry and Remote Sensing*, volume XXX Part 3/1, München, 1994.

[TT90]   F. Tomita and S. Tsuji. *Computer Analysis of Visual Textures*. Kluwer Academic Publisher, Boston, Dordrecht, London, 1990.

[Tur91]   G. Turk. Generating textures for Arbitrary Surfaces Using Reaction–Diffusion. *Computer Graphics*, 25(4):289–298, 1991.

[Ulm94]   S. Ulmer. Automatische generierung von symbolischen beschreibungen für texturen. Technische Hochschule Darmstadt, 1994. Diplomarbeit.

[Vää92]   K. Väänänen. Interfaces to Hypermedia: Communicating the Structure and Interaction Possibilities to the Users. In *Proceedings of 2nd Eurograhics Workshop of Multimedia.* Springer-Verlag, Mai 1992.

[Vos92]   G. Vosselman. *Relational Matching*. Springer-Verlag, 1992.

[vW91]   J.J. van Wijk. Spot Noise: Texture Synthesis for Data Visualization. *Computer Graphics*, 25(4):296–309, July 1991.

[Wil89]   B. Willim. *Leitfaden der Computer Grafik*. Drei-R-Verlag, Berlin, 1989.

[Wit81]   A. Witkin. Recovering surface shape and orientation from texture. *Artificial Intelligence*, 17:17–46, 1981.

[Wit91]   A. Witkin, M. Kass. Reaction–Diffusion Textures. *Computer Graphics*, 25(4):299–308, 1991.

[Wro87a]   B. Wrobel. Facets Stereo Vision (FAST Vision) - A New Approach to Computer Stereo Vision and to Digital Photogrammetry. In *ISPRS Intercomm. Conf. on Fast Processing of Photogrammetric Data*, Interlaken, Switzerland, 1987.

[Wro87b]   B. Wrobel. *Photogrammetrie III, Skriptum zur Vorlesungsreihe*. Darmstadt, Institut für Photogrammetrie und Kartographie, 1987.

[Wu91]   Shin-Ting Wu. Topologie von Hybriden Objekten. Technische Hochschule Darmstadt, 1991. Disseration (D17), FB Informatik, Fachgebiet Graphisch-Interaktive Systeme.

[YN92]   Michihiro Sagara,Hiroshi Naruse,Atsushi Id e, Yoshihiko Nomura. Simple calibration algorithm for high-distortion-lens camera. *IEEE Transactions on Pattern Analyis and Machine Intelligence*, pages 1095–1099, 1992.

[Zam91]   P. Zamperoni. *Methoden der digitalen Bildsignalverarbeitung.* Vieweg, Braunschweig, 1991.

[ZC91]   Q. Zheng and R. Chellappa. Estimation of illuminant direction, albedo, and shape from shading. *IEEE Trans. on PAMI*, 13(7):680–702, 1991.

[Zha92]   Z. Zhang, O.Faugeras. *3D Dynamic Scene Analysis.* Springer-Verlag, Berlin, 1992.

[Zie95]   R. Ziegler, W. Müller, G. Fischer, M. Goebel. A Virtual Reality Medical training system, CVRMed '95. In *Lecture Notes in Computer Science*, pages 282–286, Berlin, Heidelberg, New York, April 1995. Springer.

[ZTCS94]   R. Zhang, P.-S. Tsai, E. Cryer, and M. Shah. Analysis of shape from shading techniques. *IEEE International Conference on Computer Vision and Pattern Recognition CVPR*, June 1994.

Beiträge zur Graphischen Datenverarbeitung

J. L. Encarnação (Hrsg.): Aktuelle Themen der Graphischen Datenverarbeitung. IX, 361 Seiten, 84 Abbildungen, 1986

G. Mazzola, D. Krömker, G. R. Hofmann: Rasterbild - Bildraster. Anwendung der Graphischen Datenverarbeitung zur geometrischen Analyse eines Meisterwerks der Renaissance: Raffaels „Schule von Athen". XV, 80 Seiten, 60 Abbildungen, 1987

W. Hübner, G. Lux-Mülders, M. Muth: THESEUS. Die Benutzungsoberfläche der UNIBASE-Softwareentwicklungsumgebung. X, 391 Seiten, 28 Abbildungen, 1987

M. H. Ungerer (Hrsg.): CAD-Schnittstellen und Datentransferformate im Elektronik-Bereich. VII, 120 Seiten, 77 Abbildungen, 1987

H. R. Weber (Hrsg.): CAD-Datenaustausch und -Datenverwaltung. Schnittstellen in Architektur, Bauwesen und Maschinenbau. VII, 232 Seiten, 112 Abbildungen, 1988

J. Encarnação, H. Kuhlmann (Hrsg.): Graphik in Industrie und Technik. XVI, 361 Seiten, 195 Abbildungen, 1989

D. Krömker, H. Steusloff, H.-P. Subel (Hrsg.): PRODIA und PRODAT. Dialog- und Datenbankschnittstellen für Systementwurfswerkzeuge. XII, 426 Seiten, 45 Abbildungen, 1989

J. L. Encarnacão, P. C. Lockemann, U. Rembold (Hrsg.): AUDIUS Außendienstunterstützungssystem. Anforderungen, Konzepte und Lösungsvorschläge. XII, 440 Seiten, 165 Abbildungen, 1990

J. L. Encarnacão, J. Hoschek, J. Rix (Hrsg.): Geometrische Verfahren der Graphischen Datenverarbeitung. VIII, 362 Seiten, 195 Abbildungen, 1990

W. Hübner: Entwurf Graphischer Benutzerschnittstellen. Ein objektorientiertes Interaktionsmodell zur Spezifikation graphischer Dialoge. IX, 324 Seiten, 129 Abbildungen, 1990

B. Alheit, M. Göbel, M. Mehl, R. Ziegler: CGI und CGM. Graphische Standards für die Praxis. X, 192 Seiten, 44 Abbildungen, 1991

M. Frühauf, M. Göbel (Hrsg.): Visualisierung von Volumendaten. X, 178 Seiten, 107 Abbildungen, 1991

D. Krömker: Visualisierungssysteme. X, 221 Seiten, 54 Abbildungen, 1992

G. R. Hofmann: Naturalismus in der Computergrahik. VIII, 136 Seiten, 78 Abbildungen, 1992

J. L. Encarnação, H.-O. Peitgen, G. Sakas, G. Englert (Eds.): Fractal Geometry and Computer Graphics. XI, 254 Seiten, 172 Abbildungen, 1992

Beiträge zur Graphischen Datenverarbeitung

K. Klement: Präsentation mit STEP. Schnittstellen zwischen Computer-Graphik und CAD/CIM. IX, 168 Seiten, 50 Abbildungen, 1992

M. Göbel, J. C. Teixeira (Eds.): Graphics Modeling and Visualization in Science and Technology. XII, 263 Seiten, 137 Abbildungen, 1993

G. Sakas: Fraktale Wolken, virtuelle Flammen. XII, 242 Seiten, 138 Abbildungen, 1993

G. R. Hofmann (Hrsg.): Imaging: Bildverarbeitung und Bildkommunikation. XII, 356 Seiten, 141 Abbildungen, 1993

W. Felger: Innovative Interaktionstechniken in der Visualisierung. X, 175 Seiten, 89 Abbildungen, 1995.

U. Dietrich, B. Kehrer, G. Vatterrott (Hrsg.): CA-Integration in Theorie und Praxis. IX, 337 Seiten, 153 Abbildungen, 1995

J. C. Teixeira, J. Rix (Eds.): Modelling and Graphics in Science and Technology. XVI, 278 Seiten, 141 Abbildungen, 1996

A. Hildebrand: Von der Photographie zum 3D-Modell. IX, 239 Seiten, 110 Abbildungen, 1997

Springer
und
Umwelt

Als internationaler wissenschaftlicher
Verlag sind wir uns unserer besonderen
Verpflichtung der Umwelt gegenüber
bewußt und beziehen umweltorientierte
Grundsätze in Unternehmens-
entscheidungen mit ein. Von unseren
Geschäftspartnern (Druckereien,
Papierfabriken, Verpackungsherstellern
usw.) verlangen wir, daß sie sowohl
beim Herstellungsprozess selbst als
auch beim Einsatz der zur Verwendung
kommenden Materialien ökologische
Gesichtspunkte berücksichtigen.
Das für dieses Buch verwendete Papier
ist aus chlorfrei bzw. chlorarm
hergestelltem Zellstoff gefertigt und im
pH-Wert neutral.

Springer